SV

# EINTRACHT FRANKFURT

## 100 Jahre Fußball und mehr

Herausgegeben
von Stephan Kuß

SOCIETÄTSVERLAG

Texte von Richard Becker, Thomas Kilchenstein, Andreas Klünder, Walter Mirwald, Jan Christian Müller, Roland Palmert, Mathias Scheurer, Klaus Veit und Ralf Weitbrecht

Abbildungen von Alfred Harder, Peter Schneider, Jutta Mehrens, Bernd Czech, Thomas Knoeckel, Jochen Günter, Willy Trumpp, Dr. Othmar Hermann, Fritz Fischmann,
Archiv Frankfurter Neue Presse, Sportmuseum Eintracht Frankfurt, Archiv Eintracht Frankfurt, Helmut Joos (JSK), Siemens AG

Die Deutsche Bibliothek – CIP-Einheitsaufnahme
Eintracht Frankfurt: 100 Jahre Fußball und mehr / Hrsg. von Stephan Kuß. –
Frankfurt am Main: Societäts-Verlag, 1998
ISBN 3-7973-0690-3


Gestaltung: Dagmar Ronneburg, Wiesbaden
Abbildungen Schutzumschlag: Alfred Harder
Umsetzung: Denis Nickolai und Rainer Stenzel,
Technische Ausbildung der Frankfurter Societät
Druck und Verarbeitung: Franz Spiegel Buch GmbH
Printed in Germany 1998
ISBN 3-7973-0690-3

# Inhalt


7 Über eine Nebensache

8 Grußworte

## Die Historie

18 100 Jahre Eintracht: Ein Verein großer Tradition

42 Vier Weltmeister im Adler-Trikot

48 Was so nie in der Zeitung stand: Launen und Macken der Fußballstars

54 Von der launischen Diva zur Mannschaft mit Herz

72 Spekulationen über die Zukunft der Eintracht

## Die Aufsteiger

80 Die besten Fans der Liga: Von Achterbahnfahrten der Gefühle, dem Ausbildungsplatz G-Block und einem Trauma, das nie vergeht

86 Das Team: 25 Spielerportraits

136 Der Trainer und sein Assistent

144 Die Führungsriege

## Der Amateursport

156 Mehr als Fußball: Der Amateursport bei der Eintracht

176 Tabellen, Tore, Torschützenlisten. Die Eintracht in Zahlen

# Über eine Nebensache

**Vor einiger Zeit traf ich Willy Trumpp.** Trumpp war von 1922 bis 1931 Torwart der Eintracht, er bewies in fast vierhundert Spielen sein Können zwischen den Pfosten, wo er seiner Profession mit Wagemut, Einsatzwillen und der Berücksichtigung einiger mathematisch-ballistischer Grundsätze nachging.

Der Vierundneunzigjährige hat viel erlebt. Er arbeitete als Zahnarzt, hat Kinder und Enkelkinder. Trumpp, der fünf Jahre „jünger" ist als die Eintracht, erlebte das Kaiserreich, die Nazi-Diktatur, zwei Weltkriege, Währungsreformen, Nachkriegswirren. Doch was der ehemalige Torwart in unserem Gespräch erzählte, hatte nichts davon zum Inhalt. Er schilderte das Spiel in Paris gegen Red Star Olympique, berichtete von tückischen Flankenbällen und waghalsigen Faustabwehren, als sei die Partie eben abgepfiffen worden. Er erzählte von dem Treffen gegen Westham United, wo er viermal überwunden und dennoch der Held des Tages wurde. Er, den die Franzosen „diable rouge", roter Teufel, nannten wegen seines Trikots, wurde sogar von den Engländern nach diesem Spiel heftig umworben. Trumpp blieb bei der Eintracht.

Was mich am meisten verblüffte, war, wie lebendig und detailreich Trumpp Spielszenen schilderte, die mehr als ein dreiviertel Jahrhundert zurückliegen. Fast scheint es, als hätten sich die wirklich wichtigen und prägenden Ereignisse seines Lebens im Fünfmeterraum abgespielt.

Die Erinnerungen sind nicht verblaßt, sie haben an Kontur und Schärfe gewonnen in dem Lebensabschnitt, an dem wir wirklich fähig sind, Wichtiges und Nebensächliches in unserem Leben zu unterscheiden. Was sind schon Weltkriege, politische Umstürze und Nachkriegsnot gegen einen falsch berechneten Flankenball im Spiel gegen Hanau oder einen parierten Strafstoß gegen die Bayern?

Über Fußball ist schon viel geschrieben und auch philosophiert worden. Es gibt Doktorarbeiten über argentinische Fußballkommentatoren und soziologische Studien über den Spielaufbau. Die Faszination, ja den Mythos, der manche Vereine und große Mannschaften umgibt, können all diese Untersuchungen letztlich nicht entzaubernd erklären. Es gibt Kontinuitäten und Eigenschaften von Vereinen, die auf wundersame Weise überdauern, oft über mehrere Generationen. So wird in Frankfurt seit jeher technisch anspruchsvoller und intelligenter Fußball gespielt. Das war schon immer so und wird auch in Zukunft so bleiben, Punktum.

Es sind die Widersprüche, die den Reiz und das Faszinosum großer Sportvereine ausmachen. Im Zeitalter von Pay-TV, Fußball-Legionären und Ablöse-Millionen überdauern irrationale Mythen, bilden sich neue Legenden. Oka Nikolov wird seinen Enkeln einst ähnliches erzählen wie heute Willy Trumpp. Das 60-Meter-Tor von Hennes Stubb 1934 gegen die Ungarn, der „Hammer" von Bernd Nickel, die „tödlichen" Pässe von Uwe Bein – und heute Thomas Zampach, seines Zeichens „Fußballgott". Es ist erstaunlich, wie sehr sich die Welt in dem Jahrhundert des Bestehens der Eintracht Frankfurt verändert hat. Umso bemerkenswerter ist es, daß die Legendenbildung um die Eintracht sich unbeirrt der Zeitläufe fortsetzt, daß immer neue und doch ganz ähnliche Mythen entstehen.

Erklären läßt sich die Leidenschaft, mit der seit 1899 viele Generationen um „ihre" Eintracht gebangt und mitgefiebert haben, nicht. Auch nicht die Treue, mit der die Fans heute schon fast anachronistisch zu „ihrem" Verein stehen, selbst in düsteren Zweitligazeiten. Die „Seele" der Eintracht bleibt unergründlich. Was aber gezeigt werden kann, ist die Geschichte des Vereins und der Menschen, die ihn geprägt haben. Die Mannschaften, Trainer, Präsidenten und Fans sind es, die die Tradition der Eintracht bestimmen. Ihre Persönlichkeiten und die großen sportlichen Ereignisse und Wettkämpfe haben die Eintracht Frankfurt zu einem ganz besonderen Verein gemacht.

Die Autoren und Fotografen dieses Bandes haben dazu beigetragen, dem Phänomen Eintracht ein wenig näher zu kommen. Ihnen gebührt mein besonderer Dank. Ebenso danken möchte ich dem Präsidium und den vielen Helfern der Eintracht, die dieses Buch auf vielfältigste Weise gefördert haben. Auch Herrn Dr. Hermann, Herrn Ulzheimer und Herrn Trumpp danke ich für Ihre Unterstützung herzlich.

*Stephan Kuß*

100 Jahre Eintracht Frankfurt sind untrennbar mit der Entwicklung des Sports in Frankfurt am Main verbunden und darüber hinaus ein interessanter Teil der Gesellschafts- und Kulturgeschichte unserer Stadt. Mit der Profi-Fußballmannschaft des Vereins identifizieren sich Zehntausende von Fußballfans im gesamten Rhein-Main-Gebiet. Die größten Erfolge, wie die Deutsche Meisterschaft 1959, die vier Siege im DFB-Pokal-Finale und der Gewinn des UEFA-Pokals im Jahr 1980 sind vielen noch in bester Erinnerung, genauso wie der ersehnte Wiederaufstieg in die Erste Fußball-Bundesliga als sportlicher Höhepunkt der jüngsten Vereinsgeschichte.

Doch Eintracht Frankfurt ist weit mehr als ein Fußballverein. In 12 Amateurabteilungen bietet der Verein heute seinen rund 5700 Mitgliedern sowohl im Leistungssport als auch im Breitensport ein attraktives Angebot in den unterschiedlichsten Sportarten.

Über 1400 Kinder und Jugendliche haben bei Eintracht Frankfurt eine sportliche Heimat gefunden, in der über das Sporttreiben hinaus soziale Kontakte geknüpft und aufrecht erhalten werden. Als einer der größten Turn- und Sportvereine Hessens leistet Eintracht Frankfurt somit einen unverzichtbaren Beitrag für die Lebensqualität der Menschen in Frankfurt am Main und Umgebung.

Allen Verantwortlichen und den vielen ehrenamtlichen Mitarbeiterinnen und Mitarbeitern des Vereins, ohne deren vorbildlichen Einsatz ein Verein dieser Größenordnung nicht existieren könnte, danke ich für ihr außerordentliches Engagement besonders herzlich.

Für die kommenden Jahre wünsche ich Eintracht Frankfurt eine weiterhin erfolgreiche Vereinsarbeit und insbesondere – auch im Hinblick auf die geplante Neugestaltung des Frankfurter Waldstadions – einen kontinuierlichen Aufenthalt in der Ersten Fußball-Bundesliga.

Petra Roth
Oberbürgermeisterin
der Stadt Frankfurt am Main

Es ist mir ein aufrichtiges Anliegen, der Frankfurter Eintracht zum 100jährigen Bestehen im Namen des Deutschen Fußball-Bundes und auch persönlich herzlich zu gratulieren. Die Eintracht kann im Jubiläumsjahr auf erfolgreiche Jahrzehnte zurückblicken. Die Deutsche Meisterschaft 1959, die vier DFB-Pokalsiege in den 70er und 80er Jahren sowie der Gewinn des UEFA-Cups 1980 werden für alle Frankfurter Fußball-Freunde unvergessen bleiben. Ich wünsche der Eintracht zu diesem bedeutenden Vereinsjubiläum, daß die Triumphe von einst Visionen für morgen wecken werden.

Seit 35 Jahren fasziniert die Bundesliga Millionen von Menschen – Eintracht Frankfurt hat daran ihren Anteil. Spielerpersönlichkeiten wie Jürgen Grabowski oder Bernd Hölzenbein, mit denen Deutschland 1974 Weltmeister wurde, prägten den Bundesliga-Fußball. Stille Stars wie Karl-Heinz Körbel oder Bernd Nickel drückten der höchsten deutschen Spielklasse viele Jahre ihren Stempel auf. Sie und viele andere Spieler wie Wolfgang Kraus, Uwe Bein oder Willi Neuberger etablierten Eintracht Frankfurt in der Bundesliga. Nach dem erstmaligen Abstieg in der Spielzeit 1995/96 schaffte die „launische Diva vom Main" rechtzeitig zum 100jährigen Jubiläum nach zweijähriger Abwesenheit die Rückkehr in das Fußball-Oberhaus – für die Zukunft des Vereins war dieser Schritt ganz wichtig.

Der Erfolg der jüngsten Vergangenheit ist in erster Linie auf Rolf Heller und Horst Ehrmantraut zurückzuführen. Unter Präsident Rolf Heller bewältigte Eintracht Frankfurt die finanzielle Konsolidierung, Trainer Horst Ehrmantraut realisierte mit einer eingeschworenen Mannschaft den sportlichen Aufschwung. Ich habe der Eintracht die Rückkehr in die Bundesliga von Herzen gegönnt. Die Stadt, der Verein und die zahlreichen Anhänger haben Erstligafußball einfach verdient.

Der Name Rudolf Gramlich steht für die Eintracht-Erfolge der früheren Jahre. Der ehemalige Nationalspieler war ein ausgezeichneter Präsident und hat nicht nur ein Stück Frankfurter Fußballgeschichte geschrieben – 1962 wirkte Gramlich bei der Gründung der Bundesliga mit und übernahm später den Vorsitz im Bundesliga-Ausschuß. Rudolf Gramlich hat sich um den deutschen Liga-Fußball sehr verdient gemacht. Völlig zurecht wurde er 1975 zum DFB-Ehrenmitglied ernannt.

Sein Sohn hat die hervorragende Arbeit bei der Eintracht fortgeführt. Dr. Klaus Gramlich war fünf Jahre Präsident und wirkt seit 1986 im DFB-Liga-Ausschuß mit. Zudem hat er den Vorsitz im Lizenzierungs-Ausschuß übernommen.

Gerne betone ich an dieser Stelle, daß der Deutsche Fußball-Bund und Eintracht Frankfurt in einer ganz besonderen Beziehung zueinander stehen: Die Zentralverwaltung des DFB mit rund 100 hauptamtlichen Mitarbeitern befindet sich seit 1951 in der Mainmetropole und seit der Fußball-Weltmeisterschaft 1974 in unmittelbarer Nähe des Waldstadions. Eintracht Frankfurt und der Deutsche Fußball-Bund sind gute Nachbarn geworden. Ich bin davon überzeugt, daß sich daran auch künftig nichts ändern wird.

Für die Zukunft wünsche ich der Eintracht alles Gute und viel Erfolg. Eintracht Frankfurt besitzt das Potential, auch im neuen Jahrtausend eine wichtige Rolle im deutschen Fußball zu spielen.

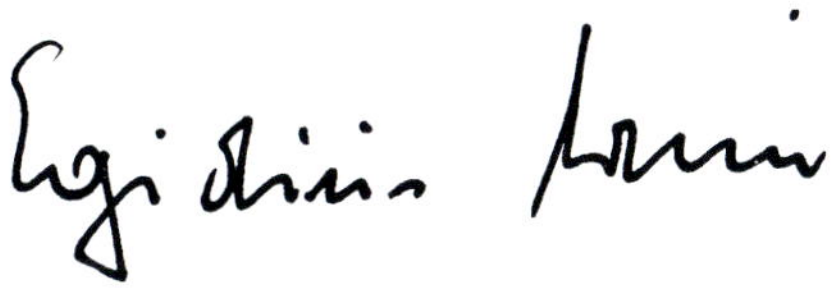

Dr. h. c. Egidius Braun
Präsident des Deutschen Fußball-Bundes

Schatzmeister Gaetano Patella

**Liebe Eintrachtler!**

Mehr als zwei Jahre sind vergangen, seitdem das neue Präsidium seine Tätigkeit aufgenommen hat. Lassen Sie mich kurz zusammenfassen, was in dieser Zeit geschehen ist: Am Ende der Vorrunde der Saison 1996/97 stand die Eintracht „de facto" mit einem Bein in der Regionalliga. Aufgrund der bedrohlichen finanziellen Situation des Vereins war damals, 98 Jahre nach der Gründung, erstmals die Gefahr gegeben, daß die Eintracht ihre so wichtige Sozialfunktion nicht mehr hätte wahrnehmen können.

Die Verpflichtung des neuen Trainers Horst Ehrmantraut, eine neue Motivation der Mannschaft und eine wiedergefundene große Liebe für unseren Adler sorgten für eine starke Rückrunde. Am Ende der Saison konnten wir sogar feststellen, daß unsere Eintracht den sofortigen Aufstieg hätte schaffen können, wenn wir in der ersten Hälfte des Jahres genauso stark gespielt hätten wie in der Rückrunde.

Der Schuldenberg (Bankverbindlichkeiten von 9,2 Millionen DM) vom November 1996 und der vorausgehende Verlust von 3,1 Millionen DM konnten durch eine glückliche Kombination aus harter Arbeit, vielen neuen Initiativen, Umstrukturierungsmaßnahmen und anderen günstigen Faktoren wesentlich reduziert bzw. annulliert werden. Die heutigen Bankverbindlichkeiten von nur 1,7 Millionen DM sind durch das Vereinsvermögen (Gebäude Oeder Weg und Tennishalle) vollkommen abgesichert. Da die Eintracht unbedingt ein neues Image bei den Geschäftspartnern und nationalen und internationalen Institutionen gewinnen wollte, wurde den Verpflichtungen stets pünktlich nachgekommen, so daß leider kein Geld mehr zur Verfügung stand, um eine neue Mannschaft zu gestalten (wie bekannt, waren alle Spielerverträge zum 30. 6. 1997 ausgelaufen).

Die Frage war, wie konnte man die klassische Quadratur des Kreises realisieren, d. h. eine gute Mannschaft und das oben erwähnte Ziel des neuen Images gleichzeitig umsetzen. Die Eintracht entschied sich, den strengen Sparkurs beizubehalten und brachte das Kunststück fertig, mit sage und schreibe 1,6 Millionen DM eine schlagkräftige und leistungsfähige Mannschaft auf dem Spielfeld zu präsentieren. Die vergangene Saison bleibt uns in Erinnerung als ein „Crescendo" von Erfolgen, Begeisterung, vollem Waldstadion und größtem Respekt gemäß dem neuen Motto: „unser Adler fliegt wieder" und „nie mehr zweite Liga".

Aber nicht nur im Profi-Fußballbereich hatte die Eintracht bemerkenswerte Resultate zu verzeichnen; die Fußball-Jugendarbeit hatte ebenfalls erfreuliche Ziele erreicht und die Weichen für zukünftige Ambitionen gestellt. Alle anderen Amateur-Abteilungen befinden sich im Aufwind: Basketball, Hockey und Leichtathletik sind hier besonders zu erwähnen.

Alle wissen, daß die Konsolidierung einer finanziellen Lage – die vor 18 Monaten dramatisch ausgesehen hat – mindestens drei harte Jahre erfordert, in denen man weiter sparen und sehr vorsichtig operieren muß. Wir müssen pindarische Flüge meiden und fest mit den Füßen auf dem Boden bleiben. Jeder Fehler kann fatal werden und die schönen Erfolge der letzten anderthalb Jahre zunichte machen.

Wir haben versucht, die Mannschaft im Rahmen unserer bescheidenen Möglichkeiten zu verstärken und sind wieder auf der Suche nach unbekannten Talenten. Aber wir Eintrachtler haben etwas, was andere nicht haben: „Kampfgeist". Uns ist es sogar gelungen, einen fast todkranken Adler wieder fliegen zu lassen!

In diesem Sinne heißt es: Weiter Ärmel hochkrempeln und mit Herz und Seele dabeibleiben.

*Ihr Schatzmeister*
*Gaetano Patella*

## Eintracht Frankfurt 2010

An der Schwelle zum dritten Jahrtausend und beim Übergang in das zweite Jahrhundert unserer Vereinsgeschichte sind sowohl eine Standortbestimmung als auch eine Strategie für die künftige Entwicklung des Vereins gefordert.
Dies gilt umso mehr, als im deutschen Fußball grundlegende Veränderungen bevorstehen, die eine Neuausrichtung des Vereins dringend erforderlich machen. Die Eigenvermarktung der Fernsehrechte durch die Vereine, anstelle des DFB, erfordert ein entsprechendes Vermarktungs-Know-how. Die diskutierte Umwandlung der Vereine in Kapitalgesellschaften erfordert neue Strukturen. Die Überlegungen zur Europaliga gefährden die Existenz der Vereine, die nicht teilnehmen werden, ebenso wie die ausufernden Ablösesummen und Spielergehälter.
Über Europaliga zu reden mag manchem angesichts des gerade geschafften Wiederaufstiegs in die Erste Bundesliga vielleicht sehr verfrüht erscheinen, indessen haben wir nur wenig Zeit, uns im Wettbewerb der großen deutschen und europäischen Vereine zu positionieren. Jetzt gilt es, die Weichen für die Zukunft zu stellen.
Eintracht Frankfurt ist als Gesamtverein, insbesondere aber mit der Lizenzspielerabteilung Fußball, Anbieter auf dem Markt „Freizeit, Unterhaltung und Sport", der sich in einem nachhaltigen raschen Wachstum befindet. Konkurrenz auf diesem Markt machen uns zunehmend amerikanische Sportarten wie Basketball oder Football, vor allem durch den Erfolg von Galaxy sowie alle sogenannten Fun-Sportarten. Diese Trendsportarten von Rollerblading bis Beach-Volleyball u. a. zeichnen sich dadurch aus, daß den Zuschauern mehr Unterhaltung geboten wird, mehr Show statt verbissenen Wettkampf, insbesondere aber die Familienfreundlichkeit erheblich größer ist als im traditionellen Fußball. Vor allem deutsche Kinder wandern in diese Bereiche ab, so daß letztendlich sogar die Gefahr für den eigenen fußballerischen Nachwuchs droht.
Als Dienstleister auf dem Markt „Freizeit, Unterhaltung und Sport" werden wir uns nur dann durchsetzen, wenn wir aktuelle Trends rechtzeitig aufnehmen, rasch auf die veränderten Herausforderungen des Marktes reagieren und uns wie ein echter Markenartikler verhalten.
Hierzu gehört das Schaffen eines hohen nationalen Bekanntheitsgrades auf der Basis einer eindrucksvollen Tradition. Darüber hinaus muß das Image der Marke „Eintracht Frankfurt" verbessert, d. h. es müssen die Sympathiewerte gesteigert werden. Hierzu bedarf es einer qualitativ hochwertigen Leistung, und zwar sowohl im sportlichen Bereich als auch in bezug auf den Unterhaltungswert unserer Veranstaltungen. Verbessert werden muß auch die Verfügbarkeit der Leistung, d. h. die Zuschauer wünschen ein attraktiveres, bequemeres Stadion sowie eine hohe Medienpräsenz ihrer „Eintracht". Hinzu kommen muß ein gleichbleibendes angemessenes Preis-Leistungsverhältnis für die Zuschauer, die unsere Spiele besuchen wollen.

Vizepräsident Dr. Lämmerhirdt

Der Abstieg am Ende der Saison 95/96 war kein Zufall, sondern Ergebnis einer schleichenden Identitätskrise. Der Verfall traditioneller Werte bei Eintracht Frankfurt wurde am besten dokumentiert durch das Schlagwort von der „Diva am Main", das Unzuverlässigkeit, Überheblichkeit, Arroganz, Launenhaftigkeit und Verruchtheit signalisierte. Die Frage: „Wo sind die Detari-Millionen?" charakterisierte den sorglosen Umgang mit Geld, der der Eintracht unterstellt wurde.
Dies führte auch zur mangelhaften Identifikation der Zuschauer mit der Eintracht. Viele fanden es zwar schick, zur Eintracht zu gehen, wenn diese erfolgreich oben mitspielte, genauso schnell waren diese Zuschauer aber auch wieder verschwunden, wenn die Eintracht weniger erfolgreich war.
Zwar war der Abstieg eine sportliche und finanzielle Katastrophe, jedoch eröffnete diese Krise eine Chance zur Selbsterneuerung und Neuorientierung der „Eintracht". Die Mannschaft legte jegliche Überheblichkeit ab und wandelte

sich zu einer Truppe von Kämpfern, die konsequent den Erfolg sucht. Diese unbedingte Einsatzbereitschaft, der Wille, sich persönlich voll in den Dienst der Mannschaft zu stellen, hat den Zuschauern imponiert. Mit diesen Kämpfern, ohne Starallüren, wollte man sich identifizieren. So kommt es, daß unsere heutigen Fans die jüngsten der gesamten Bundesliga sind (Durchschnittsalter 25,9 Jahre) und dem Verein auch dann die Treue halten, wenn ein Spiel einmal nicht so gut gelaufen ist. Ein Zuschauerschnitt von 22 000 in der Zweiten Liga ist ein eindrucksvoller Beweis für die Treue der gewandelten Fangemeinde. Bemerkenswert ist auch, daß nur noch 9 Prozent der Zuschauer aus der Stadt Frankfurt selbst kommen und der Zuschauer durchschnittlich 63 Kilometer zurücklegt, um zum Waldstadion zu gelangen.

Dies ist der erste Schritt, um von einer Frankfurter Veranstaltung zu einer überregional hessischen Veranstaltung zu werden. Dementsprechend bemühen wir uns weiter um die Fans im Umland und in ganz Hessen. Fußball ist eine glänzende Möglichkeit, Identifikation mit der Heimat zu schaffen. Da es in Hessen und unmittelbar angrenzend keine Erstliga-Konkurrenz gibt, besteht für Eintracht Frankfurt die Möglichkeit, über Frankfurt hinaus sich als Identifikationsmedium für die Region und Hessen zu entwikkeln. Dementsprechend wollen wir insbesondere auch unsere Bemühungen um die nordhessischen Fans verstärken. Mit unserem Kombi-Ticket können Dank des Rhein-Main-Verkehrsverbundes bereits mehr als zwei Drittel aller Hessen kostenlos ins Waldstadion kommen.

Um Sympathie zu wecken und Identität zu stiften, besinnen wir uns insbesondere auf die positiven traditionellen Werte der Stadt Frankfurt. Positiv zeichnete sich Frankfurt aus, als freie Reichsstadt (zwar „treu" dem Kaiser, aber nicht „gehorsam"), durch ehrbare Kaufleute, Mäzenatentum und Bürgersinn sowie als weltoffener Messeplatz (älteste deutsche Messe) und europäischer Verkehrsknotenpunkt. Unser Name „Eintracht" beinhaltet alle positiven Gesichtspunkte und Wertvorstellungen. Unser Traditionssymbol ist der Adler der freien Reichsstadt, der als Sinnbild diese Stärken verkörpert.

Der europäischen Metropole (Sitz der europäischen Notenbank) mit ihrer in Europa einzigartigen Silhouette wollen wir das menschlich Sympathische, Verbindende in dieser Stadt gegenüberstellen. Dabei geht es um die hessischen und Frankfurter Besonderheiten, die auch außerhalb Hessens als sympathisch empfunden werden und somit geeignet sind, das Image von Frankfurt und der Eintracht zu verbessern.

Wir bekennen uns zur Region und wollen ein Netzwerk von Firmen schaffen, die als Werbepartner künftig getreu zur Eintracht stehen. Firmen der Region, die hier ihre Hauptabsatzinteressen haben, bleiben auch in schwierigen Zeiten dem Verein weit eher treu als Firmen, die ihren Sitz weit weg haben.

Gleichzeitig müssen wir den Verein so weiterentwickeln, daß er zur europäischen Metropole „paßt", d. h. über den sportlichen Erfolg hinaus muß der Verein auch Vorbild in wirtschaftlicher Hinsicht werden, um als akzeptierter Partner am Banken- und Serviceplatz Frankfurt auch die Geldquellen erschließen zu kön-

nen, die die künftige Entwicklung des Vereins absichern.

Im Wettbewerb zu anderen Anbietern auf dem Markt „Freizeit, Unterhaltung und Sport" liegt es an uns, die Spiele der Eintracht über den reinen sportlichen Wettbewerb hinaus zu einem Ereignis für die ganze Familie zu machen. Unsere Saison-Abschlußfeier hat gezeigt, daß auch unsere Fans gerne feiern. Wir werden uns daher bemühen, um die Spiele herum ein attraktiveres Rahmenprogramm zu schaffen. Dies vor allem, um noch mehr weibliche Fans ins Waldstadion zu locken, da sich ein hoher Anteil an weiblichen Fans u. a. positiv auf die Sicherheit im Stadion auswirkt. Das mit dem Hessischen Fernsehen gemeinsam gestaltete Stadion-TV, mehr Attraktionen im Stadionbereich sowie unsere eigenen Cheerleader sollen helfen, diese Bemühungen zu unterstützen.

Besondere Bedeutung kommt in diesem Zusammenhang auch dem Stadion selbst zu. Wir sind zuversichtlich, durch geeignete Beteiligung der Eintracht an der Betreibergesellschaft des „Main-Domes" dazu beitragen zu können, daß in diesem für Deutschland einmaligen Stadion alle Zuschauerwünsche nach Sicherheit, Bequemlichkeit, Atmosphäre und Service erfüllt werden. Je besser uns die Vermarktung der Marke „Eintracht" gelingt, umso eher können wir auch unseren einkommensschwächeren Fans im Dom erschwingliche Plätze bieten. Denn diese Fans, die unser zwölfter Mann auf dem Platz sind, und die den Aufstieg mit sichergestellt haben, dürfen auf keinen Fall der Eintracht je wieder verloren gehen.

Die zwölf Amateurbereiche müssen aus Sicht des künftigen Wirtschaftsunternehmens „Eintracht Frankfurt" als notwendiger Bestandteil angesehen werden, der hilft, das Image der Eintracht insgesamt und damit ihre Vermarktungsmöglichkeiten zu verbessern. Es handelt sich beim Amateurbereich um ein für einen Sportverein glaubwürdiges soziales Engagement im Breiten- und Leistungssport, das die Sympathien für den Verein stärken und damit den guten Ruf der Marke „Eintracht" verstärken soll.

Selbstverständlich muß auch im Amateurbereich darüber nachgedacht werden, sich für Trendsportarten zu öffnen und unkonventionelle Wege der Eigenwerbung zu gehen, mit dem Ziel, auch in anderen Bereichen in die Erste Liga aufzusteigen sowie Weltmeister und Olympiasieger hervorzubringen.

Vor diesem Hintergrund sind wir gefordert, das oberste Ziel unseres hundertjährigen Vereins zu sichern. Es muß eine Organisation geschaffen werden, die sicher-

stellt, daß sich der Verein immer wieder selbst steuern, selbst organisieren und selbst erneuern kann. Wir müssen erreichen, daß unsere Organisation die ständig zunehmende Komplexität der Probleme bewältigen kann, was nur bei bestmöglicher Zusammenarbeit aller Beteiligten und Organe gewährleistet ist.
Ein erster Schritt zur Professionalisierung der Abläufe ist mit der Gründung der „Eintracht Frankfurt Sportmarketing und Service GmbH" gemacht.
Der europäische Fußball rüstet auf. Die kapitalstarken Aktiengesellschaften aus dem Ausland werden auf europäischer Ebene (Europaliga) das Sagen haben. Unsere großen Bundesligavereine wie München und Dortmund werden in Kapitalgesellschaften umgewandelt, um finanziell mithalten zu können. Andere Vereine haben (Bayer Leverkusen) oder suchen strategische Partnerschaften zu Vermarktungsunternehmen (Ufa z. B. in Berlin, Hamburg und Nürnberg) oder Industriebetrieben (VW in Wolfsburg, Bertelsmann in Gütersloh), was diese Vereine in totale Abhängigkeit bringt. Wir wollen die Handlungsunfähigkeit und Selbständigkeit von Eintracht Frankfurt erhalten und einen eigenen Weg unter Erhalt der hundertprozentigen Einflußnahme von Eintracht Frankfurt e. V. gehen, um mit diesem Modell langfristig der Verein in Hessen im Herzen Deutschlands mitten in Europa zu sein, der im europäischen Wettbewerb erfolgreich Fußball spielt und in den Amateurbereichen Vorbildfunktion übernimmt.

*Dr. Peter Lämmerhirdt*

## Sozialer Auftrag und Tradition: Der Amateur- und Jugendsport

100 Jahre Eintracht Frankfurt, das bedeutet 100 Jahre Fußball und Leichtathletik. Denn nur diese beiden Abteilungen waren vom Gründungsbeginn an am aktiven Sportgeschehen beteiligt. Vielen, denen der Verein nahesteht, ist nicht bewußt, daß es die Leichtathleten waren, die den Namen „Eintracht" in der Sportwelt bekannt gemacht haben. Über fünf Jahrzehnte haben die Läufer, Springer und Werfer Leistungen auf höchstem nationalem und internationalem Niveau erbracht. Teilnahmen, Plazierungen und Titelgewinne bei Olympischen Spielen, Welt- und Europameisterschaften und Deutschen Meisterschaften stehen zu Buche. Dies reicht bis in die heutige Zeit, wobei anzumerken ist, daß kaum eine internationale Meisterschaft ohne Eintracht-Leichtathleten stattgefunden hat. Auch die Abteilungen Boxen, Handball, Hokkey, Tennis, Tischtennis und Turnen gehören mit hochkarätigen Leistungen zu den Aushängeschildern der Eintracht. Erst durch die Verabschiedung des Vertragsspielerstatuts, der Einrichtung einer Vertragsspieler-Abteilung und das Erringen der Deutschen Meisterschaft 1959 begann der Fußball seine dominierende Stellung einzunehmen und bald einen national und international hohen Bekanntheitsgrad zu erreichen.
Heute vereint der Amateur- und Jugendsport etwa 2800 sporttreibende Mitglieder in zwölf Abteilungen. Eine Vielzahl an ehrenamtlichen Mitarbeitern ist erfor-

**Vizepräsident Hans-Joachim Schroeder**

derlich, um diesen Sportbetrieb aufrecht zu erhalten. Mit rund 5700 Mitgliedern ist Eintracht Frankfurt der größte Sportverein in Hessen. Die Sporttreibenden sind in verschiedenen Sportstätten im gesamten Stadtgebiet anzutreffen, da die eigentliche Heimstätte, die Sportanlage am Riederwald, nicht genügend Raum für alle bietet und hier natürlich keine – außer der Tennishalle – überdachte Fläche anbieten kann. Die Turnabteilung mit ihren etwa 1200 Mitgliedern hat ihre Heimat im Oederweg – mitten in der Stadt gelegen – mit Geschäftsräumen, einer Turnhalle und einer Gaststätte.

Erstmals in der langen Geschichte des Vereins wurde bei einer Satzungsänderung im Frühsommer 1996 die Position eines Vizepräsidenten für den Amateur- und Jugendsport vorgeschrieben. Mit dieser formalen Vorgabe wurde die Bedeutung dieses Bereichs hervorgehoben.

Viele ehrenamtliche Mitarbeiter aus den Abteilungen haben in der Vergangenheit die Geschicke unseres Vereins gelenkt und in guten und turbulenten Zeiten uneigennützig gemäß den Satzungsvorgaben geführt. Insbesondere die Aufbauarbeit nach dem Zweiten Weltkrieg ist hervorzuheben. Männer wie Dr. Anton Keller, Robert Brubacher, Paul Imke und Christian Kiefer stellten sich in den Dienst des Vereins und halfen beim Wiederaufbau in allen Bereichen. Der Eintrachtplatz am Riederwald diente nach dem Kriege als Schuttabladeplatz und wurde am 18. August 1952 wieder eingeweiht. 1973 schließlich entstand am Riederwald auf Betreiben des tatkräftigen Abteilungsleiters der Leichtathleten, Joachim Böttcher, die erste Leichtathletik-Kunststoffanlage in Frankfurt.

Aus heutiger Sicht des „Wirtschaftsunternehmens" Eintracht Frankfurt muß der Amateurbereich als integraler Bestandteil angesehen werden. Hierbei handelt es sich um unser eigenes soziales Engagement im Breiten- und Spitzensport, das traditionell fortgesetzt werden muß, um die Sympathien für den Verein zu stärken und damit auch als Argumentationshilfe bei der Vermarktung zu dienen.

Denn endlich soll der Spitzensport durch neue Vermarktungsstrategien weiter vorangebracht werden. Vereinzelte finanzielle Beiträge von Gönnern reichen nicht mehr aus, um Spitzenleistungen zu erhalten. Die neu gegründete Marketing- und Service GmbH hat hierbei in Zusammenarbeit mit den Abteilungen die wichtige Funktion der Sponsorenakquisition übernommen, um vom Wirtschaftsbereich des Lizenzfußballs unabhängig zu werden.

Im Amateurbereich muß auch darüber nachgedacht werden, wie weitere Sportangebote geschaffen werden können. Trendsportarten gewinnen bei der Jugend immer mehr Anteil am Gesamtsportgeschehen. Eintracht Frankfurt hat mit der Aufnahme einer Cheerleader-Gruppe in das sportliche Angebot schon darauf reagiert. Die „Red Eagles" sind der Turnabteilung angegliedert und haben erstmals anläßlich der Bundesligapremiere 1998 die Zuschauer im Waldstadion begeistert.

Eintracht Frankfurt ist eben Fußball und mehr!

*Hans-Joachim Schroeder*

ZEN SEIDL

# Die Historie

# 100 Jahre Eintracht

## Ein Verein mit großer Tradition

Egon Loy, Hans Eigenbrodt, Hermann Höfer, Dieter Stinka, Friedel Lutz, Hans Weilbächer, Richard Kreß, Istvan Sztani, „Ekko" Feigenspan, Alfred Pfaff, Dieter Lindner – elf Namen von elf Männern, die Hunderttausende in einen Taumel versetzten. Es war der 28. Juni 1959, als sich im Berliner Olympiastadion die Fußballmannschaften der Frankfurter Eintracht und der Offenbacher Kickers gegenüberstanden. Ein deutsches Endspiel unter Nachbarn, das eine ganze Nation entzückte durch seinen Kampf und seine technische Brillanz. Die Frankfurter Eintracht gewann 5:3 nach Verlängerung, wobei die Verlängerung schon andeutet, mit welcher Ver-

Vorn, von links: Lindner, Loy, Feigenspan, Meier; hinten: Stinka, Sztani, Kreß, Höfer, Pfaff, Trainer Osswald, Weilbächer, Lutz

**Die Meistermannschaft von 1959**

bissenheit an diesem Sommertag um den deutschen Titel gestritten wurde. 75000 Zuschauer waren im Olympiastadion Zeugen einer hochdramatischen Partie. 2:2 hatte es nach 90 Minuten gestanden, in denen die Fans beider Lager hin- und hergerissen waren von der unsäglichen Spannung. Die Tore für die Frankfurter hatten Istvan Sztani zum 1:0 und 4:2 und der jederzeit überragende Torjäger Ekko Feigenspan zum 2:1, 3:2 und 5:3 erzielt gegen die sich jederzeit tapfer wehrenden und nie aufgebenden Offenbacher Kickers.

Bei der Rückkehr aus der damaligen Inselstadt Berlin gab es in Frankfurt kein Halten mehr, eine ganze Stadt lag ihrer Mannschaft zu Füßen. 300000 Fußball- und Eintrachtbegeisterte jubelten der Mannschaft zu, die Ovationen nahmen südamerikanische Dimensionen an. Das Polizeiaufgebot war dem Ansturm der Massen nicht gewachsen. Tausende durchbrachen die Absperrungen am Bahnhofsvorplatz, als sich Alfred Pfaff, der Mannschaftskapitän, mit der Meisterschaftstrophäe zeigte, die er für alle sichtbar hoch über den Kopf hielt. Der Triumphzug der Mannschaft vollzog

**Jubelnder Empfang in Frankfurt. Alfred Pfaff mit der Meisterschale**

sich auf zwei herrlich geschmückten, sechsspännigen Brauereiwagen durch die Kaiserstraße, über die Hauptwache, den Liebfrauenberg zum Römer, wo die Helden samt Trainer Paul Osswald, ihrem Betreuer, und dem Vereinspräsidium gefeiert wurden wie noch nie zuvor Sportler in Frankfurt. Schon die Heimreise hatte ganz im Zeichen der Eintracht gestanden. Das viermotorige Flugzeug, das die Meister zurück an den Main brachte, war von der Besatzung kurzerhand in „Eintracht" umgetauft worden. Und in Frankfurt jubelten die Spieler dem feiernden Anhang vom Römerbalkon aus zu, Oberbürgermeister Werner Bockelmann ehrte die im Fußball so Ausgezeichneten. „Seit der letzten Kaiserkrönung hat sich Ähnliches hier bestimmt nicht abgespielt", mutmaßte einer der altgedienten Wächter im Kaisersaal, als der Eintracht-Festzug vor dem Römer aufgefahren war. Eine Silberschale erhielt der Verein als Erinnerung an diesen Tag, Silberplaketten gab es für die Spieler. Ein Verein und seine Stadt lagen sich in den Armen. Die Eintracht war im Europapokal der Landesmeister. Ein Traum war wahr geworden.

Zwei Namen von Spielern wurden immer in Erinnerung gerufen, wenn man den Weg nach Berlin

Sztani und Lindner (am Boden) im Meisterschaftsendspiel 1959

nachvollziehen wollte: Alfred Pfaff und Istvan Sztani. Die Kritiker nannten Alfred Pfaffs einfallsreiches und technisch kaum zu überbietendes Spiel ganz einfach genial. Der „Chef" persönlich, der damalige Bundestrainer Sepp Herberger, bescheinigte Pfaffs Nebenmann, dem jungen Mann aus der ungarischen Provinz, er sei der „beste Halbstürmer aller Endrundenmannschaften" gewesen. Im Falle einer deutschen Staatsbürgerschaft, so Herberger, wäre Sztani ein Platz in der deutschen Nationalmannschaft sicher gewesen. Sztani war ein Glücksfall für die Eintracht gewesen. Als 1956 der damalige Eintracht-Trainer „Dolfi" Patek nach Genf reiste, um beim „Ausverkauf" der ungarischen Junioren-Nationalmannschaft nach Verstärkung für die Eintracht zu suchen, waren anscheinend die, die man haben wollte, schon an andere Clubs vergeben. Der 18jährige Sztani, in Genf nur als Ersatzspieler dabei, glaubte beim Abschied von seinen Eltern an eine Trennung über vielleicht zwei Wochen. Es sollten Jahre werden. Nach dem Triumph von Berlin mit der Eintracht zog es den Ungarn zu Standard Lüttich. Zur Eintracht kam er noch einmal zurück, als 1963 die Bundesliga mit der Eintracht ihren Spielbetrieb aufnahm.

Wer sagt, eine 13 brächte immer Unglück? Ganz bestimmt kein Fan der Frankfurter Eintracht, wenn er sich ein bißchen in der Historie umschaut. Es war der 13. April 1960, als eine Frankfurter Fußballmannschaft ganz Europa in Entzücken und Erstaunen versetzte, internationale Kritiker zu Jubelstürmen hinriß, weil sie so hinreißend zu spielen verstand. „Rangers wurden von kämpfenden Tigern zerfleischt", titelte beispielsweise der Daily Herald über jenen Abend, als die Glasgow Rangers von der Frankfurter Eintracht mit 6:1 im ersten Halbfinale des Europapokals der Landesmeister buchstäblich an die Wand gespielt wurden. Sollte in den neunziger Jahren einmal vom „Fußball 2000" einer hinreißend schön spielenden Eintracht-Mannschaft gesprochen werden, so nahmen die Altvorderen einen kräftigen und vor allem sehenswerten Vorgriff. Engländer und Schotten waren geschockt von dem, was da über sie hereingebrochen war. Eine deutsche Mannschaft zerfetzte ein Team von der Insel – das war ebenso unvorstellbar wie unverschämt. Loy, Lutz, Höfer, Weilbächer, Eigenbrodt, Kreß, Stinka, Lindner, Stein, Pfaff, Meier lautete die Aufstellung. Und die sollte vor allem den Schotten lange Zeit unvergessen bleiben, denn nach dem 6:1 von Frankfurt gab es noch ein 6:3 in Glasgow, was ganz Schottland umgehend zu Eintracht-Anhängern machte.

Herberger, selten zu überschwenglichem Lobe neigend, sagte zu dem ersten Spiel im Waldstadion: „Nicht nur schön, sondern auch gut." Das kam einem Ritterschlage gleich. Und

**Eine Frankfurter Fußball-Legende: Alfred Pfaff**

**Die Eintracht vor dem Pokalspiel gegen Real Madrid**

zum König mit dem Zepter hatte sich einer aufgeschwungen, der 1954 noch in Herbergers WM-Aufgebot, aber leider nicht in der Weltmeister-Mannschaft gestanden hatte: Alfred Pfaff. 77000 Zuschauer hatten für eine phantastische Kulisse gesorgt, die Bühne beherrschten die Frankfurter. Elf deutsche Helden und elf schottische Komparsen – sogar die schottische Öffentlichkeit hatte gegen diese Rollenverteilung im Nachhinein nichts einzuwenden. 1:1 hatte es zur Halbzeit noch gestanden. Am Ende aber stand jenes sagenhafte 6:1, zu dem Dieter Lindner und Alfred Pfaff jeweils zwei Tore beisteuerten, die anderen erzielten Dieter Stinka und Erwin Stein.

Es war ein „Großkampftag" in Frankfurt gewesen. Nicht nur sportlich. Das Waldstadion hatte nach einem weiteren Umbau zum ersten Mal in verkehrstechnischer Hinsicht seine Feuerprobe bestanden. Autofahrer, Straßenbahn- und Eisenbahnbenutzer hatten endlich einmal nichts zu beanstanden. Alles verlief reibungslos. Damals noch eine Selbstverständlichkeit war die Meldung: Keine Unfälle und keine nennenswerten Beschädigungen. Für den Verein blieb eine Gesamtbruttoeinnahme von 257000 Mark, was einen Reingewinn von 170000 Mark ausmachte. Die Straßenbahn benutzten zweimal 20000 Personen, mit der Bundesbahn kamen etwa 15000 Menschen ins Stadion. 15000 Autos und Busse standen auf den riesigen Parkplätzen, die zum ersten Mal in der Geschichte des Waldstadions bis an die Grenzen ihrer Kapazität ausgelastet waren.

**Ein heißbegehrtes Utensil**

Die Frankfurter Eintracht stand nach dem 6:3 im Rückspiel in Glasgow im Finale des Europapokals – ausgerechnet in Glasgow, wo ihnen sogar die schottischen Spieler nach dem zweiten „Sixpack" voller Hochachtung ein Spalier mit Applaus bildeten. Die Eintracht hatte sich für das Endspiel, in dem zum ersten Mal überhaupt eine deutsche Mannschaft stand, „ihre" Zuschauer gesichert. Und das gegen Real Madrid, die Ausnahmemannschaft der damaligen Zeit, gespickt mit Stars aus aller Herren Länder. Im

**Gramlich (rechts) bei einer seiner vielen Reisen für die Eintracht**

Hampden Park zu Glasgow bemühten sich zwar 128000 Zuschauer, die Eintracht nach vorne zu peitschen. Aber gegen eine solche Mannschaft wie jene aus Madrid mußte auch eine begeisternd mitspielende Eintracht am Ende klein – aber in aller Größe – beigeben. Richard Kreß hatte die Eintracht in Führung gebracht und damit die Spanier richtig gereizt. Viermal trafen Ferencs Puskas und dreimal Alfredo di Stefano ins von Egon Loy gehütete Tor. Die beiden anderen Treffer für die Eintracht hatte Erwin Stein geschossen. Folgende elf Frankfurter Fußballspieler schrieben sich am 18. Mai 1960 unter der sportlichen Leitung von Trainer Paul Osswald in die Fußballbücher ein: Loy, Lutz, Höfer, Weilbächer, Eigenbrodt, Stinka, Kreß, Lindner, Stein, Pfaff und Meier.

Als Präsident hatte 1955 Rudi Gramlich die Verantwortung übernommen, nachdem er schon 1939, mit 31 Jahren, zusammen mit dem damals berühmten Leichtathleten Rudolf Metzner die Geschicke der Eintracht geleitet hatte. Rudi Gramlich führte die Eintracht bis in die Spitze des europäischen Fußballs. Seine allseits anerkannte fachliche Kompetenz stand zwar mitunter wegen seines autoritären Führungsstils etwas in der Kritik, doch an der Sache selbst gab es nie Zweifel. Rudi Gramlich zählte zu jenen, die zusammen mit dem Kölner Franz Kremer die Bundesliga, die 1963 ihren Spielbetrieb (mit der Eintracht) aufnahm, aus der Taufe hoben und damit Pionierarbeit leisteten. Von 1967 bis 1974 war Rudi Gramlich Vorsitzender des mächtigen Bundesliga-Ausschusses des Deutschen Fußball-Bundes (DFB). Parallel dazu zog er in den Vorstand des DFB ein, später auch in dessen Präsidium. Nach seinem Ausscheiden aus diesem Gremium wurde er verdientermaßen DFB-Ehrenmitglied.

Auf Rudi Gramlich folgte von 1970 bis 1973 der zuvor exzellente Turner Albert Zellekens als Präsident. Ihn löste dann der Kanzler der Frankfurter Universität, Achaz von Thümen, im ersten Amt des Vereins ab. Und in die Zeit von Achaz von Thümen fallen nach der Deutschen Meisterschaft und dem Erreichen des Europapokalendspiels die größten Erfolge der Vereinsgeschichte. 1974 und 1975 wurde die Eintracht deutscher Pokalsieger (unter Trainer Dietrich Weise, der Erich Ribbeck, den Nachfolger von Ivica Horvath und Elek Schwartz, abgelöst hatte), noch einmal 1981 (unter Trainer Lothar Buchmann). 1980 gewann die Eintracht in der Ära Achaz von Thümen sogar den UEFA-Pokal im innerdeutschen Duell gegen Borussia Mönchengladbach. Es fiel immer schwer, den hageren, hochaufgeschossenen Achaz von Thümen mit dem schütteren Haar mit dem beruflich betriebenen Fußball in Verbindung zu bringen. Als Achaz

**Der langjährige Präsident Rudi Gramlich**

Achaz von Thümen mit Willi Neuberger

von Thümen, der den feinen Künsten scheinbar näher stand als dem harten Profifußball, 1973 zum Präsidenten gewählt wurde, besetzte er als Nachfolger des eher hemdsärmeligen Albert Zellekens eine Position, die zu diesem Zeitpunkt keiner so recht hatte haben wollen. Seit 1966 stand von Thümen schon dem Verwaltungsrat des Vereins vor und hing damit seiner alten Liebe nach, dem Fußball. Nicht jeder konnte sich so recht vorstellen, daß gerade dieser mit einer Konzertmeisterin verheiratete preußische Edelmann ganz profan Fußball gespielt hatte. Beim VfB Gießen hatte der in der Mark Brandenburg geborene von Thümen mit dem Fußballspielen begonnen und hatte es in den Studentenmannschaften der Universitäten von Rostock und Berlin mit großer Begeisterung fortgesetzt. Als Präsident hatte ihn anfangs manch einer unterschätzt. Der stets zerknittert wirkende Kanzler der Frankfurter Universität konnte, wenn es hart auf hart ging, zäh und ausdauernd kämpfen. Zum Beispiel 1977, als er ungemein kämpferisch gestimmt sein Präsidentenamt in einer Versammlung voller Emotionen gegen eine lautstarke Opposition verteidigte und wiedergewählt wurde. Er ging für „seine" Eintracht sogar eine aus seiner Sicht unheilige Allianz mit dem kauzigen Poltergeist Gyula Lorant ein, der ihn stets geringschätzig „Ajax von Thymian" titulierte. Da kam ihm dann als Nachfolger von Lorant der eher geistreiche und besonnene Dettmar Cramer gerade recht. Mit dem ebenso feinfühligen Dietrich Weise, der, wie der Präsident auch, 1973 bei der Eintracht in vorderster Linie begonnen hatte, hielt Achaz von Thümen noch lange Kontakt. Achaz von Thümen wirkte in der oftmals rauhen, aber gleichzeitig immer eitler werdenden Gesellschaft, die sich zunehmend um den erstklassigen Fußball der Eintracht gruppierte, im Outfit der Nachkriegsjahre wie ein Fremdkörper, auch wenn er seit 1974 dem Ligaausschuß des Deutschen Fußball-Bundes angehörte. Viele wähnten ihn eher in den Randbezirken, wenn es um Entscheidungen ging, aber von dort verstand er es geschickt, unbeirrt Einfluß auf das Zentrum zu nehmen. Eher dem Musischen denn dem Materiellen zugeneigt, schien er über

Helmut Krämer, Achaz von Thümen, Gerd Jakobi

all die Jahre daran zu verzweifeln, warum man „für zwei Beine 100000 Mark" bezahlen solle. In seiner Vorstellungswelt eine gräßliche, aber leider nicht zu umgehende Torheit. Ein Auto war Achaz von Thümen nicht eine Mark wert. Legendär war sein Tempo, mit dem er Sitzungen am Riederwald abhielt, damit er noch rechtzeitig die letzte Trambahn bekam. Das große Hobby von

**Fred Schaub (rechts) nach dem 1:0 gegen Gladbach**

Achaz von Thümen, dem zuletzt Dieter Lindner als Vizepräsident und Gerd Jakobi als Schatzmeister zur Seite standen, war neben der Geschichte die Astrologie. Und so gestand er des öfteren ein, daß er die Stellungen der Sterne nach

**Jürgen Grabowski am Anfang seiner glanzvollen Karriere**

den Einflüssen auf die Eintracht zu deuten suchte. „Es lagen immer wieder Schatten drüber", sagte er dann. Am 24. Mai 1981 verließ Achaz von Thümen die große Eintracht-Bühne. Und zwar standesgemäß. Bei seiner letzten Jahreshauptversammlung, wo Axel Schander als sein Nachfolger gewählt wurde, wurde das Schlußwort, das von Albert Schweitzer stammte, zum Lebensbekenntnis: „Wer alt wird, dessen Haut runzelt, aber dessen Seele verkümmert, der sich nicht mehr für etwas begeistern kann."

Unter Achaz von Thümen hatte die Eintracht 1980 ihre erste internationale Trophäe gewonnen, den UEFA-Pokal. Das erste Endspiel bei Borussia Mönchengladbach war zwar 2:3 verlorengegangen, doch im Rückspiel wurde alles gerichtet. Der goldene Treffer des erst kurz zuvor eingewechselten Fred Schaub an einem strahlenden Abend am 21. Mai sorgte dafür, daß sich auch die Eintracht endlich in einem europäischen Wettbewerb bis ans Ende spielte und bis ans Ende durchhielt. Und das war die Mannschaft, die für die Eintracht höchste Ehren einlegte: Pahl – Neuberger, Pezzey, Körbel, Ehrmantraut – Lorant, Hölzenbein, Nickel, Borchers, Cha (77. Minute Schaub).

An jenem Abend hatte ein Mann zuschauen müssen, der, so der damalige Frankfurter Oberbürgermeister Walter Wallmann, zum „Symbol" der Eintracht geworden war: Jürgen Grabowski. Nach 441 Bundesligaspielen war er ausgerechnet in dem für den Verein so wichtigen Spiel zur Untätigkeit verurteilt. Eine Verletzung, im Bundesligaheimspiel gegen Borussia Mönchengladbach in einem Zweikampf mit Lothar Matthäus erlitten, machte ein Mitwirken unmöglich. Stolz und niedergeschlagen, das war die Mischung der Gefühle des Jürgen Grabowski

**Bernd Hölzenbein mit dem DFB-Pokal 1974**

**Bernd Hölzenbein bei den „Strikers" in Miami**

an diesem Abend. Denn die glanzvolle Karriere des Weltmeisters von 1974 war von dieser Verletzung beendet worden.

Am 14. August 1965 hatte der schmächtige Debütant, vom FV Biebrich 02 zur Eintracht gekommen, gegen den Hamburger SV sein erstes Bundesligaspiel bestritten. Als Mitspieler von mittlerweile so legendären Leuten wie Lutz, Loy, Landerer, Höfer, Lindner, Blusch, Huberts oder Sztani. 10 000 Mark Handgeld hatte es damals für den Zweijahresvertrag gegeben, ein Grundgehalt von 1000 Mark und eine Siegprämie von 200 Mark. Seinen ersten richtig großen Auftritt hatte der „beste Auswechselspieler der WM in Mexiko 1970", als der er bei den Welttitelkämpfen bezeichnet worden war, an einem regnerischen Juniabend 1974 bei der WM im eigenen Land. In Düsseldorf erzielte er beim WM-Spiel gegen Schweden das 3 : 2 und brachte die deutsche Nationalmannschaft wieder rechtzeitig auf die Erfolgsspur zurück und letzten Endes bis ins Finale nach München. Dort bildete er mit seinem Vereinskollegen Bernd Hölzenbein die „Frankfurter Flügelzange", wirbelten zwei ganz Gewitzte die holländische Abwehr durcheinander. Und konnten sich beide schließlich als Weltmeister feiern lassen.

Bernd Hölzenbein war ein Jahr nach Grabowski zur Eintracht gekommen, als unbekannter Amateur aus Dehrn in der Nähe von Limburg. Aus freien Stücken blieb Bernd Hölzenbein immer im Schatten von Jürgen Grabowski. Sogar als er die Möglichkeit hatte, seinen kongenialen Mannschaftskameraden in der Anzahl der Länderspiele zu überflügeln, trat Hölzenbein aus der Nationalelf zurück. Grabowski hatte 44 Länderspiele aufzuweisen, Hölzenbein 40 bis zum Ende der WM 1978 in Argentinien. Auf Argentinien hatte Grabowski trotz heftigsten Drängens von Bundestrainer Helmut Schön verzichtet, der ihn gar zu gerne als Führungspersönlichkeit mit nach Südamerika genommen hätte. Aber Grabowski hatte sich die Freiheit genommen, nein zu sagen. So, wie sich Hölzenbein hinter Grabowski einreihte. „Der Grabi ist der größte Fußballer, den die Eintracht je gehabt hat. Da ist es gut so, daß dies auch in der Rangfolge ihrer Nationalspieler zum Ausdruck kommt." Am 2. Mai 1981, nach dem glanzvollen Pokalsieg im Stuttgarter Neckarstadion (3 : 1 gegen den 1. FC Kaiserslautern), verabschiedete sich Bernd Hölzenbein von seiner Eintracht. In Nordamerika begann er einen neuen Lebensabschnitt. Fortan spielte er für die Strikers in Miami. Im Rückblick ist er der erfolgreichste Eintrachtspieler. Sechsmal hatte er in den letzten sieben Jahren seiner Zeit bei der Eintracht in einem Endspiel gestanden. Fünf davon, das WM-Endspiel 1974, die Pokalendspiele

**Der Koreaner Bum Kun Cha**

„Charly“ Körbel (links) mit Lajos Detari. DFB-Pokalsieg 1988

1974, 1975 und 1981 und das UEFA-Pokalfinale hatte er gewonnen. Lediglich das EM-Finale 1976 war verlorengegangen. In 420 Bundesligaspielen hatte Bernd Hölzenbein 160 Tore erzielt und sich damit als erfolgreichster Eintracht-Torschütze aller Zeiten in die Vereinsannalen eingeschrieben. Er hatte zuletzt in einer hervorragenden Mannschaft gespielt, war ihr Kapitän gewesen. Da war Bruno Pezzey, der Tiroler, der nach der WM 1978 zur Eintracht gekommen war. Da waren Jürgen Pahl und Norbert Nachtweih, die beiden aus der DDR geflüchteten Junioren-Auswahlspieler, von denen Nachtweih bei seinem späteren Wechsel zum FC Bayern München eine Bundesliga-Rekordablöse einbringen sollte. Da war der Koreaner Bum Kun Cha, ein wieselflinker und pfeilschneller Stürmer, der anschließend bei Bayer Leverkusen noch Triumphe feierte. Da war Willi Neuberger, der erste „Fünfhunderter“ in der Bundesliga, da war Karl-Heinz Körbel, der später mit 602 Spielen den absoluten Einsatzrekord in der Eliteklasse aufstellen sollte. Und da war Bernd Nickel, den man ob seiner Schußgewalt „Doktor Hammer“ nannte. 426 Bundesligaspiele bestritt der Mann aus dem Westerwald, der der ruhmreiche Dritte im Dreieck mit Grabowski und Hölzenbein war. Auf 141 Tore hat er es dabei gebracht. „Schön ist es auf der Welt zu sein, sprach der Nickel zu dem Hölzenbein“, sangen die Fans, wenn Nickel, der 41 Länderspiele als Amateur bestritt und erst nach den Olympischen Spielen 1972 Profi wurde, wieder einmal einer seiner krachenden Freistöße oder seiner vorzüglichen Pässe gelungen war. Im Mai 1983, mit 34 Jahren, beendete Bernd Nickel seine Zeit bei der Frankfurter Eintracht, hängte noch ein Jahr bei Young Boys Bern in der Schweiz dran. Der Fußball ließ ihn auch dann nicht los. Ausgestattet mit einer Lizenz der Europäischen Fußball-Union (UEFA) wurde er als Spielervermittler tätig.

602 Spiele für die Eintracht: Karl-Heinz Körbel

Bildeten diese drei so etwas wie den Sternenglanz der siebziger Jahre, so hatte in den sechziger Jahren maßgeblich ein Mann am Ruf der Eintracht mitgewirkt: Wolfgang Solz. Wegen seiner perfekten Technik nannte man den Jugendnationalspieler von Union Niederrad später den „Brasilianer“. 1958 kam er zur Eintracht und erzielte später in 113 Bundesligaspielen 46 Treffer, womit er sich eine führende Position in der Statistik sicherte. Für Wolfgang Solz war es noch eine große Ehre gewesen, in die Bundesliga an der Seite eines so verdienten Spielers wie Richard Kreß spielen zu können. 1953 war der begnadete

„Doktor Hammer“ (Bernd Nickel) mit seinem Arbeitsgerät

Rechtsaußen vom FV Horas bei Fulda nach Frankfurt gekommen – im für einen Fußballspieler schon fortgeschrittenen Alter von 28 Jahren. Mit der Eintracht verbrachte der neunmalige Nationalspieler seine schönste und erfolgreichste Zeit und führte sie sogar noch als fast 39jähriger 1963 in die Bundesliga, in der er noch 17 Spiele bestritt. Für die Riederwälder bestritt der dribbelstarke Außenstürmer 573 Spiele mit 186 Treffern. Mit der Eintracht reiste Kreß um die ganze Welt, spielte in Rußland, Asien, Afrika und Amerika. Er war das Vorbild auch für einen jungen Hüpfer wie Friedel Lutz, der im deutschen Finale von Berlin gerade mal zwanzig Jahre alt war. Der zwölfmalige Nationalspieler und WM-Teilnehmer 1966 verließ erst 1973 die große Bühne des Fußballs, mit 34 Jahren und nach exakt 200 Bundesligaspielen. Er war der letzte einer glanzvollen und ruhmreichen Zeit, die in anderen Personen und unter anderen Vorzeichen ihre Nachfolger fand.

Erich Ribbeck (links) war damals jüngster Bundesligatrainer

Wie etwa im späteren Eintracht-„Urgestein" Karl-Heinz Körbel. Am 14. Oktober, als Siebzehnjähriger, hatte der junge Mann aus Dossenheim seine unvergleichliche Laufbahn begonnen, im Heimspiel gegen Bayern München und als Bewacher von Gerd Müller. 2:1 gewann damals die Eintracht, Müller schoß lediglich einen Treffer, und das erst beim Stand von 2:0 für die Eintracht. Es war der Beginn einer der glanzvollsten Karrieren der Bundesliga. 602 Bundesligaspiele (von 639 rechnerisch möglichen) sind ein Rekord für die Ewigkeit. Viermal wurde Körbel Pokalsieger, einmal UEFA-Pokalsieger, er absolvierte insgesamt 48 Europacupspiele, bestritt sechs A-, zehn B-, fünf Amateur- und 30 Jugendländerspiele und über 300 Freundschaftsspiele. Sein Tor 1975 bedeutete in Hannover den Pokalsieg gegen den MSV Duisburg. In zwei Relegationsspielen war der „treue Charly" dabei und bewahrte seine Eintracht vor dem Abstieg aus der Bundesliga. Am 6. Oktober 1991 erhielt der Ehrenspielführer im Waldstadion sein Abschiedsspiel, selbstverständlich gegen den FC Bayern München, seinen ersten und somit auch letzten Gegner. Da hatte er, das Vorbild für die Jugend, sich schon bei der Eintracht als Jugendtrainer verdingt und war als Assistenztrainer von Dragoslav Stepanovic tätig und wurde später, wenn auch glücklos, Cheftrainer.

Bis in ihr Jubiläumsjahr standen 24 Trainer bei der Eintracht in Diensten. Viele mit riesigem Erfolg, einige waren weniger vom Glück begünstigt. Mit dem Meistertrainer Paul Osswald war die Eintracht in die Bundesliga gestartet. Ihm folgte 1964 für etwas

Fahrudin Jusufi

Karlheinz Feldkamp, „Charly“ Körbel und der DFB-Pokal 1988

Kritischer „Feuerwehrmann“ Jörg Berger

über ein Jahr der Hüne Ivica Horvath, den dann für drei Jahre (bis 1968) Elek Schwartz ablöste. Der gebürtige Ungar hatte 1965 Benfica Lissabon ins Europapokal-Finale geführt, war bis zu seinem 40. Lebensjahr als Spielertrainer in Frankreich tätig gewesen und hatte darüber hinaus sieben Jahre lang die holländische Nationalmannschaft betreut. In seine Ära fiel die Saison 67/68, in der die Eintracht denkbar knapp am deutschen Meistertitel scheiterte. Hölzenbein, Nickel und Grabowski begannen unter ihm ihre Karrieren. Der „fliegende Zahnarzt“ Dr. Peter Kunter wurde Nachfolger von Loy und Hans Tilkowski. Auf Schwartz folgte Erich Ribbeck – und das für einen Zeitraum über fünf Jahre. Mit 31 Jahren war Ribbeck damals der jüngste Bundesligatrainer, bekam es bei der Eintracht mit gestandenen Nationalspielern zu tun. Aber er setzte sich durch, ließ so hervorragende Spieler wie Willi Huberts und Fahrudin Jusufi ziehen, holte den Kämpfertypen Horst Heese zur Eintracht. Ribbeck genoß allseits Vertrauen, auch in der Phase, als in der Saison 1971 die Eintracht bis zur letzten Sekunde um den Klassenverbleib zittern mußte. Als Spieler hatte der reaktivierte Meister von 1959, Dieter Lindner, großen Anteil an dieser Rettungsaktion. Nachfolger von Erich Ribbeck, der zum 1. FC Kaiserslautern ging, wurde Dietrich Weise. Er kam aus Kaiserslautern, wo er sich als Assistent von Gyula Lorant die ersten Sporen verdient hatte. Von 1973 bis 1976 und abermals von 1983 bis 1986 arbeitete Weise am Riederwald. Als er 1976 ging, hinterließ er seinem Assistenten Hans-Dieter Roos eine perfekt funktionierende Mannschaft, mit der der vordem zweite Mann nicht zurechtkam. Roos wurde der erste Trainer, dem die Eintracht den Stuhl vor die Tür stellte. Im November 1976 mußte er gehen, und es kam ein Mann, der zu den skurrilsten Figuren im Trainermetier zählte: Gyula Lorant. Hemdsärmelig, polternd und nie ein offenes Wort scheuend brachte er eine Mannschaft auf Vordermann, die unter Roos gemacht hatte, was sie wollte. Der frühere Stopper aus der ungarischen Wunderelf achtete auf Disziplin, Pünktlichkeit und schaffte es, mit dieser Mannschaft in 21 Spielen in Folge ungeschlagen zu bleiben. Damit stellte die Eintracht einen Bundesligarekord auf und qualifizierte sich noch für den UEFA-Pokal. Nur ein Jahr nach seinem Dienstantritt am Riederwald war schon wieder Schluß für Lorant. Im UEFA-Pokal und in der Meisterschaft hatte er zwar gerade zwei glänzende 4:0-Erfolge über die Münchner Bayern gefeiert, doch waren seine rauhen Methoden längst nicht mehr unumstritten. Im „Ringtausch" wechselte Lorant zu den Bayern, von denen Dettmar Cramer zur Eintracht kam. Doch auch dieser blieb nur ein halbes Jahr, nachdem die Mannschaft endgültig in ein Formtief gerutscht war.

Auf den Schöngeist folgte ein „Preuße", Otto Knefler. Der „eiserne Otto", der sich in Kürze allseits Achtung verdiente, mußte jedoch aus gesundheitlichen Gründen schon nach einem halben Jahr wieder aufhören. Bei der Heimfahrt vom Pokalspiel bei Werder Bremen nach Dortmund verunglückte Knefler mit seinem Auto schwer. Im Oktober 1986 starb Otto Knefler an den Spätfolgen dieses Unfalls. Von Januar 1979 bis Juni 1980 übernahm Friedel Rausch die erste sportliche Position bei der Eintracht, die ihren Gipfel im Gewinn des UEFA-Pokals fand. Für zwei Jahre kam dann Lothar Buchmann an den Riederwald, für den der Pokalsieg 1981 in Stuttgart Höhepunkt seiner Arbeit war. Unter einem wenig glücklichen Stern stand die Verpflichtung von Helmut Senekowitsch. Nach nur zweieinhalb Monaten mußte der Österreicher im September 1982 Branco Zebec Platz machen, dem indes auch nur ein gutes Jahr beschieden war und der von Dietrich Weise abgelöst wurde. Weise bewahrte in dieser Saison die Eintracht in den beiden Relegationsspielen gegen den MSV Duisburg (5:0 in Duisburg, 1:1 im Waldstadion) vor dem Abstieg aus der Bundesliga. Dann hatte die Eintracht wieder einmal mit einem Assistenten von Weise wenig Glück, nachdem ihm im Dezember 1986 der Stuhl vor die Tür gesetzt worden war. Timo Zahnleiter fand 1987 in Karlheinz Feldkamp seinen Nachfolger, Wolfgang Kraus war Manager. Die zeitlichen Abstände zwischen den einzelnen Trainerperioden wurden immer kürzer. Diese Tendenz wurde auch von Feldkamp nicht gestoppt; nur wenige Monate nach dem Pokalsieg im Mai 1988 in Berlin gab Feldkamp von selbst auf, nachdem Detari vor Beginn der Saison zur Überraschung aller nach Griechenland verkauft worden war. Feldkamps Nachfolger Pal Csernai blieb exakt vier Monate. Von September 1988 bis Dezember 1988. In diesem vergleichsweise kurzen Zeitraum hatte die Eintracht nicht weniger als drei Präsidenten. Dr. Klaus Gramlich hatte den Präsidentenstuhl der Eintracht 1983 von Axel Schander für fünf Jahre übernommen. Dr. Joseph Wolf als der ihm Nachfolgende hielt es im November 1988 gerade mal eine Woche aus, bis ihn dann Matthias Ohms im ersten Vereinsamte ablöste. Schatzmeister Wolfgang Knispel war in all den Jahren ein verdienter Sachwalter der Finanzen. Dann kam die Feuerwehr, Jörg Berger, verpflichtet von einem neuen Präsidium mit Bernd Hölzenbein als „Vize" und einem neuen Manager, Jürgen Friedrich. Zehn Jahre zuvor war Jörg Berger als einstiger Junioren-Auswahltrainer der DDR in den Westen geflohen und hatte in Frankfurt seine erste Station, an die er nun zurückkehrte. Er schaffte mit der tief im Schlamassel steckenden Mannschaft mit Torhüter Uli Stein und Karl-Heinz Körbel als herausragende Stützen noch die Relegationsspiele gegen den 1. FC Saarbrücken, die erfolgreich überstanden wurden. Die Saison 1989/90 schloß die Eintracht auf dem dritten Tabellenplatz ab, wie schon 1964 und 1975 die bis dahin beste Plazierung, und Berger, die einstige zweite Wahl bei der Trai-

**„Stepi" Dragoslav Stepanovic drückte die Daumen für die Eintracht**

nersuche, stand plötzlich in der ersten Reihe der Bundesligatrainer. Und genauso plötzlich wieder auf der Straße. Denn Bergers Arbeitstage bis zu seiner Ablösung im April galten als Lehrbeispiel dafür, wie man einen Trainer los wird. Vizepräsident Bernd Hölzenbein hatte im Sommer Andreas Möller von Borussia Dortmund zurückgeholt an den Main und mit ihm dessen Freund und Berater Klaus Gerster als Manager verpflichtet. Den nachfolgenden Geschehnissen war Berger nicht mehr gewachsen. Höhepunkt seiner Demontage war eine peinliche 0:6-Niederlage im Waldstadion gegen den Hamburger SV. Am 13. April 1991 wurde Berger gekündigt – die Eintracht stand auf Tabellenplatz sieben – und am 14. April zauberte Bernd Hölzenbein dann den neuen Mann aus dem Hut: „Stepi" Dragoslav Stepanovic. Von 1976 bis 1978 hatte der Serbe für die Eintracht gespielt, war schon 1971 in Jugoslawien zum „Fußballer des Jahres" gewählt worden. Nach seiner Eintracht-Zeit spielte er auch noch in England bei Manchester City und wurde dort der erste ausländische Mannschaftskapitän. Seine Trainerkarriere hatte der stets feingewandete Stepanovic beim FV Progres in der Frankfurter B-Klasse begonnen. Von 1985 bis 1987 und von 1988 bis zum Januar 1991 waren der FSV Frankfurt und Rot-Weiss

**„Lebbe geht weider". Auch beim nächsten Verein**

Frankfurt zeitweilig Arbeitgeber für Stepanovic. Hölzenbein, der ehemalige Mitspieler, holte Stepanovic von Eintracht Trier aus der Oberliga Südwest, wo er gerade erst ein Vierteljahr tätig war. Mit einem Einstiegsgehalt von nur 6000 Mark war der Serbe der billigste Trainer der Liga. Aber er sollte es ihr heimzahlen. Mit unorthodoxen Methoden trainierte er die Mannschaft, die gespickt war mit Stars wie Uli Stein, Karl-Heinz Körbel, Uwe Bein, Manfred Binz, Ralf Weber, Norbert Nachtweih, Heinz Gründel, Andreas Möller und Anthony Yeboah. Die Eintracht setzte in der Saison 1991/92 endgültig zum Sturm auf den Gipfel an – mit einer „Jahrhundertmannschaft", wie einmal einer der Spieler diese Ansammlung von hochqualifizierten und spielerisch hochveranlagten Kräften selbst nannte. Sie verzückten mit ihrer Spielkunst die Bundesliga, und nicht wenige wünschten, daß in dieser Saison tatsächlich die beste Mannschaft deutscher Meister werden sollte. Es war der 16. Mai 1992, der letzte Spieltag der Saison. So dicht wie nie zuvor stand die Eintracht vor ihrer zweiten deutschen Meisterschaft. Bei Hansa Rostock, einem möglichen und später tatsächlichen Absteiger, stand es in der 75. Minute noch 1:1, als Ralf Weber alleine auf den Torhüter zulief, zum Sieg- und die Meisterschaft bringenden 2:1 ausholte – und dann im Strafraum gefoult wurde. Schiedsrichter Berg gab hinterher, nach dem Studium der Fernsehbilder zu, sich geirrt zu haben, als er nicht auf Elfmeter entschied. Aber was nutzte es da noch der Frankfurter Mannschaft, die in all ihrer Enttäuschung dann auch noch das 1:2 hatte hinnehmen müssen? Die große, nach der Rückkehr aus Rostock geplante Fete am Frankfurter Flughafen wurde zur Trauerfeier. Die in dieser Saison spielerisch beste, treffsicherste und dazu noch fairste Mannschaft hatte schließlich nur den dritten Platz belegt hinter dem neuen Meister VfB Stuttgart, dem an diesem letzten Spieltag ein fragwürdiger Elfmeter geschenkt worden war, und Borussia Dortmund. Diese verlorene Partie, diese in letzter Sekunde aus der Hand gegebene deutsche Meisterschaft hatte Langzeitwirkung. Sie äußerte sich in den Turbulenzen, die aus dem Wechsel von Andreas Möller zu Juventus Turin entstanden. Zuvor hatte

**Die Eintracht im Höhenflug. Hier: Dieter Eckstein**

Möller seine große Enttäuschung mit dem Ausscheiden bei der Europameisterschaft in Schweden erlebt und die damit verbundene Kritik auch des Bundestrainers Berti Vogts nicht ganz verwunden. Schon bei der WM 1990 war er unter Teamchef Franz Beckenbauer über zwei Kurzeinsätze nicht hinausgekommen, nachdem er am 21. September 1988, nur wenige Tage nach seinem 21. Geburtstag, im Länderspiel gegen die Sowjetunion den Sprung in die Nationalmannschaft geschafft hatte. Zusammen mit Uwe Bein hatte er bei der Eintracht ein geniales Paar gebildet. Spielmacher Bein war 1989 vom Vizepräsidenten Bernd Hölzenbein für eine Ablöse von 1,3 Millionen Mark vom Hamburger SV zurück in die hessische Heimat – wie Ralf Falkenmayer von Bayer Leverkusen auch – geholt worden. Die Eintracht war auch das Sprungbrett in die Nationalmannschaft, in der er im Alter von 29 Jahren im Oktober 1989 debütierte und mit der er auch 1990 zur WM nach Italien reiste. Das Finale mit dem Gewinn des Titels erlebte er jedoch nur als Zuschauer. Keiner beherrschte den „tödlichen Paß" in die Tiefe so wie Uwe Bein. Davon profitierten sowohl Andreas Möller als auch Anthony Yeboah, der folglich Torschützenkönig der Bundesliga wurde. Alle Herrlichkeit war vorbei, als andere Clubs auf „Stepi" endgültig aufmerksam wurden und sich seiner Dienste versichern wollten. Bayer Leverkusen rief und Stepanovic erlag den Verlockungen. Am 30. März 1993 endete seine Zeit bei der Eintracht, die jedoch wiederkommen sollte. Anders jedoch, als viele gedacht hatten. Bis zum Saisonende übernahm dann Horst Heese den Trainerjob am Riederwald, half gerne aus, als ihn Hölzenbein rief. Daß er im Spiel bei Bayer Uerdingen dann einmal vier Ausländer auf das Spielfeld schickte und die Eintracht im Nachhinein die Partie verlor, paßte so ganz in die Turbulenzen der damaligen Zeit.

Und dann wurde Bernd Hölzenbein wieder einmal so aktiv, wie man es von ihm gewohnt war. Völlig überraschend präsentiert er einen Mann als Trainer, den er wie damals Stepanovic unmittelbar ins Rampenlicht holte: Klaus Toppmöller. Der begann mit Verve und Furore. Legte mit der Eintracht einen Saisonstartrekord hin – und leistete sich im Überschwang der Gefühle jedoch manch verbalen Aussetzer, was die Liga zu geharnischten Protesten veranlaßte. Toppmöller legte sich sogar öffentlich mit Bundestrainer Berti Vogts und anderen Kollegen an, was neben dem an-

**Sinnbild für intelligenten Fußball: Uwe Bein**

sehnlichen Spiel seiner Mannschaft für viel böses Blut sorgte. Am Ende stand Klaus Toppmöller alleine da, nur mit Torhüter Uli Stein als Rückhalt. In einer bis dahin nie gesehenen und nie erlebten Aktion zitierte das Präsidium alle Spieler einzeln zu sich und befragte sie. Am Ende hatten Toppmöller und Stein verloren, beide mußten den Club verlassen. Der „treue Charly" spielte den Statthalter, bis bei der Eintracht die Uhren anders gehen sollten, wie es der neue Mann ausdrückte. Es war dieses Mal alles andere als ein Nobody, den die Eintracht als Trainer präsentierte. Es war der erfahrene Jupp Heynckes, mit dem FC Bayern München schon deutscher Meister geworden, bei Athletic Bilbao in Spanien ein gefeierter Mann. Mit seinen neuen Methoden kam indes nicht jeder zurecht. Der auf Ordnung, Disziplin und absolute Verläßlichkeit pochende Heynckes sah sich Ende November 1994 von einem Trio im Stich gelassen. Er warf Anthony Yeboah, dem ersten afrikanischen Spielführer der Bundesliga, dem Balljongleur Jay Jay Okocha und dem exzentrischen Maurizio Gaudino vor, die Arbeit im Training verweigert zu haben und suspendierte sie umgehend von der Arbeit am Ball. In hektischen Aktionen wurden Yeboah und Gaudino nach England abgegeben, Okocha fand nach der Winterpause wieder Gnade in den Augen von Heynckes und durfte sogar mit nach Florida ins Trainingslager. Doch die vielen Risse waren nicht mehr zu kitten. Die Leistung der Mannschaft um den die Fans nie so recht überzeugenden Nationaltorwart Andreas Köpke stand im Widerspruch zum Anspruch. Am 2. April 1995 verließ Jupp Heynckes auf eigenen Wunsch die Eintracht, die umgehend Karl-Heinz Körbel zum ersten Mann beförderte. Doch die sich schon zuvor abzeichnende Talfahrt konnte Körbel bei allem Fleiß nicht mehr stoppen. Ihn ließen während der neuen Saison auch tragende Kräfte der Mannschaft im Stich. Den Abstieg vor Augen mußte dann auch Ende März 1996 Karl-Heinz Körbel das Feld räumen. Mit Dragoslav Stepanovic holte der längst als fest bestallter Manager agierende Hölzenbein einen Mann zurück, der in Spanien bei Athletic Bilbao kurz zuvor entlassen worden war. Aber auch Stepanovic konnte das sinkende Schiff vor dem Untergang, das heißt vor dem erstmaligen Abstieg der Eintracht aus der Ersten Liga, nicht mehr bewahren. Er ging quasi mit ihm unter, als er im Dezember 1996 die Segel streichen mußte und Horst Ehrmantraut als sein Nachfolger bestellt wurde. Vorausgegangen war im Sommer, nur wenige Wochen vor dem Abstieg, die Ablösung des nach vielen Eskapaden umstrittenen Präsidenten Matthias Ohms, der fast acht Jahre an erster verantwortlicher Stelle gestanden hatte. Interimistisch bekleidete Dieter Lindner, der seine Eintracht nie im Stich ließ, den verantwortungsvollen Posten, bis Anfang November ein neuer Mann ausgedeutet schien. Aber Hans Joachim Otto blieb nur exakt 35 Tage im Amt, weil er die Verantwortung scheute. Die Eintracht war finanziell angeschlagen, wirtschaftlich am Boden, obwohl Jahre in Folge international im UEFA-Pokal vertreten gewesen. Am 11. November 1996 wurde Rolf Heller zum neuen Präsidenten der Frankfurter Eintracht bestellt, der zusammen mit einer neuen Vereinsführung die Eintracht nach und nach konsolidier-

**Präsident Otto, Schatzmeister Taute (neu), Schatzmeister Knispel (alt) und Ex-Präsident Lindner (von rechts nach links)**

Mit seinen Methoden kam nicht jeder zurecht: Jupp Heynckes

te. Und sie dann dank Trainer Horst Ehrmantraut im Sommer 1998 wieder dorthin zurückführte, wo sie hingehört: In die Spitze des deutschen Fußballs. Das Jahr des Jubiläums, das Jahr des hundertjährigen Bestehens, konnte erstklassig begangen werden. Die Eintracht konnte also getrost zurückschauen, hinter sich, dorthin, wo alles begonnen hatte.

Und es war alles fast wie im richtigen Leben. Denn alles begann mit einem kleinen Irrtum. Nicht der runde Ball war das Ei des Kolumbus, es war das kleine Rugby-Ei, das urplötzlich die Leute faszinierte. Seit 1880 existierte in Frankfurt ein sogenannter „Fußballclub", den einige Schüler der Wöhlerschule aus der Taufe gehoben hatten. Rugby wurde damals hierzulande für die noch äußerst junge Sportart Fußball gehandelt. Hauptsache treten, ob rund oder oval. Fliegen mußte das Ding. Jener besagte „Fußballclub" sollte später, die Jahreszahl zeigt es, der Sportclub 1880 Frankfurt werden, in dem Rugby in Frankfurt einmal seine höchste Blüte feiern sollte. Damals hielt man es jedenfalls für Fußball, und Herbert Stasny, einer der Gründer, formulierte es folgendermaßen: „Als tapferer Quartaner der Wöhlerschule hatte ich im Herbst 1876 zum ersten Mal Gelegenheit, ein Rugbyspiel zu sehen. Es fand auf der damaligen Körnerwiese statt und wurde natürlich von Engländern und Amerikanern vorgeführt, die vorwiegend der Ausländerklasse unserer Wöhlerschule angehörten. Die Herrchen hatten uns schon längst imponiert, weil sie mit steifen Hüten, hohen Stehkragen und spitzen Schuhen zur Schule kamen und sich im Hofe während der Pausen ihrer jeweiligen Muttersprache bedienten. Der auch unsererseits anerkannter Champion davon war ein Amerikaner namens Otero, der außer den bereits erwähnten Vorzügen sich eines wohlentwickelten Schnurrbarts erfreute, um den ihn die jüngeren Lehrer sicher beneideten. Der Sinn und die Regeln des Spiels waren unserer überlegenen, jugendlichen Intelligenz natürlich ohne weiteres klar: Man mußte versuchen, in dem Gewühl den Ball zu erwischen. Nachdem diese einfache Sache vollkommen klargestellt war, wurde sofort die Bildung einer Mannschaft beschlossen, eine Wiese hinter Bartmanns Hof – Miquelstraße – bestimmt und Goalstangen aus benachbarten Zäunen beschafft. Nur die Erlangung eines geeigneten Balles machte uns ziemliches Kopfzerbrechen, denn richtige Rugbybälle gab es in keinem Geschäft, und die Gummibälle der ‚Kinder' waren uns ‚Männern' aus der Quarta nicht würdig. Nun hatte einer einen unheimlich aussehenden Ball in einem Geschäft auf dem Schillerplatz gesehen, das sich schon dadurch unserer Hochachtung erfreute, als in seinem Erker Flaschen des uns aus den Indianergeschichten wohlbekannten Whisky ausgestellt waren. Es handelte sich nämlich um einen Cricketball. Jeder Kick ein Zehenriß."

Das also waren die Irrungen und Wirrungen, bis der Ball in Frankfurt richtig rollen sollte, rund nämlich. Frankfurt begann sich zu entwickeln. Die Stadt verdreifachte innerhalb eines Vierteljahrhunderts ihre Einwohnerzahl. Im Jahre 1900 bevölkerten 290 000 Menschen diese Stadt, die prosperierte und wuchs. Neue Stadtteile wurden eingemeindet. 1877 war es Bornheim, 1895 Bockenheim, 1900 Niederrad, Seckbach und Oberrad. In dieser Zeit der Erweiterung und gleichzeitig Verdichtung traten die Fußballspieler auf den Plan, in diese Zeit fallen ihre Anfänge mit allen Schwierigkeiten, Mißverständnissen, Vorbehalten und Vorurteilen. Angeblich soll es 1876 einen Fußballclub Arminia gegeben haben, doch sind keinerlei Zeugnisse vor-

**Der FFV und Bradford City am 2. Mai 1914. (Der FFV sitzend)**

handen, ob es sich dabei nicht wie beim SC 1880 um einen Irrtum in der Sportart handelte. Wie auch bei zwei anderen Clubs, die sich „Concordia" und „Frankfurt" nannten und auch bei denen nicht belegt ist, was sie denn so trieben.

Im Jahre 1929 hat Ludwig Isenburger ein kleines Heftchen verfaßt, das sich mit den Anfängen des Fußballs unter dem Titel „Aus der Steinzeit des Frankfurter Fußballs" befaßte. Und selbst darin sind diese oben erwähnten Clubs mit keiner Zeile aufgeführt. Für besagten Ludwig Isenburger beginnt die Frankfurter Fußball-Historie mit einer sportlichen Gruppe des Vergnügungsvereins Fidelitas, Herrschaften mit schwarzen Sweatern und aufgestickten Adlern. Eine Abteilung von ihnen kickte auf der Hundswiese und bildete somit die Basis für den ältesten und noch immer existenten Frankfurter Fußballverein, Germania 94. Der Vergnügungsverein löste sich aus leicht nachvollziehbaren Gründen auf: Die Herrschaften traten mehr gegen den Ball, als daß sie auf der Bühne auftraten und Theater spielten. Trainiert wurde barfuß oder in braunen Segeltuchschuhen und gespielt wurde in Straßenstiefeln. Ludwig Isenburger kam als Schüler zu dem Trupp kickender Gesinnungsgenossen bei der Germania. Ein bestimmt gern gesehener Gast. Denn Isenburger hatte von seinem Vater einen richtigen Ball geschenkt bekommen, rund und aus Leder. Womit Isenburger der erste Star auf der Hundswiese war. Nördlich der Hundswiese gab es einen Gutshof namens „Taunusblick". Dort mietete sich die Germania einen Kuhstall und nutzte ihn als Umkleidekabine für die Kicker, die sich bald sogar in mehrere Mannschaften aufteilen mußten.

Die Germania war das Vorbild, an dem sich andere orientierten. Innerhalb der Germania gab es ob des Andrangs selbstverständlich und umgehend eine Opposition. Schließlich wollte jeder mit dabei sein, wenn es galt, die auch in der Region gegründeten Clubs zu besuchen und gegen sie zu spielen.

In die erste Mannschaft zu kommen war nicht immer leicht. Denn damals öffneten sich den in der Entwicklung einen Schritt weiter kickenden Engländern hierzulande beste Chancen, wenn sie sich einem Verein anschließen wollten. Das förderte die Mißgunst und folglich die Gründung neuer Vereine. So wurde 1899 die „Victoria" gegründet, vornehmlich aus Mitgliedern der „Germania". Im selben Jahr etablierte Walter Bensemann, ebenfalls auf der Hundswiese, die „Kickers", womit die Germania abermals Spieler verlor, der Fußballsport in Frankfurt aber auf einen Schlag an Vielfalt gewann. Nun gab es Konkurrenz, der Fußballsport in Frankfurt begann zu wachsen und sich gedeihlich zu entwickeln. Es wurde der Fußballclub „Nordend" gegründet, aus dem später der FSV Frankfurt auf dem Prüfling hervorging. In Bockenheim war es der „Fußballclub 99", der zum Vorläufer der SG Rot-Weiss Frankfurt wurde. So bildete das Quartett von der Hundswiese, die Germania, die Victoria, die Kickers

**Der FFV im Spiel gegen die Spielvereinigung Fürth am 22. Februar 1914**

und die Bockenheimer, die sich den plötzlich eng gewordenen Platz teilten, zusammen mit dem Nordend-Club im Jahre 1900 den Frankfurter Associations-Bund. Die erste Frankfurter Meisterschaft gewann damals in der dritten Wiederholung die Germania mit einem 1:0 gegen die Victoria. Zweimal hatte wegen einbrechender Dunkelheit in der Verlängerung abgebrochen werden müssen.

Diejenigen, die voller Lust und Freude gegen den Ball traten, hatten sich vieler Vorurteile zu erwehren. Viele schüttelten den Kopf, wenn sie an der Hundswiese vorbeigingen und diese Kerle, bunt gewandet wie Paradiesvögel, dem Ball hinterherrennen sahen. Die Frankfurter Gesellschaft hatte sich an manche Verrücktheit der reichen Bürgersöhne gewöhnt. Aber so etwas? Bedauerlicherweise lag die Hundswiese in der Nähe der Miquelstraße, wo die feine Gesellschaft zu promenieren pflegte. So vermeldeten Bekannte den Eltern von Isenburger, daß ihre drei Kinder gesichtet worden seien, wie sie mit nackten Knien und in einer ihnen nicht geziemenden Gesellschaft im Staub diesem runden Ding aus Leder hinterherjagten. Wer da mitmachte, mußte auch in der Schule mit Strafen rechnen. Karzer für Kicken, hieß das Motto. Auch Lehrlinge mußten um ihre Lehrstelle bangen, wenn ihr buntes Treiben ruchbar wurde. Fußball galt als eine völlig unpassende Form der motorischen Bewegung. 1898 fragte der Stuttgarter Professor Karl Planck in einer Streitschrift „Über Stauchball und englische Krankheit" ganz rhetorisch: "Was bedeutet denn der Fußtritt in der Welt?" Er gab sich selbst die Antwort: „Doch wohl, daß der Gegenstand, die Person nicht wert ist, daß man auch nur die Hand um ihretwillen rührt. Es ist ein Zeichen der Verachtung, des Ekels und des Abscheus. Unsereiner erlaubt sich also nicht nur diese Errungenschaft, sondern auch das Fußballspiel selbst nicht nur gemein, sondern auch lächerlich, häßlich und widernatürlich zu finden."

Diejenigen, die auf der Hundswiese herumtobten, ließen solche Anfeindungen kalt. Sie hatten genug damit zu tun aufzupassen, daß sie auf manchesmal holprigen Äckern gleichenden Plätzen den aufrechten Gang wahren konnten und außerdem Spazier- und Fußgängern nicht in die Quere kamen. So überquerten zwei Trampelpfade den Platz auf der Hundswiese, den Fußgänger auch benutzten, wenn gerade ein Fußballspiel stattfand. Diese "Steinzeit" währte kaum ein Dutzend Jahre. 1907 baute sich die Victoria am Dornbusch einen eigenen Platz, der abgeschlossen war und auf dem man unter sich war. Dieser Platz wurde standesgemäß eingeweiht. Mit einem Freundschaftsspiel gegen Gallia Paris.

Die Eintracht reicht zurück mit ihren Wurzeln bis in jene frühe Zeit. Denn Kickers und Victoria zieren die Ahnengalerie der Eintracht, die, wenn man so will, auch ursächlich auf Germania 94 zurückgeht, die sich nicht wenig stolz als die „Tante der Eintracht" bezeichnen darf. Kickers und Vic-

**Die Tribüne am Riederwald**

toria vereinigten sich 1911 zum Frankfurter Fußballverein. In diesem ging wenig später der Turnverein von 1897 auf. Unmittelbar nach dem Ersten Weltkrieg reichte der Frankfurter Fußballverein der Frankfurter Turngemeinde von 1861 die Hand. Diese neue Gemeinschaft hieß „Frankfurter Turn- und Sportgemeinde Eintracht von 1861". Doch die Idylle zwischen Fußballern und Turnern hielt nicht lange vor und ging schnell zu Ende. 1926 zogen sich die Turner aus dem ersten Zusammenschluß zurück. Beide Gruppen behielten jedoch den Namen Eintracht bei, als „Turngemeinde Eintracht" und als „Sportgemeinschaft Eintracht", die den Fußball pflegte. Erst 1968 führte der spätere Vereinspräsident Albert Zellekens die getrennten Brüder wieder unter ein gemeinsames Dach, das sich dann ohne alles Beiwerk nur noch „Eintracht Frankfurt" nannte.

Das Gründungsmitglied Kickers hatte sich um den sagenumwobenen Walter Bensemann mit einer Schar Pioniere etabliert. Das waren Theo Streit, Karl Krömmelbein, Oskar Trapp, Jule Zinser und andere, die sich für ihre Kickers ins Zeug legten. Die Kickers bezwangen die damals gefürchtete Mannschaft von Hanau 93 mit 1:0, wobei, wer sonst, Walter Bensemann den Treffer erzielte. Zeuge dieses Tores und dieses Spiels war ein Junge, der mit klopfendem Herzen dem neuartigen Spiel zuschaute. Er hieß Fritz Becker und wurde, als Mitglied des Eintracht-Vorläufers Kickers, Frankfurts erster Nationalspieler.

Am 5. April 1908 stürmte der nur 1,68 Meter große Fritz Becker auf Linksaußen im ersten offiziellen Länderspiel des Deutschen Fußball-Bundes (nach den fünf inoffiziellen, gegen England verlorenen „Urländerspielen") in Basel gegen die Schweiz. Die Eidgenossen gewannen zwar 5:3. Aber Fritz Becker konnte für sich in Anspruch nehmen, nicht nur den Frankfurter Fußball mit zwei Toren würdig vertreten zu haben, sondern das erste Länderspieltor der deutschen Fußballgeschichte überhaupt erzielt zu haben. Warum es für Fritz Becker bei diesem nur einen Länderspiel überhaupt blieb, das konnte niemand so recht begründen.

Mit Walter Bensemann hatten die Kickers einen Mann in ihren Reihen, der nicht nur diesen Verein aufgebaut hatte. Schon 1887 hatte er den FC Montreux ins Leben gerufen, später Geburtshelfer beim Karlsruher FC gespielt, den Straßburger FC und die Karlsruher Kickers aus der Taufe gehoben. Selbstverständlich gehörte Bensemann auch zu den Männern der ersten Stunde, die den Deutschen Fußball-Bund (DFB) ins Leben riefen. Bensemann organisierte und finanzierte rund achtzig Auslandsspiele, baute dazu das Fachblatt „Kicker" auf. 1933 emigrierte Bensemann in die Schweiz, wo er nur ein Jahr später starb.

Die Victoria hatte sich ebenfalls 1899 auf der Hundswiese mit 15 Mitgliedern in die Frankfurter Sporthistorie eingeschrieben. Fünf von ihnen waren von der Germania herübergewechselt. Als Gründer gilt Albert Pohlenk. Als Spiel-

**Das Informationsheft zum Länderspiel gegen die Schweiz 1922**

**1926 gegen Hanau 93. Von links nach rechts: Trumpp, Egly, Pfeiffer, Schütz, Goldammer, Müller, Dietrich, Kellerhoff, Stroh, (?), Döpfer**

führer der Mannschaft, die die Bockenheimer 4:1 schlug, fungierte ein Engländer namens Cecil Nichols. Der Kapitän einer Mannschaft durfte sich zu diesen Zeiten sogar „Spielkaiser" anreden lassen. Die Victoria gewann auch gegen Hanau 93, damals ein besonderer Wertmesser, und drang gar bis ins Finale um die Süddeutsche Meisterschaft vor. Das größte Ereignis für die Victoria war die Eröffnung ihres eigenen Sportplatzes am Dornbusch, an der Eschersheimer Landstraße. Es war der erste geschlossene Sportplatz innerhalb Frankfurter Grenzen. Die Anlage erhielt sogar eine Tribüne, die zuvor auf dem Rennplatz in Niederrad gestanden hatte.

Nach dem ersten Frankfurter Nationalspieler Fritz Becker sollte es noch viele Jahre dauern, bis der nächste Spieler aus Frankfurt das Nationaltrikot überstreifen sollte. Es war am 10. Februar der Eintrachtler Franz Schütz, der – wie Becker – gegen die Schweiz international debütierte und es noch auf zehn weitere Länderspiele bringen sollte. Es gab auch bald ein erstes Gespann in der Nationalmannschaft, das aus Frankfurt kam: die beiden Verteidiger Franz Schütz und Hennes Stubb. Die beiden Eintrachtler formierten sich zusammen mit dem großartigen Torhüter Willibald Kreß von

Deutscher Fussball-Bund.
Länder-Wettspiel
Deutschland-Schweiz
am 26. III. 1922, nachm. 4 Uhr auf dem
Eintrachtsportplatz
Am Riederwald.
Stuhlplatz Nr.
Mk. 20.00 02829
Aufzubewahren und auf Verlangen vorzuzeigen.

**Die Eintrittskarte zum Länderspiel 1922 gegen die Eidgenossen**

Rot-Weiss zum berühmten Frankfurter Schlußdreieck der Nationalmannschaft. Schütz sollte es auf elf, Stubb auf zehn und Kreß auf sechzehn (davon vier für den Dresdner SC) Länderspiele bringen. Das Duo Schütz-Stubb bildete auch die Verteidigung beim ersten Endspiel der Eintracht um die deutsche Meisterschaft, das in spannungsgeladenen neunzig Minuten 0:2 gegen Bayern München, den ewigen Süd-Rivalen, verlorenging. In 15 Jahren bestritt Hennes Stubb mehr als 550 Spiele für die Eintracht. Vier Jahre lang zählte er zu den bewährten Kräften der Nationalmannschaft, aus der er sich 1934 in einem unvergeßlichen Spiel im Frankfurter Waldstadion verabschiedete. Welch ein Tor von Hennes Stubb. Es war ein Tor, von dem noch Generationen schwärmen sollten. Aus sage und schreibe 60 Meter trat Stubb den Ball bei einem Freistoß ins Tor der Ungarn, die dieses denkwürdige Länderspiel 1:3 verloren. Stubb hatte in seiner Karriere nicht nur diesen abschließenden Höhepunkt vorzuweisen. Es war ein Unentschieden der deutschen Nationalmannschaft, das aller Ehren wert war. Beim 3:3 in Berlin gegen den Lehrmeister England standen gar vier Frankfurter in der deutschen Mannschaft. Neben den Eintrachtlern Schütz,

**Willy Trumpp bei einer Faustabwehr im Spiel gegen die Bayern 1930, das 2:2 endete. Im Hintergrund Pfeiffer und sein bayrischer Gegenspieler Pöttinger**

nicht in irgendeinem Vereinslokal traf, sondern im gehoben-bürgerlichen Café Hanselmann am Opernplatz oder im Café Hauptwache. Die Eintracht konnte es sich sogar leisten, Mitte der zwanziger Jahre einen englischen Trainer, Mister Parry, zu verpflichten, der die für damalige Zeiten sagenhafte Summe von 1200 Mark im Monat erhielt. Die Anhängerschaft von Eintracht und FSV zählte nach Tausenden. So rollte 1930 zum Spiel der Eintracht um die Süddeutsche Meisterschaft eine Kolonne von 103 Fahrzeugen von Frankfurt nach Pirmasens. Zwei Jahre später waren es 15000 Menschen, die die Eintracht in Nürnberg im 0:2 verlorenen deutschen Finale in Nürnberg gegen Bayern München unterstützten. Nur vier Wochen zuvor hatte die Eintracht denselben Konkurrenten im süddeutschen Endspiel noch 2:0 bezwungen. Als ein Lehrer der Eintracht im besten Sinne erwies sich dabei ein richtiger Lehrer. Der Volksschullehrer Paul Osswald hatte in Berlin bei Carl Diem sein Examen als Diplomsportlehrer abgelegt, was damals noch eine Novität war. Sportlehrer und Trainer in Personalunion gab es nur wenige, und wenn, dann waren sie meist aus dem Ausland geholt worden. Osswald gehörte zur ersten Generation deutscher Diplomsportlehrer, die im Fach Fußball vom damaligen Reichstrainer Professor Otto Nerz ausgebildet wurden. Ein Kommilitone von Osswald, der als Sportstudent beim Berliner Club Minerva spielte, war übrigens ein gewisser Sepp Herberger.

Auf eine Empfehlung von Nerz kam Osswald nach Frankfurt, gerade 24 Jahre alt. Monatssalär: 450 Mark, die Probezeit dauerte ein dreiviertel Jahr. Das Motto von Nerz hatte Osswald buchstabengetreu übernommen: „Arbeitet, arbeitet, arbeitet, im Verein, für den Verein, mit den Spielern." 17 Mannschaften betreute Osswald bei der Eintracht, darunter sogar die Damen-Handballmannschaft, in der seine spätere Ehefrau spielte. Osswald blieb bis 1938 bei der Eintracht. Anschließend ging er nach Frankenthal und übernahm dort das Stadtamt für Leibesübungen. Nach dem Zweiten Weltkrieg, aus dem er verletzt heimkehrte, ermöglichte ihm ein amerikanischer Offizier, daß er eine Trainerlizenz für die Offenbacher Kickers erhielt, für

**Die Mannschaft während der Kriegszeit 1943**

Stubb und Hugo Mantel auch Wilibald Kreß, der Keeper mit dem sagenhaften Stellungsspiel. Rückblickend ist das Jahr 1934 so etwas wie ein Wendepunkt in der deutschen Länderspielgeschichte. Erstmals wurden in diesem Jahr acht Länderspiele ausgetragen. Danach wurden es laufend mehr, und bei dieser Verdichtung der Abläufe war es nicht verwunderlich, daß immer mehr Frankfurter Fußballspieler in den Kreis der international Auserwählten aufrückten. So kamen Willi Lindner und Willi Tiefel (von Union Niederrad zur Eintracht gewechselt) zu Länderspieleinsätzen. Rekordnationalspieler der Eintracht war über mehr als drei Jahrzehnte Rudi Gramlich. Zwischen 1931 und 1936 bestritt Gramlich, der spätere Eintracht-Präsident, 22 Länderspiele. Wie vor ihm Willi Tiefel und nach ihm Alfred Pfaff durfte er die deutsche Nationalmannschaft sogar als ihr Kapitän aufs Feld führen. Erst 1971 wurde er „Eintracht-intern" von Jürgen Grabowski in der Länderspielstatistik abgelöst. Rudi Gramlich nahm an der Weltmeisterschaft 1934 in Italien teil, doch der damals 26 Jahre alte Außenläufer mußte vorzeitig abreisen, weil er in seiner Firma dringend gebraucht wurde. Gramlich zählte zu den besten Fußballspielern Europas, als Funktionär war er einer der geschicktesten. In seine Zeit als Präsident von 1955 bis 1970 fallen mit die größten Erfolge der Eintracht.

Der gebürtige Offenbacher Rudi Gramlich kam damals in eine Eintrachtmannschaft, die sich gerade anschickte, unter ihrem jungen Trainer Paul Osswald die jahrelange Vorherrschaft des FSV in Frankfurt zu brechen. 1930 und 1932 wurde die Eintracht Süddeutscher Meister und stand 1932 zum ersten Mal im deutschen Finale. Ende der zwanziger und zu Beginn der dreißiger Jahre gehörte es in Frankfurt fast schon zum guten Ton, sich zur Eintracht zu bekennen. Der unvergessene Sportfeuilletonist Richard Kirn hat es einmal folgendermaßen formuliert: „Der Eintracht-Anhang geht in die Cafés, der des FSV in die Gasthäuser." Da steckte etwas dahinter, zumal sich auch die Eintracht-Mannschaft

**Süddeutscher Meister 1930. Obere Reihe, von links: Karl Ehmer, Willi Pfeiffer, Bruno Goldammer, Willy Trumpp, Walter Dietrich, Fritz Kübert, Trainer Paul Osswald. Mitte: Hugo Mantel, Hans Stubb, Franz Schütz, Bernhard Kellerhoff, Fritz Schaller. Unten: Bernhard Leiß, Rudi Gramlich**

**Willy Trumpp im Spiel gegen die Kingstonians. Im Hintergrund Fritz Kübert**

**Die Eintracht vor dem Freundschaftsspiel gegen AS-Rom am 21.6.1939. Von links: Friedrich Groß, Gustav Trageser, Edmund Adamkiewicz, Emil Arheiliger, Fritz Linken, Albert Wirsching, Karl Röll, Heini Opper, Adam Schmitt, Adolf Schmidt, Ludwig Kolb**

die er dann von 1946 bis 1958 tätig war und die er in dieser Zeit ins Finale (1950) und ins Halbfinale (1954) führte. Paul Osswald hatte die Eintracht zum Ende der zwanziger und in den dreißiger Jahren endgültig auf die deutsche Fußball-Landkarte gesetzt. Mit ihren internationalen Spielen gegen Franzosen, Engländer, Holländer, Ägypter, Schweizer, Amerikaner oder Österreicher hatte sie sich einen Namen gemacht, vor allem wegen ihres gepflegten, eindrucksvollen spielerischen Stils. Zehn Jahre beherrschte die Eintracht die Szene im Süden. 1933, in dem Jahr, in dem Hans Söhngen Egon Graf von Beroldingen als Präsident abgelöst hatte, wurde sie wieder Süddeutscher Meister und schied erst im Halbfinale um die Deutsche Meisterschaft gegen Fortuna Düsseldorf aus. 1939, im Jahre des vierzigjährigen Bestehens, waren Vereine wie Sparta Prag, Rapid Wien, FC Bologna, AS Rom und der deutsche Meister Hannover 96 zu Gast. Während des Zweiten Weltkrieges leitete Anton Gentil den Verein kommissarisch. Um die Fußballspieler kümmerte sich Willi Balles, der den Vorsitz des Spielausschusses übernommen hatte. Auf dem Sportplatz der Eintracht am Riederwald befand sich eine Flakstellung, die sehr schnell zum Ziel von Bomben wurde. Nach dem Krieg war der Platz am Ratsweg zerstört, aber die ersten Unentwegten begannen schon im Juni wieder mit dem Training. Im Oktober bildeten Christian Kiefer, Emanuel Rothschild, Werner Heilig und Paul Imke schon wieder in Ansätzen eine Mannschaft. Im gleichen Monat des Jahres 1946 wurde die süddeutsche Oberliga gegründet, wobei die Militärbehörden die Spiele genehmigen mußten. Die Eintracht rief den „Tag der Eintracht" aus und schaffte es, vom Militär das Waldstadion für einen Tag überlassen zu bekommen. 45000 Besucher kamen und verschafften sich Abwechslung in all der herrschenden Not. 1949, als die Eintracht 50 Jahre alt wurde, wählte die Versammlung Anton Keller zum Eintracht-Präsidenten, der er bis 1955 blieb. Die Schweizer reichten als erste freundschaftlich die Hand. Die Eintracht gewann das erste Nachkriegsspiel gegen eine ausländische Mannschaft, den FC Basel, mit 4:1. Allerdings hatte die Eintracht noch

**Die erste Mannschaft nach dem Kriegsende vor der Begegnung mit der SG Niederrad. Von links: Karl Henkel, Herrmann Lindemann, Erwin Schädler, Werner Heilig, Adolf Schmidt, R. Schmitt (?), Rudolf Farschon, Karl Moritz, Ludwig Kolb, Hans Fischer, Herbert Hammer**

keinen eigenen Platz, mußte quer durch die Stadt fahren. War sie beim FSV zu Gast, dann mußten sich die Spieler in der Badeanstalt am Merianplatz umziehen. Nebenan in Offenbach hatte Paul Osswald schon die ersten sportlichen Erfolge. Und bei der Eintracht nahm der damals jüngste Trainer, Kurt Windmann, seine Arbeit auf. Mit einem Salär von gerade einmal 500 Mark begann Windmann mit dem systematischen Aufbau einer spielstarken Mannschaft. Als Windmann kam, stand die Eintracht auf dem vorletzten Tabellenplatz. Trainiert wurde auf dem alten Rosegger-platz. Willi Balles (ihn löste 1955 – für 20 Jahre – der unvergessene Ernst Berger erst als Spielausschußvorsitzender, später als Vizepräsident, ab) zog übers Land und suchte bei den kleinen Vereinen nach den großen Talenten. Egon Loy und Bäumler wurden aus dem Bayrischen geholt. Feigenspan wurde zum Mittelstürmer umfunktioniert, dann kam Weilbächer und schließlich Richard Kreß. Für das Frankfurter Element in der Mannschaft sorgten Alfred Pfaff, Bechtold, Höfer, Kesper, Kraus und vor allem Werner Heilig, der Dreh- und Angelpunkt. Wert wurde vor allem auf die familiäre Atmosphäre gelegt, was zu einem großen Zusammenhalt führte und womit der Grundstock für die spätere deutsche Meisterschaft gelegt wurde. Mit Windmann ging es sturmesgleich voran. 1951 erreichte die Eintracht den achten, 1952 den vierten und 1953 Platz eins in der süddeutschen Oberliga. Auch 1954 war die Eintracht als Tabellenzweiter an der deutschen Endrunde vertreten. In beiden Jahren aber jeweils am 1. FC Kaiserslautern gescheitert. 1955 und 1958 fehlten der Eintracht jeweils nur ein Punkt für die Teilnahme an der Endrunde. Seit 1956 hatte die Eintracht am Riederwald eine moderne Flutlichtanlage. Vor 30 000 Zuschauern gelang ein vielumjubelter 5:1-Erfolg gegen den 1. FC Kaiserslautern, der mit Fritz und Otmar Walter angetreten war. Und dann kam jener 28. Juni 1959 in Berlin, ein Tag, an dem eine vorläufige Entwicklung abgeschlossen wurde und die Zukunft mit der Aufnahme in die neue Bundesliga vier Jahre später endgültig begann.

*Richard Becker*

# Vier Weltmeister im Adler-Trikot

Uwe Bein, geboren: 26. September 1960
Länderspiele: 17 (3 Tore), Bundesligaspiele: 300 (91 Tore)
Bei Eintracht Frankfurt: 1989 – 1994 (150 Spiele, 38 Tore)

# Uwe Bein

## Der Mann mit dem tödlichen Paß

Wenn Uwe Bein gefragt wird, welches Ereignis ihm aus seiner Zeit bei Eintracht Frankfurt spontan einfällt, dann sagt er nur ein Wort: „Rostock". Diese 1:2-Niederlage beim bereits feststehenden Absteiger ließ die Gedanken des Supertechnikers nie los: „Das hätte unser tollstes Jahr werden können. Und dann verspielen wir den Titel." So nahm statt dessen der VfB Stuttgart 1992 die Meisterschale in Empfang.

Trotz dieser herben Enttäuschung spricht Uwe Bein davon, eine „Superzeit" in Frankfurt verlebt zu haben: „Ich hatte von Anfang an ein gutes Verhältnis zu den Fans, die meine Leistung immer honorierten." 150 von insgesamt 300 Bundesligaspielen absolvierte er im Trikot mit dem Adler, schoß dabei 38 seiner insgesamt 91 Erstligatore.

Ganz schön viel für einen Mittelfeldspieler, der eigentlich in erster Linie dafür bekannt war, den „tödlichen Paß" zu beherrschen. Doch diese tolle Technik hatte auch ihre Nachteile: Kaum ein Spieler bekam so viel auf die Knochen wie Uwe Bein. So war in der Saison 91/92 selten an regelmäßiges Training zu denken. „Wißt Ihr, woran man am Riederwald erkennt, daß es Freitag ist? Der Uwe ist im Training", witzelte damals Heinz Gründel. Ein Spruch, über den der Betroffene zwar spontan lachen konnte, nicht aber über die anschließende Verbreitung in den Medien: „Ich konnte die letzten zehn Spiele nur mit Spritzen absolvieren, hätte eigentlich überhaupt nicht eingesetzt werden dürfen." So behutsam, ja fast liebevoll, wie der gebürtige Heringer mit dem Ball umging, so sensibel reagierte er auch auf Kritik.

Entsprechend wohl fühlte er sich in Japan, wo er im Anschluß an seine Bundesliga-Karriere noch zweieinhalb Jahre für Urawa Red Diamonds spielte: „Der Trainingsablauf war wie in Deutschland, doch die Journalisten kümmerten sich nur um das Sportliche. Und wenn sie ein Interview haben wollten, dann mußten sie sich zuvor beim Verein melden."

Die Karriere des Uwe Bein hing früh, bereits in der Saison 84/85, an einem seidenen Faden. Drei Bänderrisse in Folge in beiden Sprunggelenken führten dazu, „daß ich nur noch gesund werden wollte".

Mit dem Wechsel 1989 vom Hamburger SV an den Main begann dann auch seine internationale Karriere: Als „Spätberufener" absolvierte er im Alter von 29 Jahren sein erstes von insgesamt 17 Länderspielen. Und er gehörte zum deutschen Team, das 1990 in Rom Weltmeister wurde. Auch wenn er gegen Argentinien zusehen mußte, weil „Kaiser" Franz Beckenbauer den „göttlichen Kicker" nicht zum Einsatz brachte.

Heutzutage hält sich Uwe Bein beim Golfspiel fit, engagiert sich in Fußball-Jugend-Camps und „ist mehr unterwegs als in meiner aktiven Zeit". Kontakt zur Eintracht besitzt er hauptsächlich noch über den ehemaligen Zeugwart Toni Hübler. Doch vielleicht ändert sich das ja in Zukunft: „Ich habe etwas Abstand vom Fußball gewonnen, aber ich könnte mir vorstellen, im Jugendbereich zu arbeiten. Dazu brauche ich keine Fußballehrer-Ausbildung. Ich weiß auch so, worauf es ankommt."

# Jürgen Grabowski

## Hessischer Wirbelwind

**Jürgen Grabowski, geboren: 7. Juli 1944**
**Länderspiele: 44 (5 Tore),**
**Bundesligaspiele: 441 (109 Tore)**
**Bei Eintracht Frankfurt: 1965 – 1980 (441 Spiele, 109 Tore)**

**Top 10 – Die meisten Länderspiele**
Eintrachtler in der DFB-Auswahl

| Platz | Name | Vorname | Spiele |
|---|---|---|---|
| 1 | Grabowski | Jürgen | 44 |
| 2 | Hölzenbein | Bernd | 40 |
| 3 | Köpke | Andreas | 28 |
| 4 | Gramlich | Rudof | 22 |
| 5 | Berthold | Thomas | 21 |
| 6 | Bein | Uwe | 17 |
| 7 | Binz | Manfred | 14 |
| 8 | Lutz | Friedel | 12 |
| 9 | Möller | Andreas | 12 |
| 10 | Schütz | Franz | 11 |

Als dieser Blondschopf aus Wiesbaden-Biebrich 1965 als 20jähriger an den Riederwald kam, da war Eintracht-Trainer Elek Schwarz sofort begeistert: „Der Bursche braucht kein Jahr, und er ist in der Nationalmannschaft!" Es dauerte nur rund zehn Monate, ehe der „Grabi" beim 4:0 in Dublin gegen Irland sein internationales Debüt feierte. „Das war ein sensationeller Start meiner Karriere. Bei der Eintracht vom ersten Tag an Stammspieler, und 1966 schon im WM-Kader", erinnert sich der 44malige Nationalspieler.

Die beste Zeit seiner Karriere sollte aber 1974 und 1975 sein. Zweimal mit der Eintracht DFB-Pokalsieger und mit Deutschland Fußball-Weltmeister: „Das entschädigte dafür, daß wir mit Frankfurt nie Meister geworden sind." Es habe immer nur dazu gereicht, relativ viele Tore zu schießen und „die Bayern häufig zu ärgern".

Bei Gyula Lorant hätte es 1977 fast noch mit dem Titel geklappt. „Der konnte uns unheimlich motivieren, er war der richtige Trainer zur richtigen Zeit. Ich war fürchterlich sauer, daß er uns schon wieder nach einem Jahr verließ."

Die aktive Laufbahn wurde dann abrupt beendet. Es war im März 1980, als der 36 Jahre alte Grabowski mit der Eintracht bei Borussia Mönchengladbach auflief. Auf der Gegenseite ein hoffnungsvoller, 19 Jahre alter Jungspund namens Lothar Matthäus. Im Mittelfeld, fast an der Außenlinie, kam dieses Talent angeflogen, traf den Routinier am Knöchel, obwohl der Ball längst weg war. Grabowski mußte zwar nicht operiert werden, doch im Mittelfuß „war einiges kaputt". Entschuldigt für diese unnötige Aktion hat sich der Rekord-Nationalspieler bis heute noch nicht.

Grabowski kam nicht mehr auf die Beine, der Kapitän mußte den Gewinn des UEFA-Pokals von der Seitenlinie aus verfolgen.

Der Versicherungskaufmann arbeitete dann noch im Verwaltungsrat der Eintracht mit, ehe er im Zwist mit seinem ehemaligen Weggefährten Bernd Hölzenbein der Eintracht den Rücken zukehrte: „Ich habe etwas Abstand gewonnen, aber nicht im Zorn. Ich kenne die Spielregeln und weiß, daß man über Dinge hinweg sieht, solange der Erfolg da ist."

Der Eintracht prophezeit der begeisterte Hobby-Golfer eine schwierige Zeit: „Ich hoffe, daß der Klassenerhalt geschafft wird und nicht alles untergeht."

Der Fußball insgesamt wird es in Zukunft nicht leichter haben: „Ich vermisse die gesunde Kritik besonders in der TV-Berichterstattung. Da wird alles gepuscht, um die Einschaltquote hochzuhalten." Die Spieler befänden sich entsprechend in einem finanziellen Schlaraffenland: „Die Gehaltsspirale wird sich weiter drehen. Doch die Spieler können nichts dafür." Schließlich würde auch jeder Arbeiter mehr Gehalt dankend annehmen – wenn er es denn bekäme.

Jürgen Grabowski neidet den Stars von heute das viele Geld nicht: „Ich habe mir einen Lebensstandard erarbeitet, mit dem ich zufrieden bin."

# Bernd Hölzenbein

## Schlitzohr und Sündenbock

**Bernd Hölzenbein, geboren: 9. März 1946**
**Länderspiele: 40 (5 Tore),**
**Bundesligaspiele: 420 (160 Tore)**
**Bei Eintracht Frankfurt: 1967 – 1981 (420 Spiele, 160 Tore)**

Aller Anfang ist schwer. Das mußte auch Bernd Hölzenbein merken. Als er 1967 sein erstes Probetraining bei der großen Eintracht absolvieren sollte, da fand der Junge aus dem Westerwald den Trainingsplatz am Riederwald erst, als die anderen schon wieder unter der Dusche standen. Glücklicherweise durfte er am nächsten Tag noch einmal vorspielen, und Trainer Elek Schwarz war überzeugt von seinen Qualitäten. Für Bernd Hölzenbein begann eine große Zeit bei dem Verein mit dem Adler, den er noch heute im Herzen trägt. Schnell, trickreich und torgefährlich präsentierte sich der Stürmer, der nur im früheren Teil seiner Laufbahn von Erich Ribbeck auch mal ins Mittelfeld „abgeschoben" worden war.

Auf dem Feld bewies der „Holz" seine Schlitzohrigkeit beispielsweise im Europapokal gegen Dinamo Bukarest, als er kurz vor Schluß ein Tor im Sitzen köpfte und so die Eintracht in die Verlängerung rettete, die sie dann gewann.

Unvergessen auch das WM-Finale 1974, als er gegen die Niederlande

angeblich zum Erfinder der „Schwalbe“ wurde. Wobei der 40malige Nationalspieler noch heute beteuert: „Das war ein Foul, der Elfmeter war berechtigt!“
Auch außerhalb des Feldes mußte man auf ihn immer aufpassen. Was während der Siegesfeier nach dem Gewinn des UEFA-Cups nicht geschah. Plötzlich war der Pokal verschwunden. „Alle verließen mehr oder weniger schwankend das Hotel. Und das Ding stand völlig alleine herum.“ Was Hölzenbein der Trophäe nicht zumuten wollte und sie mit nach Hause nahm. Wer kann schon von sich behaupten, die Nacht mit einem Europapokal im Bett verbracht zu haben? Erst am anderen Morgen fiel das Verschwinden auf, hektische Telefonate folgten. Bis Geschäftsstellen-Mitarbeiter Jürgen Gerhard endlich fündig wurde und den Pott rasch an den Riederwald brachte.
Auch nach der Beendigung seiner Karriere blieb Bernd Hölzenbein dem Verein verbunden, wurde in den Wirren der Mitgliederversammlung 1988 zum Vizepräsidenten gewählt. Der neue Aufschwung der Eintracht begann unter seiner sportlichen Leitung, die fünfmalige Teilnahme in Folge am UEFA-Cup wäre ohne ihn wohl nicht möglich gewesen. Doch nach dem Wechsel zum bezahlten Manager verlor der „Vize“ nicht nur seine Stimme bei Präsidiumsentscheidungen, sondern auch das Fortune in der Personalpolitik. Und nach dem Abstieg in die Zweite Bundesliga ging er freiwillig und auf Gelder verzichtend, die ihm noch zustanden. Rauswerfen lassen wollte er sich verständlicherweise nicht.
Wer Bernd Hölzenbein nach der verpaßten Meisterschaft in Rostock, als er minutenlang wie versteinert auf der Tribüne saß, sowie in den Wochen bis zum Abstieg erlebt hat, der weiß, was in dem Weltmeister von 1974 damals und selbst heute noch vorgeht.

**Top 10 – Torschützen der Eintracht**
**1. Bundesliga (1963/64 – 1995/96)**

| Platz | Name | Vorname | Tore |
|---|---|---|---|
| 1 | Hölzenbein | Bernd | 160 |
| 2 | Nickel | Bernd | 141 |
| 3 | Grabowski | Jürgen | 109 |
| 4 | Yeboah | Anthony | 68 |
| 5 | Huberts | Wilhelm | 67 |
| 6 | Wenzel | Rüdiger | 51 |
| 7 | Cha | Bum Kun | 46 |
| 8 | Solz | Wolfgang | 46 |
| 9 | Körbel | Karl-Heinz | 45 |
| 10 | Bein | Uwe | 38 |

# Alfred Pfaff

## Der Chef der Meisterelf

**Alfred Pfaff, geboren: 16. Juli 1926**
**Länderspiele: 7 (offiziell), 2 Tore (offiziell)**
**Bei Eintracht Frankfurt: 1936 – 1962**

Es war eine andere Zeit, als Alfred Pfaff dem runden Leder nachjagte. Es war die Zeit, als noch nicht in jedem Kabinengang eine Fernsehkamera lauerte, ein Journalist sein Notizbuch zückte oder den Fußballprofi mit einem Mikrofon zum Stehenbleiben zwang. Und doch wird Alfred Pfaff in den Memoiren von Eintracht Frankfurt immer seinen Platz finden. Denn er war der Kapitän der Mannschaft, die 1959 den ersten und bisher einzigen Meistertitel an den Main holte. Und die sich darauf als erste deutsche Mannschaft bis ins Finale des Europacups der Landesmeister vorkämpfte, ehe sie in Real Madrid ein schier unüberwindba-

## Top 10 – Torschützen der Eintracht
Oberliga Süd (1945/46 – 1962/63)

| Platz | Name | Vorname | Tore |
|---|---|---|---|
| 1 | Pfaff | Alfred | 103 |
| 2 | Stein | Erwin | 75 |
| 3 | Kreß | Richard | 68 |
| 4 | Feigenspan | Ekkehard | 52 |
| 5 | Lindner | Dieter | 49 |
| 6 | Weilbächer | Hans | 48 |
| 7 | Schieth | Hubert | 45 |
| 8 | Schämer | Lothar | 43 |
| 9 | Kraus | Willi | 42 |
| 10 | Bäumler | Erich | 41 |

**Alfred Pfaff**

res Team vorfand, das den kontinentalen Triumph verhinderte.
Außerdem darf sich der gelernte Gastwirt auch mit Recht Weltmeister nennen. 1954 in der Schweiz war er dabei, wurde von Sepp Herberger im ersten Kräftemessen mit Ungarn eingesetzt und erzielte prompt ein Tor. Die offizielle Statistik weist unter Alfred Pfaff insgesamt sieben Länderspiele und zwei Länderspieltore aus. „Das kann nicht stimmen", moniert der Eintrachtler: „Tore waren es mindestens drei, Länderspiele entweder neun oder elf." Ja, die Statistiken waren noch nicht das, was sie heute sind.
Geschweige denn die Gehälter. 180 Mark gab es pro Monat vom Verein, die erlaubte Höchstgrenze lag bei 320 Mark. „Und da gab es keinen Neid, denn jeder erhielt die gleiche Summe", sieht der Ehrenspielführer der Eintracht einen weiteren, entscheidenden Unterschied: „Mit dem Monatsgehalt von Andreas Möller hätte man damals die ganze Mannschaft eine Saison lang bezahlen können."
Da wäre auch die Meisterschaftsprämie in Höhe von 1000 Mark pro Nase enthalten gewesen.
Trotz der Doppelbelastung Beruf und Spitzenfußball will Pfaff diese Zeit nicht missen: „Das Fußballspiel war noch ein echtes Ereignis. Vor uns hat die Reserve gespielt, viele Zuschauer verbrachten den halben Tag bei der Eintracht."
Und die Spieler verbrachten das halbe Leben beim gleichen Verein, weil ein Wechsel mit 18monatiger Sperre bestraft wurde, wenn der Klub seine Zustimmung verweigerte: „Dann war die Karriere vorbei."
Unvergeßlich bleiben Alfred Pfaff neben Meisterschaft, Länderspielen und Europacup auch die vielen Reisen: Schon 1951 verbrachte die Eintracht fünf Wochen in den USA, eine sensationelle Geschichte für die damaligen Verhältnisse: „Der Flug dauerte 20 Stunden. Und dann wurden wir mit offenen Armen empfangen."
Der Kontakt zwischen den Meistern von 1959 ist nie abgebrochen, 1999 wird in Pfaffs Gasthof im Odenwald, in der Nähe von Amorbach, der „Vierziger" groß gefeiert. Nur im Waldstadion trifft man „Don Alfredo" inzwischen seltener an: „Mit der Zeit wird man bequemer." Und verzichtet auf die 100 Kilometer Autofahrt.

*Klaus Veit*

## Nationalspieler der Eintracht

Erich Bäumler
Fritz Becker
Uwe Bein
(Fußballweltmeister 1990)
Thomas Berthold
Manfred Binz
Ronald Borchers
Ralf Falkenmayer
Jürgen Grabowski
(Fußballweltmeister 1974)
Rudolf Gramlich
Bernd Hölzenbein
(Fußballweltmeister 1974)
Andreas Köpke
Karl-Heinz Körbel
Richard Kress
Thomas Kroth
Willi Lindner
Friedel Lutz
Hugo Mantel
Andreas Möller
(Fußballweltmeister 1990)
Bernd Nickel
Alfred Pfaff
(Fußballweltmeister 1954)
Peter Reichel
Franz Schütz
Wolfgang Solz
Erwin Stein
Hennes Stubb
Willi Tiefel
Ralf Weber
Hans Weilbächer

# Was so nie in der Zeitung stand

## Launen und Macken der Fußballstars

Beinahe wäre Heinz Gründel aus der Mannschaft geflogen. In der Nacht gegen 1.30 Uhr saßen noch einige Journalisten mit Dragoslav Stepanovic in der Halle des Alpenhotels Lamm, diskutierten über das Trainingslager in Seefeld, über die bevorstehende Saison sowie über Gott und die Welt. Fast unbemerkt nahm das Unheil seinen Lauf, als eine nur ins lange Nachthemd gehüllte Dame – es handelte sich um eine englische Gouvernante – an dem Grüppchen vorbei in Richtung Rezeption schwebte. Kurz darauf erschien der Nachtportier und fragte: „Ist einer von Ihnen der Herr Gründel?"

Eine Frage, die der gute Herr Steiner heute auch nicht mehr stellen würde. Denn einerseits hat die Eintracht inzwischen im „Lamm" so oft Station gemacht, daß fast alle Spieler bekannt sind, andererseits hat der ehrliche Mann längst gelernt, welch' besondere Spezies Profifußballer sind und wie sie behandelt werden müssen. Doch damals, es war wohl im Sommer 1990, fragte der Herr Steiner noch. Stepi wollte wissen, warum er das frage. „Weil die Zimmernachbarin sich beschwert hat, das Fernsehgerät sei so laut, daß sie nicht schlafen kann. Der Herr Gründel ist bestimmt eingeschlafen, doch ich möchte nicht in ein fremdes Zimmer gehen." Naja, diese Zurückhaltung war dem Serben schon immer fremd. Er ließ sich den Schlüssel geben, überprüfte Gründels Behausung – der Vogel war ausgeflogen. „Der werrd mich kennelerne", knurrte Stepi.

Und so erhielt der Spieler, total müde, aber immerhin inzwischen eingetroffen, frühmorgens um sechs einen Anruf des Trainers: „In 15 Minuten ist Training."

Doch Gründel erschien eine Viertelstunde später nicht. Seine offizielle Begründung war, daß er den kauderwelschenden Coach nicht richtig verstanden habe. „Um 15 Uhr" sei zu ihm gedrungen. Naja, keine so gelungene Ausrede. Stepi war sauer, Gründel hatte schon das Rückflugticket, als der Mannschaftsrat Dragoslav Stepanovic dazu überreden konnte, es bei einer saftigen Geldstrafe zu belassen.

Heinz Gründel hatte das Hotel übrigens nicht verlassen: Ein paar Türen weiter wurde im Zimmer von Uli Stein kräftig Karten gespielt. Und den Anruf hatte Gründel dem „Mitzocker" Axel Kruse zugeschrieben, weil der die Stimmlage Stepis so herrlich serbo-hessisch nachmachen konnte. Auch Hannes Seyrling, der Hotelchef, mußte lernen, mit den Eintrachtlern richtig umzugehen. So hatte der Tiroler im ersten Jahr den Rasen hinter den Zimmern neu einsäen lassen, um den Spielern den Blick auf frisches Grün zu bieten. Es war eine Fehlinvestition: Eines Morgens verrieten deutliche Fußspuren in der noch weichen Erde von nächtlichen „Sonderschichten".

Trainingslager waren schon immer gut für Geschichten. Paul Oßwald hatte die Kasernierung erstmals vor dem Gewinn der bisher einzigen Deutschen Meisterschaft 1959 eingeführt. Zwei Wochen hatte er seine Truppe vor dem Finale in der Sportschule im Frankfurter Stadtwald zusammengezogen. Doch nächtliche Ausflüge gab es damals nicht. Schließlich mußten die Spieler spätestens um sechs Uhr raus, um erst einmal ihren normalen Berufen nachzugehen. Trainiert wurde nur am späten Nachmittag.

Die medizinische Betreuung und das Wissen über sportgerechte Ernährung hat sich in den vergangenen Jahrzehnten ebenfalls stark gewandelt. So war es lange Zeit normal, daß Sportler wenig trinken. Entsprechend gab es in der Sportschule Saarbrücken unter der Regie von Erich Ribbeck

**Kein Freund kühler Getränke: Erich Ribbeck**

auch wenig Flüssiges. Doch da war ja noch Toni Hübler, der Zeugwart, der gute Geist. Der hatte sich einen Schlüssel für den Kühlraum besorgt, zog nächtens schon mal ein paar Flaschen Bier im Körbchen die Fassade hoch, um den Spielern einen Gute-Nacht-Trunk zu ermöglichen. Vier Flaschen gut gekühlten Gerstensaftes verschwanden gerade im Zimmer von Horst Heese und Bernd Nickel, als Ribbeck seine Runde drehte. Dem armen Horst Heese blieb nichts anderes übrig, als blitzschnell ins Bett zu hüpfen, das Bier unter der Decke auf seinen Bauch zu legen. Und dann unterhielt sich der Trainer fast eine halbe Stunde mit seinen beiden Leistungsträgern... Zumindest für Horst Heese wurde das eine sehr unterkühlte Unterredung.

Gottlob kamen die Sportschulen langsam aus der Mode, die Mannschaften logierten in Hotels. Ein Kellner im Bayrischen Wald hätte beinahe eine Flasche Sekt vor Schreck weggeworfen, die er in der Mittagspause ins Zimmer von

Jürgen Grabowski und Bernd Nickel bringen sollte. Doch hinter der Tür hatte sich Toni Hübler versteckt. Wie erleichtert muß der Hotelangestellte gewesen sein, als „Sir Anton" für diese Art der Kreislauftropfen durchaus Verständnis zeigte?

Jürgen Grabowski, zusammen mit Bernd Hölzenbein 1974 Weltmeister geworden, kostete den Verein eine gehörige Stange Geld. Nicht nur wegen des Gehalts, das im Vergleich zu heute ja wirklich aus „Peanuts" bestand. Nein, der „Grabi" hatte den Spleen, zu Spielen immer nur in nagelneuen Stutzen anzutreten.

Mit Gyula Lorant verstand sich der Supertechniker eigentlich hervorragend. Doch der frühe Trainingsbeginn um neun Uhr war Gift für ihn. Und so mußte er einmal 300 Mark bezahlen, weil der Trainer diverse Unpünktlichkeiten nicht einfach übersehen konnte.

Auch Norbert Nachtweih hatte unter dem erfolgreichen Lorant zu „leiden": Der zusammen mit Jürgen Pahl aus der DDR geflohene Spieler hatte dauernd Blasen an den Füßen, weil selbst das Training in Stollenschuhen und nicht in den etwas bequemeren Noppenschuhen absolviert werden mußte. „Wir spielen ja auch in Stollenschuhen", meinte Lorant lapidar und zog genüßlich an seiner geliebten Davidoff. Als Nachtweih trotzdem mal die Treter mit den Noppen anzog, wurde er rasch um 100 Mark ärmer. Lorant hatte auf dem Platz eben einen guten Durchblick. Im Gegensatz zu seiner häufig vom Zigarrenrauch vernebelten Kabine.

„Sir Anton" alias Toni Hübler

Bestand auf Schuhwerk mit den drei Streifen: Uwe Bein

Das Thema Schuhe machte auch Uwe Bein heftig zu schaffen. Besonders, als die Eintracht 1987 den Ausrüster wechselte. Bein, an Adidas-Schuhwerk gewöhnt, wollte sich mit den Puma-Tretern nicht anfreunden. Mindestens zehn Fußabdrücke wurden nach Herzogenaurach geschickt, ehe der Nationalspieler ein akzeptables Arbeitsgerät erhielt. Erschwerend kam hinzu, daß Uwes Füße unterschiedlich groß sind, er somit zwei verschiedene Schuhgrößen benötigt.

Der Ausrüsterwechsel war sowieso sehr rasch über die Bühne gegangen. Was zur Folge hatte, daß vor der ersten Saison kaum ein Spieler bereits passendes Schuhwerk besaß. Das hätte keiner gemerkt, doch beim ersten Testspiel in St. Gallen goß es wie aus Kübeln. Da wurden die mit Schuhwichse aufgetragenen Puma-Zeichen zum Unglück abgewaschen,

„Grabi" nach Feierabend

die verpönten drei weißen Streifen kamen zum Vorschein.

Uwe Bein, der Mann mit dem „tödlichen Paß", galt als großes Sensibelchen. „Wenn die Tagesschau eine Schlechtwetterfront meldet, dann ist der Uwe am nächsten Tag erkältet", frotzelten die Kameraden. Wissen Sie eigentlich, woran man zu dieser Zeit am Riederwald erkannte, daß Freitag war? Uwe Bein trainierte mit. Doch viele andere hätten zehn Trainingstage pro Woche gebraucht, um dessen spielerische Klasse zu erreichen.

Robuster war da schon Bernd Hölzenbein. Der motivierte sich vor dem Anpfiff meist auf ganz besondere Art: Er beschimpfte erst einmal Toni Hübler. Um ihm nach dem Abpfiff einen Schmatz auf die Glatze zu drücken: „Vergiß bitte alles, jetzt ist doch wieder alles gut."

Der Kuß auf Tonis „Plattschädel", wie die Jungs dessen oberstes Körperteil nannten, wurde bald zur traditionellen Freundschafts-Bekundung. Aber mindestens einmal ging dies schief: Armin

**War nicht der stillste: Andreas Köpke**

**Nicht ganz glatzensicher: Armin Kraaz**

Kraaz war gerade vom sonnenüberfluteten Trainingsplatz am Riederwald in den schummrigen Gang der Umkleidekabine marschiert und wollte seinem Zeugwart, na, Sie wissen schon. Erst im letzten Moment, die geschürzten Lippen waren nur noch Millimeter von der Kopfhaut entfernt, bemerkte der Verteidiger seinen Irrtum. Es war nicht Toni Hübler, sondern Dietrich Weise, der da vor ihm stand. „Sorry, äh, ich, ehm, ich, äh, habe Sie verwechselt", stammelte der Spieler. Und der ansonsten gestrenge Trainer schüttelte zwar den Kopf und richtete das noch vorhandene Haupthaar, nahm dem Armin die Geschichte aber nicht krumm.

Uli Stein benötigte vor jeder Partie und auch in der Halbzeit eine

**Wechselte antike Trikots in der Pause: Rudi Bommer**

Tasse Kaffee. Andere wiederum schworen auf Marmorkuchen oder zumindest auf einen Kaugummi. Ralf Falkenmayer bestand dabei allerdings auf der Ausführung „ohne Zucker". Der „Falke" konnte sich auch nie zwischen zwei anderen Spielern umziehen, bestand immer auf einen Eckplatz in der Kabine, um keine Platzangst zu bekommen.

Andreas Köpke nutzte nach den Spielen die Kabinengröße redlich aus. Ohne sie aufzuschnüren, schleuderte er die Schuhe von den Füßen, verstreute sämtliche Textilien auf dem Boden. Bis der Keeper von Toni Hübler darauf angesprochen wurde: „Machst Du das zu Hause auch?" Köpke schreckte auf: „Wirklich nicht, meine Frau würde mir was erzählen."

Wie einen Augapfel bewachte Rudi Bommer dagegen zwei alte T-Shirts, von denen er sich einfach nicht trennen wollte. Bestimmt 20 Jahre alt, löchrig, von Motten zerfressen, so zog er sie bei jeder Partie unter das Trikot. Und damit sie länger halten, wechselte der Rudi das eine Shirt in der Halbzeitpause gegen das andere aus. Eine Marotte, die er bis zum letzten Spiel durchhielt.

Andere Eintracht-Profis liefen nie ohne langärmliges Unterhemd auf, damit der Schweiß besser aufgesaugt wird. Peter Reichel war rigoros dagegen. Der Verteidiger zog sogar bei Minustemperaturen ein Trikot Modell „Kurzarm" an.

Lange Unterhosen lehnten sowohl Anthony Yeboah als auch Jay Jay Okocha ab. Besonders Jay Jay versuchte, sich voll auf die deutsche Lebensweise einzustellen. Bei einem Grillfest wurde für den Nigerianer aus religiösen Gründen auch Putenfleisch serviert. „Ich esse alles, bin hart und friere nicht. Ich bin ein Deutscher – bis auf die Hautfarbe", grinste der Moslem und griff zum Schweinefleisch.

Es gibt sie eben, die kleinen Geheimnisse der Fußballer. Keiner kennt sie so gut wie Toni Hübler. Der wurde schon mal angerufen, wenn einer vormittags verschlafen hatte: „Sag' dem Trainer bitte, ich stehe im Stau." Oder aus einem anderen Grund nicht zum Training erscheinen konnte. Wie einst einer, dessen Namen wir hier lieber verschweigen möchten. Vormittags war er mit dem Motorrad an den Riederwald gebraust, auf dem Rückweg zur Wohnung war dann eine Mauer im Wege. Gottlob war nichts gebrochen, aber schwere Prellungen sorgten für eine mehrwöchige Pause. Der Spieler bearbeitete Toni Hübler so lange, bis dieser dem Trainer erzählte, der Verletzte habe schon nach dem Vormittagstraining große Schmerzen gehabt. Die Wahrheit kam nie ans Tageslicht …

Kein Wunder, daß Toni Hübler bei seiner Verschwiegenheit eigentlich mit allen Spielern gut auskam. Und das 41 Jahre lang. Die einzige Ausnahme war da Jürgen Papies, dem er einmal 100 Mark geliehen hatte. Als er sie nach mehreren Monaten zurückforderte, bekam er zur Antwort: „Was willst Du armes Schwein denn? Ich könnte Dich mit Scheinen zuschütten." Möglich, aber auf den einen blauen Schein wartet Hübler heute noch. Ob es daran lag, daß Papies 1971 nach nur einer Saison die Eintracht schon wieder verließ?

**Ein ganz typischer Deutscher: Jay Jay Okocha**

Einige Jahre später passierte eine weitere unangenehme Geld-Geschichte. Es geschah auf der Bielefelder Alm. Als die Eintrachtler nach der Partie in ihre Kabine kamen, war die Aufregung groß. „Mein Geld ist weg", schimpfte einer nach dem anderen. Der Dieb war durch eine offene Dachluke gekommen, hatte die Geldbörsen geleert, diese aber immerhin gnä-

**Schotte ohne Kilt: Willi Neuberger**

dig zurückgelassen. Die Empörung war groß. Nur Willi Neuberger war bester Laune. „Ihr seid doch Dummköpfe", raunzte der wegen seiner Sparsamkeit auch „Schotte" genannte Willi seine Kameraden an, hob seinen rechten Schuh hoch, steckte den darunter liegenden Zehn-Mark-Schein – seine gesamte mitgenommene Barschaft – ein und lachte herzlich.

Neuberger war nie um einen Flachs verlegen, ließ sich auch von Schiedsrichtern nicht einschüchtern. Als er von Walter Eschweiler in Stuttgart einmal angeherrscht wurde, er solle das Foulen lassen („Ich sehe alles, mein Vater war Optiker"), konterte Neuberger mit der Frage, ob Eschweilers Vater auch so dünn gewesen sei. Angeblich soll daraufhin Eschweiler vor lauter Überraschung vergessen haben, einen Freistoß gegen die Eintracht zu pfeifen.

Nicht erst seit Thomas Epp gibt es Eintracht-Profis, die großen Wert auf ihr Äußeres legen und gelegt haben. Ronny Borchers beispielsweise. Der Nationalspieler war allerorten unter dem Namen „Disco-Ronny" bekannt. Er fuhr schon mal im pinkfarbenen Porsche vor oder im blauen Mercedes mit der dazu farblich passenden Sonnenbrille.

So hatte und hat fast jeder Eintracht-Spieler seine kleinen Schwächen, Macken oder Besonderheiten. Auch Toni Hübler, der zu kaum einer Reise aufbrach, ohne eine Flasche seines geliebten Roséweins im Gepäck zu haben, unauffällig in die Sporttasche verpackt. Doch auf dem Flughafen in Neapel fiel das Ding von einem Stapel, ein unüberhörbares Klirren kündigte das Unheil an. Und die Spieler ließen es sich nicht nehmen, die Tasche genüßlich umzudrehen, bis der letzte Tropfen auf den Boden gelaufen war.

Es gäbe noch viel mehr zu erzählen. Beispielsweise von dem Co-Trainer, der im Hotel mal zwei Stunden ununterbrochen Aufzug fuhr, weil er schlichtweg eingeschlafen war. Doch dann müßten wir auch auf die Gründe eingehen. Und die sollen besser ein Geheimnis bleiben.

*Klaus Veit*

# Von der launischen Diva zur Mannschaft mit Herz

Wie immer, wenn die Bayern kommen, ist die Hütte voll. Rappelvoll. Weil immer, wenn die Bayern kommen, Fußballfeste gefeiert werden im Waldstadion, mit Glanz und Gloria, mit Pomp und Musik. Und das Gute dabei war, daß die Eintracht die großen Bayern in aller Regel zu bezwingen wußte. Bis die Serie 1989 riß. Davor war die Eintracht 18 Jahre lang hintereinander zu Hause gegen die Bayern nie zu schlagen gewesen. Einerlei, in welcher Be-

setzung die Frankfurter spielten, einerlei, in welcher Form die Münchner auftraten. Oft genug waren die Bajuwaren von der Papierform dermaßen drückend überlegen, daß eigentlich keiner auch nur einen Pfifferling auf die Hessen geben durfte – und doch retteten sie sich in ein Unentschieden oder schlugen die Mächtigen von der Isar, wie meistens eigentlich. „Wir können die Punkte auch mit der Post schicken", hat Franz Beckenbauer, damals noch Spieler, oft gegrantelt. Immer hat er Recht behalten. Erst im August 1989 riß diese einzigartige Serie im DFB-Pokal ab. Und da mußte schon ein „Tor des Jahres" her – Klaus Augenthaler hatte weit hinter der Mittellinie mit einem bemerkenswerten Schuß den zu weit vor seinem Tor postierten Uli Stein düpiert; ein paar Wochen später siegten die Bayern auch erstmals in der Liga mit 2:1. Die Serie war gerissen, doch der Mythos blieb. Und so fanden sich im November 1995 wieder gut 60000 Zuschauer bereit, der Eintracht im Kampf David gegen Goliath die Daumen zu drücken. Die Voraussetzungen hätten für die Hessen schlechter kaum sein können, eine junge, unreife, von Karl-Heinz Körbel trainierte Mannschaft traf auf ein Dreamteam. Doch es war bald wieder so wie in guten alten Zeiten: Schnell führten die jungen Wilden mit 2:0, auch das Anschlußtor der Bayern und ein Platzverweis für Ivica Mornar nach einer Stunde brachte die Körbel-Boys nicht aus dem Gleichgewicht. Matthias Hagner und Manfred Binz, jeweils auf geniale Vorarbeit des Zauberlehrlings Augustine Okocha, schraubten das Endergebnis mit 4:1 in sensationelle Höhen. Wieder war ein Zauber durch das Stadion gegangen, wie verhext hatte da eine Frankfurter Mannschaft aufgespielt, wie im Rausch nahmen die Zuschauer diese fußballerische Extraklasse wahr. Lange blieben die Leute im Stadion, klatschten stehend Ovationen, genossen diesen besonderen, diesen einzigartigen Moment.

Keine sechs Monate später war Eintracht Frankfurt zum ersten Mal in ihrer 100 Jahre währenden Geschichte aus der obersten Spielklasse abgestiegen. Vermutlich gibt es bei Eintracht Frankfurt nur sehr wenige Männer, die sich so genau mit dem Innenleben dieses nicht ganz einfachen Vereins auskennen wie Bernd Hölzenbein. Fast 30 Jahre seines Lebens hat er maßgebliche Rollen gespielt am Main, erst als Spieler und Kapitän, als Leitwolf und Führungspersönlichkeit, dann als Vizepräsident und zum Schluß als Manager. Er hat gute Zeiten erlebt und schlechte, er hat den Klub geprägt und ihm seinen Stempel aufgedrückt, weil er immer in verantwortlicher Position stand. Höl-

**In guten Zeiten nie vom Ball zu trennen: Bernd Hölzenbein (rechts)**

zenbein hat 512 Spiele für die Eintracht absolviert, davon 420 in der Bundesliga, nur Karl-Heinz Körbel (602), Jürgen Grabowski (441) und Bernd Nickel (426) haben öfter gespielt. Er hat auf jeden Fall die meisten Tore erzielt, nämlich 202 (davon 160 in der Bundesliga), verrückte – wie jenes unvergessene im UEFA-Cup-Rückspiel gegen Dinamo Bukarest im Sitzen – filigrane, er hat gelupft und geschlenzt, manchmal auch mit Wucht und Kraft, unnachahmlich die meisten, weil der „Holz" einer war wie der brave Soldat Schwejk: bauernschlau, verschlagen, raffiniert, ausgebufft, schlitzohrig.

Er hat DFB-Pokale gewonnen – drei Mal – aber nie einen Meistertitel, er hat in den USA Fußball gespielt, bei den Fort Lauderdale Strikers, bei Memphis Americans und bei Baltimore Blast, vier Jahre lang, und zum Schluß war er 39 Jahre alt und es war Zeit, die aktive Laufbahn zu beenden. Nach einer kurzen Phase als Spieler-Trainer beim Oberligisten FSV Salmrohr und bei Viktoria Aschaffenburg war er dann in leitender Funktion tätig für „seine" Eintracht. Es war die Zeit, da es dem Club gar nicht gut ging, sportlich nicht, finanziell nicht und gesellschaftlich war man, spätestens nach der berühmt-berüchtigten Boxeinlage bei einer Jahreshauptversammlung, bei weiten Teilen der Bevölkerung unten durch. In dieser schweren Zeit stellte sich Bernd Hölzenbein als Vize-Präsident zur Verfügung, neun Tage später war der gewählte Präsident Joseph Wolf auf öffentlichen Druck (und nach anonymen Drohungen) schon wieder zurückgetreten, und Matthias Ohms sollte für die nächsten sieben Jahre im Riederwald das Sagen haben.

Aber Hölzenbein war es, der nach dem Beinahe-Abstieg 1989 unter dem Motto „Hessen zurück nach Frankfurt" die Eintracht-Mannschaft zusammengetrommelt hatte, die über viele Jahre hinweg das spielte, was man damals „Fußball 2000" nannte: Rasant, schön, attraktiv, kreativ, angriffslustig, immer nach vorne, einerlei ob im Waldstadion oder in der Ferne.

Bernd Hölzenbein war es auch, der den tiefen Sturz seines Clubs nicht nur hautnah miterlebt hat, er hat ihn, durch Fehlentscheidungen, Zaudern und weil ihm das Glück ausgegangen war, zum Teil auch mitverursacht. Das weiß er nur zu genau, und deshalb war niemand glücklicher über den Aufstieg in diesem Sommer in die Bundesliga als der Weltmeister von 1974: „Endlich ist der Alptraum vorbei."

Bernd Hölzenbein also kennt sich ziemlich gut aus in diesem Verein, aber so ganz ist auch er noch nicht hinter ein Geheimnis gekommen: Was es wohl ist bei Eintracht Frankfurt, was die Stars und großen Mannschaften oftmals so grandios an vermeintlich schwächeren Teams hat scheitern lassen. Was hat die Eintracht in der Vergangenheit für Spiele hingelegt gegen die Großkopferten der Liga, was waren das für Begegnungen auf höchstem Niveau? Da war die Lust an purer Spielfreude förmlich bis unter das Tribünendach zu spüren gewesen, es war die reine Ästhetik im Spiel mit dem Ball, selbstverliebt liebkosten Frankfurter Kicker den Ball, der ohnehin wie festgenäht an ihren Schuhen wirkte. Nie hätten es sich die filigranen Schönspieler aus dem Riederwald getraut, den Ball schnöde zu treten, sie streichelten ihn vielmehr. Wer den Ball gut behandelt, den behandelt auch der Ball gut, das wußten die Frankfurter Techniker aus dem Effeff, den Ball hatten sie sich eh schon untertan gemacht. Sogar lange, lange vor Jay Jay Okocha.

„We are the champions." Pokalsieger 1974

Bernd Nickel alias „Dr. Hammer"

Was waren das für Spiele, was waren das für Serien: 1976/77 zum Beispiel, als der Ungar Gyula Lorant die Leibchen verteilt hat auf dem Trainingsplatz, 21 Spiele hintereinander hatte die Eintracht nicht mehr verloren, bis auf den vierten Tabellenplatz war das Team marschiert. Unter anderem wurde 3:0 bei Bayern München gewonnen, 4:0 gegen Köln, 3:0 gegen Braunschweig, 3:1 in Mönchengladbach, 8:1 in Essen, 2:1 wieder gegen die Bayern. Oder am 25. November 1975: Da wurden die großen Münchner Bayern (mit Sepp Maier, Franz Beckenbauer, Georg Schwarzenbeck, Paul Breitner, Uli Hoeneß und Gerd Müller) mit 6:0 förmlich aus dem Waldstadion gefegt, 5:0 hat es bereits zur Halbzeit gestanden. Bernd Nickel hatte dem Sepp Maier einen Eckball direkt ins Netz gesetzt, Jürgen Grabowski den Paul Breitner schwindelig gespielt. Oder im August 1973. Da führte der VfB Stuttgart im Waldstadion nach einer Stunde bereits mit 3:0, als die Eintracht auf einmal vom Ehrgeiz gepackt wurde. Ruckzuck war der Anschluß hergestellt durch Roland Weidle. Nickel und zweimal Hölzenbein drehten die Partie noch um und sorgten für einen enthusiastisch gefeierten und niemals für möglich gehaltenen 4:3-Erfolg. Oder 1980, als die Frankfurter ihren bislang einzigen europäischen Titel holten, als im UEFA-Cup-Finale zu Hause Borussia Mönchengladbach durch ein Tor von Fred Schaub mit 1:0 bezwungen wurde. (Das Hinspiel hatten sie, trotz Überlegenheit, am Bökelberg mit 2:3 verloren). Im Halbfinale hatten sie übrigens mal wieder die Bayern ausgeschaltet, mit 5:1 nach Verlängerung.

Aber einerlei, wer immer auch Trainer war, wer Spieler war, wer im Präsidium saß: Den ganz großen Coup, die Deutsche Meisterschaft, schafften sie nie. Dafür waren sie nicht konstant genug, immer waren sie nur nah dran. Oft genug konnten sie ihre Form nicht über eine ganze Saison konservieren, bestenfalls zu vereinzelten glanzvollen Auftritten hatte es gereicht. Vielleicht waren sie gerade deswegen in den DFB-Pokalwettbewerben so erfolgreich. 1974, 1975, 1981 und 1988 wurde der Pokal geholt. Kurzfristig hatten sie sich zusammenreißen, hatten die Konzentration bewahren können. Nur für die lange Strecke fehlte es ihnen an Durchhaltevermögen. Doch dieser Traumfußball ging auch fast zwangsläufig einher mit schier unglaublichen Reinfällen, objektiv nicht nachvollziehbaren Aussetzern, Blackouts. Eintracht Frankfurt war immer eine Mannschaft gewesen, bei der sich ungeahnte Galavorstellungen mit deprimierendster Uninspiriertheit abgewechselt haben: Gegen die grauen Mäuse vergeigte sie gerne alles, gegen die Favoriten brillierte sie. An dem einen Samstag spielte die Eintracht den Tabellenführer noch in Grund und Boden, spielte ihn nach allen Regeln der Kunst aus, um dann eine Woche später sang- und klanglos gegen einen Biedermann in Fußballschuhen kläglich einzubrechen. Dem glorreichen 6:0-Erfolg über die Bayern im Jahr 1975 folgte exakt sieben Tage später, erneut vor einer gespannten Heimkulisse, gegen den Aufsteiger Hertha BSC Berlin ein karges 1:1. Ohne Beziehung zum Spiel stolperten die Hessen da über den Platz, unfähig, die einfachsten Bälle an den Mitspieler zu bekommen, desorientiert, lustlos, uninteressiert.

**So war es zu oft bei der Eintracht: Hochmut…**

**… kommt vor dem Fall. Hier: Maurizio Gaudino**

Kaum zu glauben, daß dieses Team kurz zuvor derart aufzutrumpfen in der Lage war.

Bernd Hölzenbein hat versucht, diesem Phänomen auf den Grund zu gehen, geglückt ist ihm das nicht. Dabei ist er doch das Musterexemplar eines wankelmütigen, genialen, aber auch zur Schlamperei neigenden Eintracht-Spielers, ihn konnte man stellvertretend für den unausrottbaren Eintracht-Typus nehmen: Heute noch in Weltklasseform und scheinbar mühelos an den grätschenden Beinen vorbei, stand er morgen hilf- und ratlos beinahe neben sich, jeder Kreisklasse-Kicker schaffte es da, ihn auszuschalten. Mitunter schien es, als habe er das Fußballspielen gerade in diesem Moment verlernt, vergessen die einfachsten Dinge dieses Spiels, das er – eigentlich – so perfekt beherrscht. Am besten, man hätte ihn nach einer Viertelstunde ausgewechselt. Aber wehe, er war in der richtigen Stimmung: Da konnte sich in den Weg stellen wer wollte, ob Berti Vogts oder Horst-Dieter Höttges, ob Rolf Rüssmann oder Paul Breitner oder wer auch immer ihm den Ball von den Füßen holen wollte, sie alle wurden stehen gelassen wie dumme Schulbuben – wenn es denn lief. Hölzenbein: „Ich weiß auch nicht, was da passiert. Es muß irgend etwas vor sich gehen in den ersten Minuten eines Spiels, ein gelungener Paß, ein Dribbling. Und dann weißt du plötzlich: heute läuft es, da kann nichts schiefgehen. Oder du weißt, heute geht nichts."

Was ist es also, was die Schritte der Recken gegen die vermeintlich Kleinen so lähmt oder beflügelt, wenn der Favorit auftaucht? Brauchen sie die große Bühne für ihren meisterlichen Auftritt, das Rampenlicht, das befähigt zu genialen Streichen? Vieles spricht dafür, daß Adlerträger nur dann auf die Pauke hauen können, wenn das Umfeld stimmt, wenn alles guckt und schön geschmückt ist. Wenn das Licht gleißt und die Atmosphäre passend ist. Wenn die Hütte voll ist und es brummt und der Gegner scheinbar furchterregend stark ist – dann, ja dann ist Eintracht Frankfurt in der Lage, alle und jeden zu verzaubern. Um dann auf dem Dorfplatz so gnadenlos einzubrechen. Ist es die Arroganz der besser Fußballspielenden? Die Überheblichkeit? Nimmt die Eintracht-Mannschaft

**Traumpaar: Bum Kun Cha (links) und Jürgen Grabowski**

ihre Gegner nicht ernst? Sind die Spiele gegen die vermeintlichen Underdogs schon vorher gewonnen, praktisch im Kopf schon abgehakt, die Punkte schon im Kasten und die Siegprämie längst verteilt? Ist es Größenwahnsinn, maßlose Selbstüberschätzung,

**Der mit dem Ball tanzt: Augustine Okocha**

überbordendes Selbstbewußtsein? Kommt Hochmut doch vor dem Fall? Und schließlich: Wenn es denn so ist, daß jedes Spiel erst einmal gespielt wird, jeder Gegner, auch der von der Papierform einfachste, erst einmal mühevoll in die Knie gezwungen werden muß, warum lernen sie denn bei der Eintracht nicht daraus? Ob 1959 im Jahr der Meisterschaft oder 1994 unter Klaus Toppmöller, stets war und ist es die gleiche Struktur: Gegen die Großen hui, gegen die Kleinen pfui. In einem Essay in der Frankfurter Rundschau hat Dieter Hochgesand unter der Überschrift „Die phänomenale Kontinuität des Unwägbaren" festgestellt, daß die Eintracht „für den schnöden Alltag nicht gemacht" sei. „Die Fragilität des Eintracht-Spiels war immer spürbar, der plötzliche Tod des Clowns nie auszuschließen."

Das Faszinierende aber daran ist, daß sich dieses Phänomen über Generationen von Spielertypen hinweg quasi vererbt hat. Ob nun Rudi Gramlich den Ball geführt hat oder Alfred Pfaff, Istvan Sztani oder Richard Kress, Willi Huberts, Wolfgang Solz oder Jürgen Grabowski, Bernd Hölzenbein oder Bernd Nickel, Bruno Pezzey oder Bum Kun Cha, Ronald Borchers oder Norbert Nachtweih, Lajos Detari oder Ralf Falkenmayer, Andreas Möller oder Uwe Bein, Maurizio Gaudino oder Heinz Gründel, Augustine Okocha oder Anthony Yeboah – über Generationen hinweg sind diese Charaktereigenschaften, ist diese

Mentalität weitergegeben worden an die Spieler. Es waren immer Spieler, die gerne für sich und für die Galerie gespielt haben, Einzelkönner eben, denen ein Hackentrick, ein Beinschuß, ein Kabinettstückchen wichtiger war als in der Defensive Schmutzarbeit zu verrichten. Es waren ausgeprägte Individualisten, die ein Spiel ganz alleine entscheiden können – falls sie dazu gerade in der Stimmung waren. Wenn nicht, dann gingen sie sang- und klanglos unter. Und dabei hat die Eintracht, wer immer auch im Trikot mit dem Adler den Ball führte, nie ihren Stil geändert, nie ihr Wesen, nie ihr Image. Sie war nicht immer erfolgreich, sie ist sich aber immer in ihrer Art treu geblieben. Eintracht Frankfurt steht im deutschen wie im internationalen Fußball für brillante Technik, spontanen Spielwitz, für spielerische Elemente, für Phantasie und Kreativität, für einen Fußball von besonderer Schönheit. Und sie hat immer gelebt von der bisweilen genialen Inspiration ihrer höchst eigenwilligen Persönlichkeiten. Mag es nun daran gelegen haben, daß diese sensiblen Spielerpersönlichkeiten wie magisch vom Riederwald angezogen wurden oder ob das einfach an der systemimmanenten Genialität lag – Eintracht Frankfurt war immer bekannt dafür, eine spielerisch starke, kreative und intelligente Mannschaft zu haben – mit dem Malus, bisweilen vor der Apotheke kotzen zu müssen. Das Image der Eintracht hat sich über Jahrzehnte hinweg nicht verändert – Fußball in Frankfurt: das ist Ästhetik pur mit einem Schuß Genialität minus Schlampigkeit.

Das Wesentliche immer im Blick: Maurizio Gaudino

Es gibt sie, diese unverwechselbare Eigenart, die einzelnen Clubs zugeschrieben wird. In Offenbach, in Dortmund, in Bochum, bei 1860 München beispielsweise wird gerannt und gekämpft, wird gerackert und geackert, da wird gehobelt und es fallen Späne, werden Ärmel hochgekrempelt, da schmeckt man förmlich harte Arbeit, es riecht nach Schweiß. In Frankfurt hingegen wird wohldosiert transpiriert. In Frankfurt hat sich nie eine Kultur des Kämpfens entwickelt, entwickeln können, vielleicht auch gar nicht entwickeln sollen. Dafür war man sich in der Stadt der Banken und des Geldes zu fein, mit leichter Hand mußte alles gehen, elegant will das Florett geführt werden. Vom Säbel hält der Frankfurter nicht viel, da tut man sich womöglich weh. Es muß leicht daherkommen, federleicht, die Anstrengung, die Schwere darf niemand mitbekommen. So etwas überträgt sich auch auf den Fußballverein.

Was gibt es nicht alles bei der Eintracht? Himmelhochjauchzende Siege von manchmal fast schmerzhafter Schönheit, traumhaft sichere Kombinationen über das ganze Spielfeld, bei denen den ganzen Wadenbeißern kräftige Knoten in die Beine gespielt wurden – nur Kontinuität oder Verläßlichkeit gab es nie. Das Einfache, das Simple, die Normalität war nie die Sache der Eintracht. Sekt oder Selters, barfuß oder Lackschuh war die Devise. Was aber gerade davon en vogue war, das wußte niemand zu sagen.

Das machte es auch so schwierig für die Fans: Nie war klar, in welcher Laune sich die Ansammlung hochsensibler Künstler gerade befand. Haben sie heute Lust zum Genialen, oder sind die Meister mal wieder indisponiert; sorry, heute sind wir leider nicht in Form, tut uns leid, morgen wieder. Vielleicht. Daß man womöglich den Erfolg auch erzwingen könnte, daß man sich vielleicht sogar mal quälen müßte, daß wahrscheinlich auch ein erkämpfter Sieg gefeiert werden könnte – das kam den Künstlern selten nur in den Sinn, dafür waren sie nicht die Typen. Die Diva vom Main, exaltiert, vornehm, blasiert, snobistisch, zeigte oft, viel zu oft, ihre Launen. Zickig war sie, unkontrollierbar, nicht zu zähmen, nie war Verlaß auf die Dame, wie oft hat sie ihre Fans so gnadenlos enttäuscht. Doch das ist ihr immer verziehen worden, sie war halt zauberhaft schön. „Eine wundersam glitzernde Perle", wie Helmut Böttiger („Kein Mann, kein Schuß, kein Tor") einmal schrieb. Und diese Schönheit konnte sich nur im Großen entfalten, dort, wo alle hinschauten, wo das Licht ist und die Kameras. Im Verborgenen blühte keine Eintracht-Blume, sie brauchte die Sonne. Und die, die den Ball führten, fühlten sich stets berauscht von der Kulisse, vom vollen Haus. Wenn es brummt im Stadion, sind sie in ihrem Element, die Adlerträger, da kann kommen, wer wolle, sofern er nur einen großen Namen, viel Tradition hat und es was zu gewinnen gibt. Und wenn man so will, hat die Eintracht für ihre Extravaganz damit bezahlt, niemals in den letzten 39 Jahren Deutscher Meister geworden zu sein.

Mit Hand und Fuß Instinktfußballer: Jay Jay Okocha

Und es gab (und gibt) eine ganze Menge von Leuten in Frankfurt, die wollten auch nicht, daß die Eintracht ihre Launen ablegt. Die Normalität, der Durchschnitt ist nichts für den Frankfurter, der sich schon mal für was Besonderes hält. Lieber grandios vor der Ziellinie scheitern, als ackernd und mit Schweiß auf der Stirn unelegant reüssieren. Die 1:2-Niederlage 1992 gegen den Absteiger Hansa Rostock im letzten Spiel der Saison war idealtypisch für dieses Phänomen: Objektiv betrachtet stand da eine der besten Eintracht-Mannschaften aller Zeiten auf dem Platz. Nur noch einmal hätten Stein, Binz, Studer, Roth, Weber, Falkenmayer, Gründel, Möller, Bein, Yeboah, Bindewald, Anderson, Kruse und Schmidt gewinnen müssen, und sie wären die legitimen Nachfolger der 59er-Meistermannschaft geworden. Nur ein einziger Sieg mit einer Mannschaft, die „normalerweise" in der Lage sein müßte, Hansa Rostock mit links wegzuputzen. Aber was ist schon normal bei diesem Verein. Daß Schiedsrichter Alfons Berg aus Konz bei Trier einen glasklaren Elfmeter (an Ralf Weber) nicht pfiff, sich später dafür bei Kapitän Uli Stein unter Tränen entschuldigte, daß den Rostockern

Genial und launisch, Eintracht Frankfurt pur: Andreas Möller

Anthony Yeboah zeigt seine hohe Kunst

Stratege mit Hang zum Größenwahn: Klaus Toppmöller

der Sieg auch nichts mehr nutzte, all das paßte haargenau in das bekannte Bild: Viele trösteten sich damit, daß Trainer Dragoslav Stepanovic die Situation weltmännisch rettete: „Wer nicht verlieren kann, der kann auch nicht gewinnen. Im Leben geht's genauso, und das Leben geht weiter. Sich als Sieger feiern lassen, ist einfach. Erst in der Niederlage zeigt sich der wahre Charakter. Vielleicht hätten wir den Elfmeter ja auch verschossen." Da hat Stepi wahre Größe gezeigt, fast, so schien es, waren die Fans schon wieder bereit, das Scheitern zu akzeptieren: Wenigstens sind wir anständig gescheitert.

Doch irgendwann hatte Bernd Hölzenbein keine Lust mehr auf solche Art von Lorbeer. Irgendwann sollte auch mal der zweite Meistertitel her, zumal sich auch in den darauffolgenden Runden unter Stepanovic und später unter Klaus Toppmöller nichts Gravierendes änderte: Bezaubernd schöne Spiele wechselten mit grottenschlechten, selbst als unter Toppmöller der bayrische Saisonstart-Rekord von 20:2 Punkten eingestellt wurde, reichte es nicht zur Salatschüssel: Erst verletzte sich Yeboah, dann verlor die Eintracht dreimal hintereinander 0:3, und als es dann endlich bergauf zu gehen schien, patzte das Team beim VfB Leipzig (1:2), einem Team, das die Eintracht auch in Straßenschuhen hätte schlagen müssen.

Es mußte sich etwas ändern! Und dafür nahm der Verein, das Präsidium und der Verwaltungsrat alles in Kauf. „Hol' den besten und teuersten, den du kriegen kannst". Mit diesem Auftrag hatte der Clubmanager Hölzenbein auf die Suche geschickt, und gefunden hat er Jupp Heynckes. Sein ehemaliger Konkurrent um einen Platz in der Nationalmannschaft von 1974 hatte gerade erst CD Teneriffa zum ersten Mal in den UEFA-Cup geführt, das schien Reputation genug zu sein. Auf der Ferieninsel hat Hölzenbein dem ehemaligen Gladbacher dann noch ein bißchen was vorgeflunkert; nur Uwe Bein sei aufs japanische Altenteil geschickt worden, und für ihn habe man aus Bremen Thorsten Legat verpflichtet. Heynckes war überzeugt, zumal er ja auch nicht klagen konnte über die Konditionen in Frankfurt. Ihn, einen Preußen im Trainingsanzug, hatte die Eintracht mit den weitreichendsten Kompetenzen ausgestattet, die je ein Trainer im Riederwald besaß. Zudem wurde ihm Horst Köppel als Co-Trainer zur Seite gestellt – alles mit dem Ziel, endlich diesen

**Wurde in Frankfurt nicht heimisch: Jupp Heynckes**

vermaledeiten Schlendrian aus der Mannschaft zu kriegen, endlich Disziplin, Ordnung und Konstanz ins Team zu bekommen. Nun sollten die Uhren anders gehen in Frankfurt, sagte Heynckes beim Amtseintritt vollmundig. Bald merkte der autoritäre Heynckes, daß das alles ein großes Mißverständnis war mit der Eintracht. Doch dann war es bereits zu spät.

Weil er den starken, autoritären Trainer herauskehrte, sah er sich außerstande, den Konflikt um die Spieler Anthony Yeboah, Maurizio Gaudino und Augustine „Jay Jay" Okocha anders als mit Law-and-Order-Methoden zu regeln. Er warf Yeboah und Gaudino aus der Mannschaft, nur Okocha begnadigte er, doch die Mannschaft war zerstört. Ein paar Monate, nachdem er zuvor noch von einem „dornigen und schweren Weg" geredet hatte, den er jetzt zu gehen habe, verließ der ungeliebte Heynckes den Riederwald. Karl-Heinz Körbel, die treue Seele des Clubs, machte sich daran, den Scherbenhaufen zusammenzukehren und die Saison noch halbwegs ordentlich zu Ende zu bringen. Ein Jahr später war die Eintracht abgestiegen, erstmals in ihrer jetzt 100jährigen Geschichte.

„Vielleicht", hat Hölzenbein nach dem Reinfall mit Heynckes resignierend gesagt, „war das doch der falsche Weg. Vielleicht muß man die Eintracht einfach spielen lassen. Die Eintracht war immer dann gut, wenn geniale Spielertypen den Ton angegeben haben." Daß es dann doch ein wenig anders geht, hat ein unscheinbarer, spröder und akribisch arbeitender Mann aus tiefster saarländischer Provinz bewiesen: Horst Ehrmantraut.

Doch zunächst mußte Eintracht Frankfurt richtig tief sinken, bis in den Keller der Zweiten Liga. Hölzenbein hatte seinen letzten großen Fehler gemacht und Stepanovic damit betraut, die in sich zerstrittene Mannschaft vor dem ersten Abstieg zu bewahren. Er schaffte es nicht, und der lustig-listige Serbe schaffte es schon gar nicht, eine schlagkräftige Truppe in der Zweiten Liga zu präsentieren. Ende 1996 zog das neue Präsidium um Rolf Heller die Notbremse, „Stepi" mußte gehen, Horst Ehrmantraut kam. Und das kuriose an „Glücksgriff Ehrmantraut" war: Er war nicht unbedingt die erste Wahl. Eigentlich schwebte Heller eine Konstruktion mit Rudi Bommer und Dietrich Weise als eine Art Technischer Direktor vor, doch als Weise absagte, verpflichtete er Ehrmantraut, der übrigens in der Saison 1979/80 13 Spiele für die Eintracht in der Bundesliga als linker Läufer absolvierte und auch beim UEFA-Pokal-Gewinn in der ersten Mannschaft stand. Die Verpflichtung des damals 41jährigen

Wo Rauch ist, ist auch Feuer: Dragoslav Stepanovic

nannte Heller später „meine wichtigste und beste Entscheidung".

Horst Ehrmantraut war so ziemlich der letzte, dem das verwöhnte Frankfurter Umfeld zugetraut hatte, den Umschwung zu schaffen. Der Saarländer hatte, neben der Eintracht, bei Hertha BSC Berlin und beim FC Homburg aktiv gespielt, bei Blau-Weiß Berlin auch trainiert und sich vor allem beim SV Meppen einen Namen gemacht, den er fünf Jahre betreute. SV Meppen, jener Inbegriff der Zweitklassigkeit, ein Synonym für Provinz, Hinterwäldlertum. Dort hatte Ehrmantraut Erfolg, das sollte reichen für Ein-

Sitzenbleiber: Okocha (links), Yeboah und Gaudino

tracht? So dachten viele damals, als der Mann seinerzeit Mitte Dezember 1996 im Holiday Inn in Sulzbach vor den Toren Frankfurts seine erste Pressekonferenz gab.
Nein, mit großem Respekt ist der kleine Mann aus dem saarländischen Weiler Einöd nicht empfangen worden in der großen Stadt. Er wollte so gar nicht passen zu den Frankfurtern, die immer und gerne zum Größenwahn neigen: Was wollen die denn mit diesem Provinzheimer, wurde getuschelt. Schnell war der Daumen gesenkt, die Meinung flugs gebildet, es reichte ja, eine Schublade aufzuziehen. Und als die Eintracht dann prompt in einem der ersten Spiele unter dem neuen Trainer beim FSV Zwickau in einer abgrundtief schlechten Partie 0:1 unterlag, war die Sache eigentlich gegessen: Das wird nichts mit Ehrmantraut.
Wurde es aber doch: Vor allem schaffte es der Fußball-Lehrer, Eintracht Frankfurt wenigsten die Zweitklassigkeit zu erhalten. Die Gefahr des erneuten Abstiegs hatte, so tief war man tatsächlich gesunken, wirklich bestanden. Als sich Stepanovic die Papiere abholen konnte, rangierte die Eintracht auf einem Abstiegsplatz, gerade erst hatte sie zu Hause gegen den Aufsteiger VfL Oldenburg 2:3 verloren. Tiefer schien es nicht mehr zu gehen. Wäre es aber fast doch noch gegangen, wenn man ein halbes Jahr später hörte, was Horst Ehrmantraut über diese aus aller Herren Länder sinnlos zusammengekaufte Mannschaft gesagt hatte: „Das war eine leblose Mannschaft, da war kein Leben drin, keine Freude." Regelrecht aseptisch sei ihm das Team vorgekommen, künstlich, steril, zu nichts hatten sie sich begeistern können. Schritt für Schritt konsolidierte der Coach das Team mit Methoden, die sie nun mal gar nicht gewöhnt waren am Riederwald: mit Seriosität, mit Schweiß, mit Disziplin und immer wieder Arbeit, Arbeit und nochmals Arbeit.
Er meisterte den schwelenden Konflikt mit dem eingeschnappten Rudi Bommer, den er aufs Abstellgleis schob, er streichelte Maurizio Gaudinos Seele, verordnete der Mannschaft ein System, das nicht unbedingt attraktiv war: Als erstes stabilisierte er die Abwehr, er achtete auf Ordnung und Disziplin. Die Spiele waren oft von einer grauenhaften Ödnis, wenig klappte, spielerisch war nichts zu sehen, Kombinationen über mehr als drei, vier Stationen schon eine Seltenheit. Es gab viele 0:0, 1:1 und wenig Grund zum Jubeln.

**Horst Ehrmantraut: „Wir arbeiten an der Perfektion"**

Vor allem aber war der neue Mann von einer geradezu schmerzhaften Ehrlichkeit, von einem Realismus, den man gerade in Frankfurt lange nicht gewohnt war. Bei Ehrmantraut war das Glas nie halbvoll, immer halbleer, stets hob er mahnend den Finger, wenn nach ein, zwei Siegen hintereinander schon wieder Euphorie auszubrechen drohte. Selbst als sich das Team im ersten Jahr im Unterhaus leidlich gefangen hatte, sprach er einzig und allein vom Klassenerhalt als Ziel. Und auch noch als der Abstand zum Tabellendritten auf eine erreichbare Anzahl von Punkten geschrumpft war, ließ er sich nicht blenden. „Ein Aufstieg ist kein Thema."

**Sah zunächst harten Zeiten entgegen. Ehrmantraut im Nebel.**

Es war eine harte Zeit für Horst Ehrmantraut, der sich in seine Kärrnerarbeit förmlich verbiß. Er schaute nicht nach links, er schaute nicht nach rechts, sondern ging seinen kerzengeraden Weg. Er wahrte Distanz und ließ sich in kein Boot ziehen, Kumpelhaftigkeit mag er ohnehin nicht, er widmete sich allein der Mannschaft. Er blieb spröde und unnahbar. Am Ende hatte er die Mannschaft auf Platz sieben geführt und konnte endlich anfangen, sich ein Team nach seinen Vorstellungen zu basteln.

Oberstes Prinzip bei der Auswahl eines Kaders ist für ihn der Charakter eines Spielers. Er muß zur Mannschaft passen, er muß sich integrieren können und im Team arbeiten. Ohnehin ist der Teamgeist wichtig für den kleinen Mann, der ständig im Trainingsanzug herumläuft. Zur neuen Saison kamen unter anderem Thomas Epp (von Waldhof Mannheim), Marco Gebhardt (SC Verl), Thomas Zampach (SV Wehen), Dirk Wolf (Borussia Mönchengladbach), Thomas Sobotzik (FC St. Pauli), Hakan Cengiz (SV Herzlake), Toni da Silva (Sportfreunde Eisbachtal), alles Spieler, die noch hungrig waren, die begeisterungsfähig waren. Dazu paßten die routinierten wie Uwe Bindewald, Alexander Kutschera, Ralf Weber, der seine schwere Knöchelverletzung überwunden hatte, Petr Houbtchev, Olaf Janßen, Urs Güntensperger und Alexander Schur, Oka Nikolov, Thorsten Flick. Ehrmantraut fügte ein Teil an das nächste, er bastelte so lange am Team, bis es stimmte und stand.

Vor allem überließ er nichts dem Zufall. Selbst nach knapp zwei Jahren ist es immer noch erstaunlich, über was sich der Mann so alles den Kopf zerbrechen kann. Es ist ja nicht nur die Grundtaktik, mit der er seine Mannschaft zum Erfolg führen will, und es sind beileibe nicht nur die Trainingspläne, die er akribisch und genau aufstellt, und Taktiken, über denen er grübelnd brütet. Es sind zum Beispiel auch die ungewöhnlichen Laufwege der chinesischen Neuverpflichtung Chen Yang, die er registriert. Es war im Trainingslager im österreichischen Seefeld, wo sich die Eintracht in guten wie in schlechten Zeiten auf neue sportliche Aufgaben vorzubereiten pflegt, als Ehrmantraut das Gespräch mit den Journalisten abrupt unterbricht und auf den vorbeischlurfenden Asiaten zeigt. „Da sehen Sie", ruft Ehrmantraut, „wie der geht, koordinativ unsauber". Das harte Training stecke ihm in den Knochen, ausgepowert sei er, „er zeigt Reaktion". Ehrmantraut registriert alles, er sieht alles, und im Griff hat er mittlerweile bei Eintracht Frankfurt ohnehin alles.

**„Ich krieg' ne Vollkrise." Trainer Ehrmantraut**

Ehrmantraut plant ziemlich viel. Eigentlich alles. Zumindest das, was sich planen läßt. Dem Zufall überläßt er nichts, er macht sich zu allem und jedem Gedanken, er analysiert, speichert, zieht Konsequenzen. Etwas aus dem Bauch heraus entscheiden, wie das sein Vorgänger oder wie das jahrelang Bernd Hölzenbein mit großem Erfolg getan hat, käme ihm nie in den Sinn. „Ich will mich ständig verbessern", sagt er. Er sagt auch: „Wir arbeiten an der Perfektion." Das sagen viele, und immer klingt es nach Plattitüde. Horst Ehrmantraut aber, der Kopfmensch, der alle Unwägbarkeiten wie Erdbeben, Sommerfrost oder Hagel in seine Überlegungen miteinbezieht, meint es ernst. Bitter ernst. Beim unter Kickern so beliebten Fußballtennis vermißt er das Feld auf den Zentimeter genau, das Netz ist auf den Millimeter exakt austariert. Das Trainingsfeld pflegt er exakt abzuschreiten, alle Hütchen stehen im Abstand von 1,20 Meter entfernt, keinesfalls bei 1,30 Meter. Alles, was er macht und tut, hat Hand und Fuß. Seine Trainingspläne sind bis ins kleinste Detail durchdacht, die Übungen variieren ständig, je nach Situation; Leerlauf, vertane Zeit gar, gibt es bei ihm nicht. „Die Dinge, die ich gestalte, sind immer vorbereitet. Das kann man auch übertragen auf die Jungs. Wenn die Spieler merken, der Trainer ist einer, der macht sich Gedanken, dann trägt das auch irgendwann einmal Früchte. Wenn ich schludrig bin, etwa mit den Meterangaben, wenn ich statt 1000 Meter nur 993 abmesse, kann ich vor mir selbst nicht mehr bestehen. Ich würde mich maßlos ärgern über meine Nachlässigkeit, meine Schludrigkeit. Die Spieler müssen spüren, daß ich genau bin, gegen Genauigkeit ist nichts einzuwenden", lautet das Credo des Trainers.

Und weil Ehrmantraut oft genug Recht hat, weil oft genug genau das eintritt, was er vorhersagt, kommt er an bei den Spielern. Thomas Epp zum Beispiel, der in seiner Karriere schon eine Reihe von Trainern erlebt hat und bei der Eintracht wegen seiner mannschaftsdienlichen Art, Fußball zu spielen, ganz oben steht in der Hierachie, ist immer wieder überrascht über seinen peniblen Chef. „Der kennt sogar die Schuhgröße meiner Gegenspieler." Einmal waren Epp und Olaf Janßen mit Ehrmantraut gemeinsam auf der Pferderennbahn in Frankfurt-Niederrad. Die Rennbahn – das ist für den akkuraten Coach Entspannung pur, Muse und Erholung in einem, da spannt er ab, relaxt. Aber auch da, in seiner Freizeit, will er wieder alles im Griff haben. Natürlich haben die Drei ein paar Mark auf die Pferde gesetzt, und natürlich hat Ehrmantraut, der Fachmann, die einschlägigen Zeitungen vorher studiert, um Bescheid zu wissen über Verfassung und Form der Vierbeiner. Und für Thomas Epp hat er noch einen Tip parat gehabt. Leider ist just dieses Pferd mitsamt Reiter im ersten Rennen als letztes durchs Ziel galoppiert, ein Ergebnis, das Ehrmantraut nicht wahrhaben wollte. „Der Gaul muß verletzt gewesen sein", hat er geschimpft. Bei den anderen Rennen hat er dann wieder Recht gehabt mit seinen Tips – und das verlorene Geld wieder reingeholt.

Über sich selbst sagt Horst Ehrmantraut, er sei ein Einzelkämpfer. „Manchmal fühle ich mich einsam." Das liegt natürlich auch an dem immensen Anspruch, den der Fußball-Lehrer an sich und seine Umwelt stellt. Wehe, irgendetwas funktioniert nicht in seinem Sinne. Einmal hat er dem Busfahrer Vorwürfe gemacht, weil der 15 Minuten zu früh mit der Mannschaft im Playmobil-Stadion der Spvgg Greuther Fürth angekommen war. Die Spannung in der Elf sei wegen des Wartens verlorengegangen, prompt unterlag man im Zweitligaspiel 1:2. Danach ist der arme Busfahrer mit der Stoppuhr die Routen zu den bekannten Stadion vorher abgefahren. Ein anderes Mal hat er getobt, weil das Team am Morgen drei Minuten zu spät geweckt worden war. Auswechselspieler und solche, „die mich nerven, wenn sie Fehler ständig wiederholen", schreit er schon mal vor versammelter Mannschaft an, nach Schlappen ist er oft ungenießbar. „Ich kann nicht verlieren", sagt er, „ich hasse Niederlagen". Denn jede Niederlage empfindet er als persönliche Schmach. Im gleichen Atemzug aber betont er immer wieder, daß „ich vor mir nie scheitern kann, weil ich alles einsetze. Wer alles einsetzt, kann nicht scheitern. In diesem Job nicht."

Manchmal wirkt er undiplomatisch, verschroben, mit seiner kompromißlosen Art verprellt er bisweilen Wohlmeinende. Eine richtige Lobby oder gar Seilschaften im Club hat er keine gebildet, will er nicht. Er hat was kauziges an sich, manche sagen, er hat Macken. Er selbst räumt ein, daß es „nicht immer einfach ist, mit mir zusammenzuarbeiten." Er sagt auch: „Es ist für mich keine Schwierigkeit, hart zu sein." Man kann nicht sagen, daß der Tüftler sonderlich beliebt ist. Er wird re-

Ehrmantraut: bisweilen ein Fanatikus

spektiert, geachtet, vielleicht sogar bewundert für seine Akribie, seinen Fleiß, seine Professionalität, seinen unbestreitbaren Erfolg. Doch er wird nicht geliebt. Ein Populist, wie etwa der Kollege Stepanovic oder selbst Toppmöller, wird er nie werden, das will er auch gar nicht. Dafür hat er eine Mauer um sich gezogen. Zur Abwehr. Wirklich an sich ran läßt er keinen. Obwohl er im Verlauf der Zeit bei Eintracht Frankfurt sichtbar lockerer geworden ist, bleibt die Distanz – zu den Fans, zum Umfeld, zu den Journalisten. „Seine Jungs" aber gehen ihm über alles, das ist für ihn das einzig wichtige, „nur das zählt". Er arbeitet nicht, „um Anerkennung oder Lob zu bekommen", hat er gesagt, „ich arbeite, um Erfolg zu haben."

Er arbeitet an der Perfektion, und das in einem Bereich, der wie kaum ein anderer von Zufälligkeiten, von Glück und günstigen Umständen beeinflußt wird. Ehrmantraut kennt nicht viele Menschen, denen er bedingungslos vertrauen würde, „sehr wenige", sagt er selbst, seien das, die ihm in Gesprächen weiterhelfen. Aber irgendwie will er das auch gar nicht. „Ich bin der Cheftrainer, ich stehe allein für meine Entscheidungen gerade. Soll ich da etwa andere mit hineinziehen?" Nun ist es aber auch so, daß Ehrmantraut nicht viele Menschen in Sachen Fußball als gleichwertige Gesprächspartner akzeptiert. Im übrigen verkörpert er wie kaum ein anderer Konsequenz und Konstanz – Dinge, die in Frankfurt jahrzehntelang unbekannt waren. Ein Trainer, hat er einmal gesagt, lebe sehr stark von seinen Überzeugungen. Die glaubhaft und seriös zu vertreten, ist eine Kunst. „Man kann nicht erfolgreich arbeiten, wenn es nicht aus dem Innersten kommt. Du kannst nicht erfolgreich arbeiten, wenn du Überzeugungen anderer vertrittst." Horst Ehrmantraut ist ein knochenharter Realist, nüchtern, unaufgeregt, schnörkellos. Emotionen, Gefühle läßt er kaum zu, es sei denn, an der Außenlinie, wenn es um „seine Jungs" geht. „Ich träume nie", ist auch so ein Standardsatz von ihm. Das würde auch überhaupt nicht passen zu dem von Grund auf ernsthaften Mann. Seine Argumente sind messerscharf, seine Analysen und Mannschaftssitzungen hieb- und stichfest, in aller Regel hat er Recht.

So einen Trainer hatten sie am Riederwald noch nie gehabt. Gut, Jupp Heynckes hat die Stollenlänge kontrolliert und das Kartenspiel während der Busfahrten verboten, Klaus Toppmöller hat einen lebendigen Adler in der Kabine herumgereicht, Branko Zebec ist auf der Trainerbank schon mal eingeschlafen und hat ein anderes Mal übersehen, daß es noch eine zweite Halbzeit gibt, Dragoslav Stepanovic hat Äppelwoi ausgeschenkt und dazu gesungen, Dettmar Cramer wissenschaftlich doziert, Pal Csernai mit Seidentüchlein fast den Abstieg eingeleitet und Karlheinz Feldkamp wollte „zwei Torhüter ins Tor stellen, wenn ich Detari und Möller gemeinsam spielen lasse" – aber einen wie Ehrmantraut, der die professionelle Fußballabteilung des Clubs von Grund auf umgekrempelt hat, hatten sie noch nie beschäftigt. Dem Mozartliebhaber ist gelungen, was noch keinem seiner so vielberühmten Vorgänger gelungen ist und was über Jahrzehnte schlechterdings als unmöglich, eigentlich undenkbar galt: Eigenart und Charakter dieser einst wankelmütigen Mannschaft radikal zu ändern. Aus bisweilen chaotischen, scheinbar unzähmbaren Schönwetterfußballern mit Hang zum Genialen hat das Männlein mit der hohen Stirnglatze ernsthafte, disziplinierte Rackerer gemacht. Der zierliche, fast zerbrechlich wirkende Grübler hat es gepackt, den Augiasstall am Riederwald auszumisten, er hat Schluß gemacht mit der Vetternwirtschaft und den

**Meist einen Schritt schneller: Christoph Westerthaler (mitte)**

ständigen Intrigen und Eifersüchteleien, er hat die Cliquenwirtschaft innerhalb des Teams abgeschafft und Ruhe in den Verein gebracht. Er hat die Mannschaft abgeschottet, auf sich eingeschworen und zu einer Einheit geformt, er hat das Team sportlich konsolidiert und Schritt für Schritt nach vorne geführt. Er ist der Vater des Erfolgs, er hat entscheidend dazu beigetragen, den Verein in die Beletage des deutschen Fußballs zurückzuführen. Der unprätentiöse, spröde Denker Ehrmantraut hat mit kleinem Geld ein Team zusammengestellt, das nicht nur fußballerisch, sondern mehr noch menschlich und charakterlich zusammenpaßt. Christoph Westerthaler zum Beispiel ist aus Zypern geholt worden. Dort macht man Urlaub, aber man spielt doch nicht für Geld Fußball – es sei denn, man findet sonst keinen anderen Verein. Zudem war der Stürmer schon 33 Jahre alt, seine Erfolge in Österreich lagen schon ein paar Jahre zurück. Ehrmantraut hat ihn für gut befunden und auf Torjagd geschickt, der Österreicher hat das Vertrauen belohnt und mit seinen überaus wichtigen Toren viel zum Aufstieg beigetragen. Oder nehmen wir Ansgar Brinkmann: ein Lebemann, ein Filou, einer, der ganz gern um die Häuser zieht und sich mit seiner lockeren, unkomplizierten Art oft genug selbst im Wege steht. Nach vielen Stationen hat der 29jährige wegen Querelen und Undiszipliniertheiten zuletzt in der zweiten Mannschaft des SC Cloppenburg gefußballert. In Frankfurt hat er sich zähmen lassen und begriffen, um was es geht. Inzwischen spielt er gegen Matthäus, Elber und Balakow. Oder nehmen wir Thomas Zampach, der hat zuvor in Mainz und beim SV Wehen gekickt, ganz ordentlich sicherlich, in Frankfurt ist er wegen seiner unkomplizierten, offenen Art zum „Fußballgott" geworden. Die letzte Entdeckung des Horst Ehrmantraut ist der Chinese Chen Yang, der auf Vermittlung des China-Kenners Klaus Schlappner an den Riederwald kam, kein Wort englisch, geschweige denn deutsch sprach, 70 000 Mark Leihgebühr kostete und vom Fußball-Lehrer sofort für gut befunden wurde. „An Chen werden wir noch viel Freude haben", prophezeite der Coach und behielt recht. Yang schaffte den Sprung, er schoß Tore und wurde damit der erste Chinese, der in Deutschlands Eliteklasse dem Ball nachlief. Die Option auf einen Kauf des Stürmers hat sich die Eintracht schon gesichert.

**Haarige Angelgenheiten sind seine Sache: Ansgar Brinkmann**

**Der erste Chinese in der Bundesliga: Chen Yang (links)**

Nein, vieles ist nicht mehr so, wie es einmal in Frankfurt war. In der Bundesliga spielt eine Mannschaft ohne große Namen, ohne Stars. Gut, Kapitän Ralf Weber ist der Primus inter pares, aber er läßt nie die Kollegen spüren, daß er Nationalspieler war. Nur für sich glänzende Individualisten haben in Frankfurt bei der rundum erneuerten Eintracht keine Chance mehr, gefragt ist das Team, ist die Geschlossenheit, ist das Mannschaftsdienliche. Es weht ein anderer Wind. Egoisten, Einzelspieler, Selbstdarsteller, von denen es in der Vergangenheit nur so wimmelte am Riederwald, sucht man vergebens. Auch das ist einer der Gründe für den Erfolg. Und es hat sich der Stil geändert im Waldstadion. Da glänzt jetzt nicht mehr eine aufgemotzte Diva, immer pendelnd zwischen Genie und Wahnsinn. Da spielen jetzt nicht mehr elegante Techniker, filigrane Ballkünstler, verspielte Schnik-ker, und es ziehen auch keine überragenden Spielmacher mehr intelligent die Fäden. Dafür steht eine Mannschaft auf dem Rasen, die kämpft, die sich zerreißt, die das Letzte gibt, da rackert eine Mannschaft mit Herz und Leidenschaft, die sich aus Spielern zusammenfügt, die sich identifizieren mit dem Verein, die gerne in Frankfurt für die Eintracht die Knochen hinhalten.

Vielleicht war das Spiel im Aufstiegsjahr gegen Kickers Stuttgart symptomatisch für die neue Eintracht, für den neuen Geist, der Einzug gehalten hat in diesem Verein. Es war am letzten Tag im Februar, ziemlich kalt noch, es regnete Bindfäden im weiten Rund des Gottlieb-Daimler-Stadions. Das eigentliche Stadion der Kickers, der Degerloch, war wegen Renovierungsarbeiten nicht bespielbar, also sind die Blauen zu den Roten umgezogen. Vielleicht 4000 Zuschauer verloren sich im Stadion, noch dazu das naßkalte Wetter, zudem standen die abstiegsbedrohten Kickers mit dem Rücken zur Wand – ideale Bedingungen für die frühere Eintracht, das Spiel zu vergeigen. Früh waren die Frankfurter durch Ansgar Brinkmann in Führung gegangen, über weite, weite Strecken hatten sie das Spiel fast mühelos unter Kontrolle, es schien so, als schaukelten sie die Partie locker nach Hause. Das schien aber nur so: in der 85. Minuten glichen die Schwaben aus, zwei Minuten später gingen sie mit 2:1 in Führung. Wieder mal so ein Spiel, das die Eintracht wegen Nachlässigkeit, Leichtsinn, Überheblichkeit verschenkt, weil nicht rechtzeitig, wie es so schön heißt in der Fußballersprache, der Sack zugemacht wurde? Doch die Eintracht war eine andere geworden: Das sah man schon daran, daß Urs Güntensperger, der schnelle Schweizer Stürmer, sofort nach dem vermeintlichen Stuttgarter Siegestreffer zurück in die eigene Hälfte gesprintet war, sich den Ball unter den Arm klemmte und zum Anstoßkreis flitzte. Er klatschte in die Hände, feuerte die Kameraden an, noch einmal alles zu versuchen, nicht aufzugeben, zu fighten. Der Rest ist bekannt: Ansgar Brinkmann drosch einen Strafstoß zum 2:2 unters Tordach, Sekunden vor dem Abpfiff schob Christoph Westerthaler den Ball zum 3:2-Sieg ins Tor. Binnen drei Minuten hatte die Eintracht eine sicher verloren geglaubte Partie mit unbändigem Kampfeswillen noch umgedreht. Früher, sagten dann viele, die es zu wissen glauben, hätte sie so eine Begegnung abgegeben. Diese Mannschaft aber, von Ehrmantraut eingestellt, gibt selbst in schier hoffnungslosen Fällen nicht so einfach auf.

Und mit dieser Mentalität und Einstellung, die natürlich auf den urdeutschen Sekundärtugenden Ordnung, Disziplin und Genauigkeit fußt, ist bei der Eintracht ein Trend eingeläutet worden. Vorbei sind die Tage der Diva. Die Diva hat in Frankfurt abgedankt, im Ballsaal Waldstadion wird sie nicht mehr zum Tanz gebeten. Seit dem Abstieg in die Zweite Liga ist es vorbei mit den glorreichen Tagen, den grandiosen Siegen gegen Bayern München und den schmachvollen Niederlagen gegen Abstiegskandidaten. Eintracht Frankfurt hat das Ballkleid ausgezogen, Eintracht Frankfurt ist keine Diva mehr. Die Diva trägt jetzt Schürze. Es wird eine ehrliche Arbeit abgeliefert, solide, ernsthaft, seriös. Verspielt ist da wenig, kapriziös kaum noch etwas, und Geniestreiche sind die Ausnahme. Die Partien im Waldstadion sind bisweilen zäh, mühsam und wenig unterhaltsam; Spektakel, gar Showeinlagen wird man vermissen im Areal im Stadtwald. Es wird statt dessen sauber gearbeitet, „sachlich-fachlich", wie das Brinkmann so unnachahmlich auf den Punkt gebracht hat. Eintracht Frankfurt gewinnt die Spiele gegen die schwächeren und verliert die Spiele gegen die stärkeren Gegner. Früher war das oft genug umgekehrt. Das Bemerkenswerte aber im Stilwandel in Frankfurt ist, daß der Zuschauer ihn offenbar mitzugehen bereit ist. Es wird akzeptiert, daß rauschende Fußballfeste momentan anderswo gefeiert werden, es wird angenommen, daß da unten elf Spieler rackern und ackern und ihr Herzblut geben für den Verein. Sie geben das, was sie können. Das ist mehr, als die Stars der Vergangenheit zu geben bereit waren. Es sah nur schöner aus.

*Thomas Kilchenstein*

**Elf Spieler sind ein Team geworden**

*Wir schreiben das Jahr 2011. In der Wall Street hat sich gerade ein New Yorker Aktienhändler erschossen. Eben hatte Bill Billings noch erfolgreich mit Millionen jongliert, nun war er total pleite. Er hatte zu sehr auf die Aktien der Eintracht Frankfurt AG gesetzt. Und dieser Laden aus good old Germany erlebt derzeit eine Pechsträhne ohne Ende.*

*Nicht nur, daß die Fußballer ihre letzten vier Spiele in der Europaliga (EFL) allesamt verloren und in höchster Abstiegsgefahr schweben – EuroLeague-Generaldirektor Franz Beckenbauer hatte diese wirtschaftlich fast kriminelle Abstiegsregel nachträglich durchgeboxt in der wohl berechtigten Hoffnung, daß die Münchner Bayern so bald der einzige deutsche Verein in diesem elitären Laden sein werden.*

*Nein, es hatte die ehemaligen Riederwälder, die seit einigen Jahren nun Niederräder sind, noch viel mehr gebeutelt. Der Vorstandsvorsitzende Karl Geldbeutel wird von den Finanz- und Steuerbehörden gejagt. Der Mann, der immer im dunkelblauen Zweireiher auftritt und vor seinem Wechsel von einem Computergiganten zur Eintracht AG noch nie ein Fußballspiel live verfolgt hatte, soll Insiderinformationen, etwa über bevorstehende Spielertransfers, Dopingkontrollen oder Ergebnisabsprachen an seine Bekannten weitergegeben sowie seinen Wohnsitz nach Monaco verlegt haben. Warum wohl?*

*Das alles hätte zu einem kleinen Kursrutsch geführt. Doch gestern im Training, da geschah die Katastrophe: Anthony Yeboah jun., der zu Saisonbeginn als große Sturmhoffnung für 115 Millionen Euro von Nixdorf Mailand – diesen Namen hatten sich die beiden norditalienischen Klubs Inter und AC nach der Fusion gegeben – verpflichtet worden war und seitdem 17 der 22 Frankfurter Tore erzielt hatte, prallte mit dem Brasilianer Pepe zusammen, den Nike Paris am kommenden Wochenende für 150 Millionen Euro hätte verpflichten wollen. Die Verträge lagen schon unterschriftsreif in der Schublade.*

*Doch daraus wird nun nichts: Yeboah jun. erlitt bei diesem unglücklichen Zusammenprall einen Riß des vorderen Kreuzbandes im linken Knie, einen Meniskusschaden sowie einen Innenbandanriß und wird mindestens sieben Monate lang ausfallen.*

*Pepe, der dank seiner artistischen Ballfertigkeit als Mittelfeldregisseur längst zum Frankfurter Publikumsliebling avancierte – 12 000 Trikots mit der Rückennummer 10 konnten in nur drei Monaten verkauft werden – wurde mit einem komplizierten Splitterbruch des rechten Schien- und Wadenbeins ins Krankenhaus eingeliefert. Ob der 27jährige, der für Brasilien 2006 in Kapstadt das entscheidende 2 : 1 im WM-Finale gegen China geschossen hatte – Deutschland war nicht dabei, obwohl die Endrunde inzwischen von 48 Nationen bestritten wird –, jemals wieder gegen den Ball treten kann, ist nach der ersten Diagnose der behandelnden Ärzte sehr fraglich.*

*Kein Wunder eigentlich, daß der Kurs der Eintracht-Aktie an diesem schwarzen Freitag in den ersten 20 Minuten nach Börsen-Öffnung von 267,25 auf 78,73 Euro abstürzte. Kein Wunder deshalb auch, daß Bill Billings keinen anderen Ausweg mehr sah, als sich eine Kugel in den Körper zu jagen. Da konnte selbst die Aktionärs-Beratungs-Abteilung des Europaligisten nicht mehr helfend eingreifen. Obwohl diese Fachleute, ein Dutzend an der Zahl, für solche Fälle eigens eine dreimonatige psychologische Schulung durchmachen mußten.*

# Spekulationen über die Zukunft der Eintracht

Es ist zumindest im Grundsatz möglich, daß wir solche oder ähnliche Schlagzeilen über Eintracht Frankfurt im Jahr 2011 lesen werden. Denn der Profifußball steht vor grundlegenden Änderungen. Vorbei sind die Turnvater-Jahn-Zeiten mit ihren elf Freunden, die dem runden Leder nachjagen. Und auch das ist längst aus speziell entwickeltem Kunststoff.

Die Ära der Sportvereine geht mit diesem Jahrhundert im Bereich des Spitzenfußballs zu Ende, der Wechsel zu KGs, GmbHs, „kleinen" oder „großen" Aktiengesellschaften wird eingeläutet. Fußball ist schon lange ein weltweiter Markt, aber erst durch die technischen Errungenschaften kann er auch weltweit erschlossen werden.

Es fing an mit dem Satelliten-Fernsehen, das es ermöglichte, im fernen Indonesien oder sonstwo auf der Erde Spiele der Bundesliga oder der englischen Premier League live zu verfolgen. Der Appetit wurde geweckt, das Pay-TV geboren, um überall die Euros, Dollars oder Rubel abzusahnen. Wobei den genauen Fortgang der Entwicklung derzeit noch niemand einschätzen kann.

Hier die Befürworter, die in der Europaliga die beste Möglichkeit sehen, Umsatz und Gewinn erheblich zu steigern. Und glauben, nur so lassen sich die Stars finanzieren, die wirklich die Fans in Massen anziehen.

Dort die Mahner, die befürchten, daß bald der Punkt erreicht ist, an dem der Konsument durch das fußballerische Überangebot müde wird und sich lieber die Fischer-Chöre oder das Basketballspiel im Free-TV anschaut.

Klar ist, daß die finanzielle und damit auch die sportliche Schere zwischen absoluten Top-Vereinen und dem Durchschnitt der Bundesliga oder gar der Zweiten Liga immer größer wird. Ob das irgendwann zum ganz großen Umdenken führt?

**Das Waldstadion**

**Bau des Stadions am Riederwald**

Etwa in Richtung der amerikanischen Profiligen im Basketball (NBA) oder American Football (NFL)? Dort gibt es keine Auf- oder Absteiger, dort können die Clubs verkauft werden und damit plötzlich statt für Chicago nun für Washington spielen. Traditionen und gewachsene Strukturen interessieren dabei niemanden.

Von Veranstalterseite wird versucht, das Leistungsgefälle von Team zu Team möglichst gering, die Spannung damit hoch zu halten. So dürfen sich die schwächsten Mannschaften beispielsweise als erste bei den „Drafts" bedienen. Bei diesem für Außenstehende etwas undurchsichtigen Vorgang des modernen Menschenhandels werden die besten Nachwuchsspieler von den schlechtesten NBA-Clubs erworben.

Auch wird jedem Verein eine Höchstgrenze für alle Spielergehälter vorgeschrieben, die er nicht überschreiten darf. Allerdings ist diese so hoch angesetzt, daß sie kaum regulierend wirkt. Zumal es auch da Hintertürchen gibt – beispielsweise die Gehaltszahlungen für einen Dreißigjährigen auf die nächsten 25 Jahre zu strecken, um den Sinn der Regelungen zu unterwandern.

Nein, Eintracht Frankfurt wird sicherlich wie jeder andere europäische Verein, der zumindest in seiner obersten nationalen Liga spielt, nicht alles übernehmen, was in den Vereinigten Staaten zum Erfolg führt.

In den Bereichen Zuschauer-Service, Marketing und Fan-Artikel lohnt sich dagegen ein Blick über den Teich.

Es ist ein Unding, daß der Eintracht-Fanshop lange Zeit nicht in bester Innenstadtlage beheimatet war.

Es ist ein Unding, daß große Warenhäuser im Rhein-Main-Gebiet Trikots, ja sogar Bettwäsche der Bayern oder der Dortmunder Borussia anbieten, aber nicht einmal ein Eintracht-Kugelschreiber in ihren Regalen zu finden ist. Der Verein muß mit seinen Artikeln und Angeboten präsent sein, muß dem möglichen Kunden entgegengehen und nicht warten,

ob der vielleicht zufällig vorbeikommt.
Ähnliches gilt für den Ticketverkauf. Wer will schon im Eintracht-Fan-Shop in der Schlange stehen, um seine Dauerkarte – natürlich will er einen ganz bestimmten Platz: Block sechs, Reihe zehn, Sitz zwei, drei und vier – zu bestellen? Das muß auch in Wiesbaden, Bad Homburg, Gießen oder Fulda möglich sein. Und in nicht allzu ferner Zukunft im eigenen Wohnzimmer via Internet. Belegte Plätze sind rot gekennzeichnet, die freien grün. Kreditkartennummer eingetippt – und schon kommt die Bestätigung, daß die begehrten Tickets gerade ausgedruckt und anschließend in die Post gegeben werden.
Natürlich müssen auch die Sponsoren gesucht, gehegt und gepflegt werden. Wer Geld kassieren will, der muß Gegenleistungen bringen. Gönner und Mäzene sind out. Es reicht nicht mehr aus, Werbebande in den Stadien aufzustellen. Der Geldgeber will mehr: Autogrammstunden, Diskussionsrunden der Spieler mit Kunden, dazu Freundschaftsspiele, Werbespots und und und.
Das alles ist mit ehrenamtlichen Vorständen nicht mehr zu leisten. Es sei denn, man findet einen Fachmann, der aus irgendwelchen Gründen bereit ist, 60 Stunden in der Woche für den Verein (oder die AG) unentgeltlich zu arbeiten.
Natürlich ist der sportliche Erfolg durch nichts zu ersetzen. Trotzdem ist der treffsichere Mittelstürmer nicht wichtiger als die Führungsetage, die wichtige Entscheidungen richtig trifft.
Eintracht Frankfurt ist in diesem Jahr den ersten Schritt in die richtige Richtung gegangen. Es wurde die „Eintracht Marketing GmbH“ gegründet. Dies ist eine Möglichkeit, um den Anforderungen des modernen Fußballs nachzukommen. Auch die Einrichtung des „Eintracht Frankfurt Fan- und Ticketshop“ in der Frankfurter Zeil-Galerie weist in die richtige Richtung.
Bleiben wir in der Zukunft, aber rutschen wir – von der anderen Seite – etwas näher an das Jahr 2000 heran. Die Eintracht trägt ihre Heimspiele in einer modernen Arena im Frankfurter Stadtwald aus. Sie muß ihre Termine nun zwar mit anderen Nutzern – seien es Pop-Musiker oder Züchter von Rassehunden – abstimmen, doch der Vorteil liegt auf der Hand: Auch im Winter steht kein Fan im kalten Regen, sondern er sitzt unter dem schützenden Dach.

Beim Saisoneröffungsfest 1998

Und wenn er partout stehen will, kann er dies dank der eingebauten Klappsitze durchaus machen. Bei Europacup- oder Länderspielen herrscht dagegen Sitzplatzpflicht.
Daß sich im Vergleich zum Waldstadion die Kapazität verringert, ist finanziell nur noch ein kleines Problem. Bereits in der Saison 1998/99 wird lediglich rund ein Drittel des Etats durch Zuschauereinnahmen gedeckt. Der große Rest wird aufgeteilt auf TV-Gelder, Sponsoren, Merchandising (Fan-Artikel), VIP-Räume oder Mitgliedsbeiträge.
Deshalb werden auch zukünftige Eintracht-Vorstände gut beraten sein, wenn sie weiterhin zumindest einen Teil der Eintrittskarten zu günstigen Preisen verkaufen.
Was sie – bei allem Ärger über gestiegene Preise nach dem Aufstieg – derzeit praktizieren. Wer seine Dauerkarte für die Fan-Blocks auf der Gegentribüne erworben hat, der führt pro Spiel nicht einmal drei Mark in die Vereinskasse ab. Den Rest verschlingen der RMV, die Stadionmiete, die Ordnungskräfte und viele sich summierende Kleinigkeiten mehr. Kein Wunder, daß man bei der Eintracht auf die neue Arena setzt und auf Mehreinnahmen von mindestens fünf Millionen Mark pro Saison hofft.
Das Waldstadion hat viele packende Kämpfe erlebt, Sternstunden der Eintracht wurden dort gefeiert. Es sei nur an den Gewinn des UEFA-Cups im Jahre 1980 oder an die phantastische Fete nach der Bundesliga-Rückkehr im Mai 1998 erinnert. Doch die Arena ist schlichtweg den Anforderungen nicht mehr gewachsen. Die Stufen der Stehränge

sind krumm und schief, die Sitzbänke auf der Gegentribüne verschmuddelt, das Gedränge nach dem Spiel in Richtung Otto-Fleck-Schneise fast lebensgefährlich. Und wer mit der Straßenbahn anreist, der darf wegen des Engpasses unter der Eisenbahnbrücke nicht an Klaustrophobie leiden. Doch auch die S-Bahn-Fahrer sind wegen der engen Treppenabgänge am Bahnhof Sportfeld nicht besser dran. Also mit dem Auto ins Stadion fahren? Nicht nur wegen des Umweltschutzgedankens und der Staugefahr keine optimale Lösung: Bei schlechtem Wetter verwandeln sich viele Parkplätze in Schlamm-Landschaften, bei Flutlichtspielen oder im Winterhalbjahr ist die künstliche Beleuchtung während des An- oder Abmarsches mangelhaft.

Entsprechend wenig verwunderlich waren die heftigen Diskussionen über die Neugestaltung des Stadions. Denn es reicht eben nicht, die eigentliche Arena kräftig zu überarbeiten. Auch die Infrastruktur muß erheblich verbessert werden.

**Der Plan des Architekten Helmut Joos zum „Maindome"**

**Viele Planungen sind zum Stadionprojekt entstanden. Hier eine Computersimulation der Siemens AG zum „Weltstadion"**

Da Frankfurt allgemein einen Hang zu Superlativen besitzt, wurde die Diskussion politisch stark in Richtung „Dome" gedrängt. Alles andere, so wurde behauptet, sei nicht finanzierbar. Was den Umkehrschluß zuläßt, daß in Hamburg nur Träumer sitzen: Dort entstehen derzeit gleich zwei Stadien, die in erster Linie dem Fußball dienen sollen und entsprechend konzipiert werden. Und keine 350 Millionen Mark kosten.

Das soll nicht bedeuten, daß der „Dome" eine unmögliche Lösung sei. Nur, es müssen Kompromisse eingegangen werden. Eine multifunktionale Arena muß den Ansprüchen der Eintracht, der Galaxy (American Football), der Popstars, der Kirchentagsbesucher, der Motocrossfahrer oder auch der Rassehundezüchter genügen. Verwundert es da, wenn Eintracht-Präsident Rolf Heller lediglich davon spricht, daß der „Dome" die Lösung mit den geringsten Nachteilen sei? Wenn Vizepräsident Peter Lämmerhirdt nur ungern von seinen Ideen eines eigenen, reinen Fußballstadions abgerückt ist, weil er dort mehr Zuschauerplätze sowie eine bessere Atmosphäre und (natürlich) mehr Einnahmen erwartet hatte? Selbst das renommierte Planungsbüro Speer hat zugegeben, daß knapp 50 000 Zuschauerplätze für Spitzenfußball eigentlich zu wenig sind. Sollte die Endrunde der Fußball-WM im Jahr 2006 in Deutschland stattfinden, dann wird die deutsche Nationalelf wohl einen großen Bogen um Frankfurt schlagen. Zu kleine Stadien hatten bekanntlich 1998 in Frankreich für großen Ärger, negative Schlagzeilen und empörte Fans gesorgt. Nebenbei fordert der Internationale Fußball-Verband FIFA für das Eröffnungsspiel, die Halbfinalspiele und das Endspiel sowieso größere Kapazitäten.

**Helmut Joos vor seinem Modell**

Doch das sollte die Eintracht weniger stören als die Fußball-Fans im Rhein-Main-Gebiet, die vielleicht irgendwann mal wieder auch von der Nationalmannschaft starke Spiele in ihrer Nähe sehen wollen. Mehr als zweitklassige Gegner wird es aber am Sitz des Deutschen Fußball-Bundes in einem Dome nicht mehr geben.

Die Verknappung des Platzangebotes kann beim Dauerkartenverkauf sogar hilfreich wirken. Wer derzeit ins Stadion will, der kann sich seiner Karte sicher sein. Es sei denn, die Münchner Bayern kommen. Da wird der Ausnahmezustand ausgerufen. Wobei Dauerkarten dem Verein eigentlich nur weiterhelfen, wenn der Erfolg ausbleibt. Marschiert die Mannschaft von Sieg zu Sieg, dann strömen die Fans auch so zu den Heimspielen – und bezahlen die höheren Tagespreise.

Borussia Dortmund ist derzeit das beste Beispiel dafür, wie Siege und Nachfrage eng zusammenhängen. Als die Erfolge in der Bundesliga, in europäischen Wettbewerben und im Weltpokal zunahmen, wurde das Westfalen-Stadion von 55000 auf 69000 Plätze ausgebaut.

Sind es Träumereien, Eintracht Frankfurt mit dem Weltpokalsieger vergleichen zu wollen? Derzeit sicherlich. Doch ein Stadion wird für viele Jahrzehnte gebaut und muß entsprechend konzipiert sein.

Das erklärte Ziel des Frankfurter Traditionsvereins ist es, sich in der Ersten Bundesliga zunächst zu konsolidieren, dann in der Tabelle nach oben zu klettern, europäische Wettbewerbe zu erreichen und sie irgendwann Anfang des nächsten Jahrtausends möglichst zu gewinnen. Papier ist geduldig, Fußballer und ihre Fans wesentlich weniger.

**Bei der Eintracht groß geschrieben: der Kontakt zu den Fans**

„Zufriedenheit bedeutet Stillstand und Stillstand bedeutet Rückschritt", sagte Trainer Horst Ehrmantraut. Was auf den rein sportlichen Bereich gemünzt war, das gilt für die gesamte Situation. Denn sollte im Sommer 1999 die Rückkehr in die Zweite Liga betrauert werden müssen, dann wäre dies mehr als ein kleiner Rückschlag.

## Die Ziele der Eintracht

### Die kurzfristigen Ziele

Das ist sportlich einzig und allein der Klassenerhalt. Diesem Ziel muß alles andere untergeordnet werden.

Weiterhin anzustreben ist eine schnelle und breite Image-Verbesserung. Im Zusammenhang mit Eintracht Frankfurt werden zwar nur noch selten Vokabeln wie „Skandalnudel", „Launische Diva" oder „Rotlicht-Verein" verwendet. Doch Außendarstellung und Kundenservice sind – wie allerdings bei anderen Bundesligisten auch – weiter stark verbesserungsfähig.

Das immer mehr steigende Medieninteresse hat sicherlich Schattenseiten. Es soll noch nicht allzu lange her sein, daß in Kaiserslautern ein Spieler einen anderen geohrfeigt hat. Der Vorfall wurde nie publik. In Frankfurt mit seinem harten Konkurrenzkampf in allen Medienbereichen – Tageszeitungen, Zeitschriften, Hörfunk, Fernsehen – eine unvorstellbare Geschichte. Das Präsidium ist im Sommer mit der Einstellung einer Medienbeauftragten einen Schritt in die richtige Richtung gegangen. Doch ein Pressesprecher kann nur das positiv an die Öffentlichkeit bringen, was er von Vereinsführung, Trainer und Spielern erfährt. Erwartet wird eine offene Informationspolitik, obwohl Schweigen dem Verein manchmal weiter hilft als Halbwahrheiten oder gar Fehlinformationen.

Kundenservice reicht von den Erwartungen des möglichen Stehplatz-Besuchers über die Wünsche der Fan-Clubs bis hin zu den Vorstellungen des derzeitigen Hauptsponsors VIAG Interkom. Jeder muß das Gefühl haben: „Toll, die Eintracht aus der Nähe erleben zu können." Ohne kompetente und eine ausreichende Zahl von Mitarbeitern sowie Servicestationen (Vorverkaufsstellen, Fan-Shop, Kundenbetreuer) kann dieses Ziel nicht erreicht werden. Der Spruch vom Publikum als „zwölftem Mann" ist einer der wenigen, der seit Jahrzehnten gilt. Und dieser „Mann" kostet im Gegensatz zu Starspielern keine Unsummen. Im Gegenteil: Er füllt noch die Vereinskasse. Wobei es ihm egal ist, ob er wirklich die Kasse des Vereins füllt oder die einer GmbH, einer KG oder einer AG. Hauptsache, das Freizeiterlebnis stimmt. Was ohne die „richtigen" Ergebnisse auf Dauer sicherlich nicht der Fall sein wird.

**Die mittelfristigen Ziele**

Es soll sportlich weiter aufwärts gehen, Eintracht Frankfurt strebt in Richtung europäischer Wettbewerbe. Also muß die Mannschaft verstärkt werden. Sinnvoll, nicht von reinem Aktionismus angetrieben. Damit dies gelingt, ist einerseits eine Verbesserung der Finanzlage notwendig, andererseits muß das „Spähersystem" ausgebaut werden. Fachlich gut ausgebildete Spielerbeobachter müssen sowohl in unteren Spielklassen als auch im Ausland immer auf Achse sein. Denn die Kaufkraft der Frankfurter Eintracht wird auch im besten Fall noch viele Jahre im Vergleich zu Bayern München, Borussia Dortmund, Bayer Leverkusen oder anderen derzeitigen Spitzenvereinen hinterher hinken. Die berühmt-berüchtigten „Schnäppchen" müssen gefunden werden, weil das Geld für einen ausgewiesenen Star kaum ausreicht. Wobei ein Starspieler alleine nichts bringt, wenn er hauptsächlich für Futterneid sorgt. Der Weg ging in der jüngeren Vergangenheit nur deshalb nach oben, weil das Mannschaftsgefüge gestimmt hatte.

**Ein wichtiges Kapitel: systematische Talentförderung und Jugendarbeit**

Nicht nur die Finanzsituation ist am Main schlechter als bei anderen Erstligisten, auch die Rahmenbedingungen stimmen noch nicht in allen Bereichen. Grundbesitz, ein eigenes Stadion, ein modernes Trainingsgelände, Wohnungen und Betreuungsmöglichkeiten für Nachwuchsspieler, ein seit Jahren eingespieltes Marketing-Team – diese Schlagworte sollen hier ausreichen. Denn all dies ist in Frankfurt derzeit nicht oder nur in Ansätzen vorhanden.

**Die langfristigen Ziele**

Eintracht Frankfurt besitzt eine spielstarke Mannschaft, die sich für europäische Wettbewerbe qualifiziert und sich dort auch behauptet.

In einer modernen Arena fühlen sich nicht nur die reinen Fußball-Fans wohl. Die Kids werden im Kindergarten umsorgt, die Anfahrt ist völlig unproblematisch, der Stehplatz-Fan steht, der Geschäftsmann führt zwischen der 45. und 46. Spielminute in der gemütlichen Loge Verhandlungen mit seinen Partnern, das Angebot an Getränken und Speisen ist reichhaltig – und die Eintracht kassiert bei jedem Würstchen und jeder Auster mit. Die Vereinszeitung enthält viele bezahlte Anzeigen, die Werbebanden rund um das Spielfeld wechseln nach 30 Sekunden ihr Outfit, damit alle Wünsche erfüllt werden können. Und selbst die Karte für den letzten Platz wurde trotz Live-übertragung im Pay-TV verkauft. Die Finanzsituation ist so stabil, daß auch einmal zwei sportlich magere Jahre ohne Notverkäufe überstanden werden können. Dafür sorgt eine Führungscrew, die einerseits über Fußballverstand verfügt, andererseits aus Wirtschaftsexperten und Werbefachleuten besteht.

In Zusammenarbeit mit DFB, UEFA und FIFA wurden Vertragsformen erarbeitet, die eine optimale Jugendarbeit mit eigenem Internat ermöglicht. Die Trainer im Nachwuchsbereich besitzen die gleichen Qualitäten wie der Chefcoach.

## Die Prognose

Alles ist möglich. Frankfurt hat eine hervorragende Lage. Verkehrsgünstig gelegen, derzeit ohne direkte Konkurrenz. Nach dem Abstieg des Karlsruher SC sowie des 1. FC Köln sind die nächsten Erstligisten in Kaiserslautern und Leverkusen beheimatet – bei den üblichen Verkehrsproblemen vor und nach Bundesligaspielen also rund zwei Stunden von der Mainmetropole entfernt. Durch die Vermeidung eines Konkurses oder des Abrutschens in die Regionalliga durch „ehrlichen Fußball" wurde ein besseres Image erreicht, das sich sowohl bei den Zuschauerzahlen als auch beim Interesse möglicher Sponsoren positiv auswirkt.

Doch der Verein ist noch längst nicht über dem Berg. Im Falle des erneuten Abstiegs ist es fraglich, ob die derzeitige Sympathie nicht in Antipathie umschlägt. Wo wir wieder bei dem kurzfristigen Ziel wären, das heißt: Alles ist dem Klassenerhalt unterzuordnen.

*Klaus Veit*

# Die Aufsteiger

# Die besten

Von Achterbahnfahrten der Gefühle
un

# -ans der Liga

em Ausbildungsplatz G-Block
inem Trauma, das nie vergeht

Die Fans der Frankfurter Eintracht haben es schwerer gehabt in den vergangenen Jahren als der Großteil der Anhänger anderer Clubs. Zum Beispiel Stefan Schell. 32 ist er mittlerweile, seit seinem zehnten Lebensjahr im Waldstadion und oft auch auswärts dabei, wenn es um Punkte für die Eintracht geht, meist zusammen mit 14 anderen Mitgliedern des Rödelheimer Eintracht-Fanclubs „Schwarze Geier". Stefan haßt Achterbahnen, vor allem die mit Loopings, sagt er, und deshalb hätte er längst schon kein Fan der Eintracht mehr sein dürfen, „denn es sind zuletzt immer mehr Achterbahnfahrten geworden." „Am schlimmsten", erinnert sich Stefan, „am schlimmsten war die Zeit, als Jupp Heynckes das Sagen hatte. Da haben wir Fans im Looping gekotzt."

Es war die Zeit Mitte der 90er Jahre, bestätigt Andreas „das Pferd" Hornung, „die wir nie wieder haben wollen." Hornung ist seit

**War bei den Fans nicht beliebt: Jupp Heynckes bei der Arbeit**

sechs Jahren Fansprecher der Eintracht-Fanclubs. Warum sie ihn „Pferd" nennen, weiß er auch nicht mehr so ganz genau, aber er hat 's akzeptiert, schließlich haben sie alle in der Szene irgendeinen Spitznamen, die meisten jedenfalls. Das 35jährige „Pferd", eine Institution in schwarz und rot, kann für sich reklamieren, seit dem April 1981 kein einziges Pflichtspiel der Eintracht verpaßt zu haben. Selbst mit gebrochenem Bein und Liegegips hat er sich irgendwie den Betzenberg heraufgeschleppt, um seine Eintracht anzufeuern.

Es ist wichtig, an diese schwere Phase, als wahre Eintracht-Fans mit ihren Gefühlen Amok liefen, zu erinnern, denn es war eine Zeit, da viele der Unentwegten sich ernsthaft mit dem Gedanken trugen, mit der Freundin Eintracht Schluß zu machen. Zu weit hatte sich die Diva von den Fahnenschwenkern entfernt, zu arrogant agierte die Führungsriege, zu pomadig die Spieler, kurz: die Identifikation mit Verein und Mannschaft war gefährdet. „Ich war wie viele andere kurz davor aufzuhören, Eintracht-Fan zu sein", erinnert sich Stefan Schell.

Mittlerweile ist alles anders. Mittlerweile hat es einen Abstieg gegeben, und Heynckes ist längst über alle Berge. Ein Verein, der seit 1963 ununterbrochen zur Eliteklasse gehörte, ehe er 1996 ausgerechnet unter der sportlichen Führung der Kultfigur Charly Körbel und des Serbo-Hessen Dragoslav Stepanovic in die Zweite Liga gehen mußte – man hätte denken können, dies wäre der Zeitpunkt gewesen für viele Fans, sich abzuwenden. Doch es kam anders als selbst kühnste Optimisten es erwartet hätten. „Der Abstieg", sagt „Pferd" Hornung, „der war gar nicht so schlimm, denn wir haben ihn sehenden Auges erlebt und erwartet". Und sie haben Kraft daraus gesogen, Kraft, die man den bundesweit jahrzehntelang eher als unterkühlt geltenden Eintracht-Anhängern gar nicht zugetraut hätte.

Die größte Enttäuschung ihrer Fan-Laufbahn hatten sie ohnehin schon allesamt hinter sich, wenn auch bis zum heutigen Tag und wohl noch weit ins nächste Jahrtausend hinein nicht gänzlich verarbeitet. Es war ein schöner Tag im Mai 1992, als die Eintracht zum letzten Auswärtsspiel der Saison in Rostock anzutreten hatte. 15 000 aus Frankfurt und Hessen waren im Ostseestadion dabei, und für die meisten war klar: „Wir gewinnen das Ding und werden Meister." Als das „Ding" dann verloren wurde und die Meisterschaft futsch war, da hat man Tausende weinen sehen, Abertausende. Apathisch ließen Leute ihre Sechs-Meter-Fahnen am Zaun des Ostseestadions hängen, wo sie noch heute baumeln würden, hätte nicht irgendwann in dieser endlos langen Sommerpause 1992 der Rostocker Platzwart sie entfernt und eingemottet.

**Haben den Abstieg sehenden Auges erlebt: die Fans**

**Yeboah im Schicksalsspiel gegen Hansa Rostock**

**Das Trauma von Rostock wirkt bei den Fans fort**

Wenn zwei Eintracht-Fans dieser Tage beim Bier am Tisch sitzen, dann vergeht meist keine halbe Stunde, ehe Rostock schon wieder ein Thema ist.

Das „Rostock-Trauma" wird in der verletzten Seele eines jeden wirklichen Eintracht-Fans bis an sein Lebensende tief drin stecken, auch wenn der Wiederaufstieg in die Bundesliga dem Selbstwertgefühl spürbar gut getan hat – so gut, daß am Abend, als der Aufstieg feststand, Zehntausende das Spielfeld fluteten und den Aufsteigern in einer Art und Weise zujubelten, wie sie es selbst nach dem Pokalsieg Ende der 80er gegen den VfL Bochum in Berlin nicht getan hatten.

„Es mag arrogant klingen, aber es ist auch das Gefühl gewesen, jawohl, jetzt sind wir wieder da, wo wir Eintracht-Fans hingehören, in der Bundesliga nämlich", erläutert Andreas Hornung, der zu Zweitligazeiten einen „Boom" ausgemacht hat, den er nie für möglich gehalten hätte. Natürlich, erinnert er sich, hätten auch beim Abstieg aus der Bundesliga eine ganze Menge Leute geflennt, „aber es war nicht annähernd so schlimm wie in Rostock. Und außerdem war es das beste, was passieren konnte." Eine ganze Menge „Schön-Wetter-Fans" hätten das Weite gesucht,

**Nie mehr Zweite Liga! Nach dem Spiel gegen Mainz gibt es kein Halten**

stattdessen sind viele, viele Neue hinzugekommen, von rund 200 existierenden Eintracht-Fanclubs mit insgesamt etwa 7000 Mitgliedern besteht immerhin ein Drittel erst seit zwei Jahren oder weniger. Auch der Fußball Marke Eintracht hat sich in dieser Zeit geändert. Die Fans haben es ohne Murren akzeptiert, daß vom technisch blitzsauberen Fußball der großen Jahre kaum noch etwas übrig geblieben ist. Die ehrliche Arbeit, der bedingungslose Einsatzwille, das ist es, was sie erst einmal befriedigt.

Auch an der Atmosphäre im Stadion hat sich Grundlegendes geändert. Der berühmt-berüchtigte G-Block, Ursprungsort des Fanseins in Frankfurt, ist nicht mehr Ausgangspunkt der Gesänge und Anfeuererungsrufe, dort befindet sich jetzt der hoffungsvolle Nachwuchs, eine Schule, durch die jeder echte Eintracht-Fan gehen muß. Die Alteingesessenen sind inzwischen auf die Gegentribüne gewandert, in die Blöcke 30 bis 32. „Die Fans sind jetzt akustisch dort, wo sie hingehören", spricht Hornung einen Dank auch an das Präsidium um Rolf Heller aus, das mit seiner Preispolitik erst möglich machte, daß aus kaum 200 Tribünen-Fans von vor fünf Jahren inzwischen gut und gerne 5000 geworden sind, deren Schlachtrufe nun

nicht mehr vom Wind in den Stadtwald getrieben werden, sondern dorthin, wo die Adressaten herumlaufen: auf das Spielfeld nämlich. Den Ton geben die Fans der Fanclubs Rhönadler, Sossenheim, Griesheim, Binding-Szene und Wiesbaden an; der größte Fanclub kommt mit über 300 Mitgliedern (die Mindestzahl beträgt sieben) übrigens typischerweise nicht aus dem Stadtgebiet selbst, sondern aus Langenselbold.
Die beiden Jahre in der Zweiten Liga haben die Szene enger zusammengeschweißt. Schon beim ersten Auswärtsspiel im fast 700 Kilometer entfernten Lübeck waren 1500 Eintracht-Fans mit von der Partie. „Ich dachte damals, ich spinne, so viele waren gekommen“, berichtet Hornung. Michael Gabriel, selbst früher jahrelang im Trikot der Eintracht-Jugend und Amateure aktiv und mittlerweile Mitarbeiter der republikübergreifenden Koordinationsstelle der Fanprojekte, bestätigt den Eindruck: „Jeder hat doch gedacht, nach dem Abstieg ist Frankfurt tot. Und dann haben die Fans das Image, im Waldstadion herrsche keine sonderlich gute Stimmung, völlig umgedreht.“ Von wegen Grabesstimmung im Frankfurter Stadtwald – viele Fans, die Heimspiele jahrelang als Pflichterfüllung und Auswärtsfahrten als die wahren Stimmungsbringer empfunden hatten, spürten plötzlich, daß gemeinsam etwas möglich war, was sie sich selbst so recht gar nicht zugetraut hätten. Und plötzlich galt das Waldstadion als Ort, wo der Ton angegeben wurde.
Der Reiselust tat dies keinen Abbruch. Die Schar wurde im Verlauf der beiden schweren Jahre im Unterhaus immer größer. „Ohne die Fans“, hat Präsident Heller nicht nur einmal gesagt, „gäbe es die Eintracht nicht mehr“. Einem wie Heller, der in den Niederungen hinterm Trainingsgelände am Riederwald schon Frösche gefangen und sich lange Zeit um die Jugendarbeit im Club verdient gemacht hat, nehmen die Fans es ab, wenn er sagt, er sei ein „Präsident der Fans“. Damals, als der Verein im Dezember 1996 vor dem Konkurs stand, hat Heller auch deshalb nicht hingeschmis-

Ein Andenken vom Aufstiegsspiel gegen Mainz

sen, weil er spürte, daß den Fans damit die Herzen gebrochen worden wären. „Die Fans sind doch eigentlich der Verein“, sagt Sprecher Hornung, „nicht irgendwelche Spieler, Manager, Trainer oder Präsidenten. Die kommen und gehen. Die Fans aber bleiben treu.“ Rolf Heller hat das verstanden, als er so ziemlich allein stand.
„Die vielen, vielen, die angerufen und geschrieben haben, waren es, die mir die Kraft gegeben haben weiterzumachen“, ist Heller dankbar, genauso, wie er dankbar war, als eine der Kultfiguren unter den Fans, Manfred „Addi“ Adelmann, im Abstiegsjahr das Projekt „Eine Mark für die Eintracht“ ins Leben rief, eine Aktion, die später dank ihrer Medienbegleitung rund 200 000 Mark in die zu jener Zeit leere Kasse spülte. „Dabei kam es weniger auf den Betrag an“, verteidigt Schatzmeister Gaetano Patella die nicht unumstrittene Aktion, bei der Jugendliche ihre Sparschweine auf der Geschäftsstelle vorbeibrachten, „es ging um das Zeichen, das

Die Fans hielten auch in Zweitliga-Zeiten zur Eintracht

die Fans gesetzt haben." Später wurden Unternehmen gar via Internet von Faninitativen aufgefordert, die Eintracht zu unterstützen.
Mehrfach schon haben Heller und Patella sich bei Auswärtsspielen zu den Fans gesellt, „wunderbare Erfahrungen", nennt Patella diese Erlebnisse, „wir waren jedes Mal begeistert." Wobei nicht verheimlicht werden darf, wie Michael Gabriel von der Koordinationsstelle der Fanprojekte festgestellt hat und auch Fansprecher Andreas Hornung nicht verhehlt, daß auch die Eintracht-Fans Gefahr laufen, von rechtsextremistischen Tendenzen unterlaufen zu werden. „Ein Rechtsruck ist in der Fanszene in Deutschland allenthalben spürbar", sagt Gabriel, „Frankfurt macht da keine Ausnahme."
Auf der anderen Seite ist die Frankfurter Fanszene auch dadurch geprägt, vielen positiven Entwicklungen Vorschub geleistet zu haben. „Die Liga beneidet die Eintracht nach wie vor wegen ihrer vielen großen Schwenkfahnen", weiß Michael Gabriel. Diese großen Fahnen dürfen übrigens nur Besitzer eines „Fahnenpasses" mit ins Stadion bringen, so will es die Sicherheitsverordnung des Deutschen Fußball-Bundes. Der einstige Fansprecher Anjo Scheel war es, der die Idee des „Fahnenmeers" verwirklichte. Frankfurter Fans gelten auch als führend im Kampf gegen Zäune in den Stadien, gegen das Unwesen, das Hooligans in und um die Spielstätten treiben und gegen die Tendenz, reine Sitzplatzstadien zu bauen. Das Fanzine „Fan geht vor", offizielles und unabhängiges Presseorgan der Fanclubs, gehört zu den alteingesessenen seiner Art, traditionsgemäß werden in „Fan geht vor" die Leserbriefe als wichtige Mitteilungen und Meinungsäußerungen der Fans am Anfang plaziert. Für eingeschworene Eintracht-Fans ist die Lektüre von „Fan geht vor" ein Muß. Die Zeiten, da man sich mit dem Vorstand (Ohms) und vor allem mit dem Manager (Hölzenbein) manchmal recht rüde beharkte, sind allerdings vorbei.

**Präsidialer Fansprecher Rolf Heller**

Mittlerweile hat sich auch das Internet-Angebot des Vereins zu einer echten Drehscheibe von Informationen entwickelt. Unter eintracht.frankfurt-online.de können Interessenten nicht nur Infos über Spieler und Spiele herausholen, sondern auch Dateien zur Fanszene aufrufen. Der Internet-Auftritt wurde gemeinsam mit den Fans konzipiert, besonderer Beliebtheit erfreut sich die Rubrik „Chat", in der die Fans interaktiv ihrem Ärger Luft machen oder ihrer Freude Ausdruck verleihen können.
Lohnend dürfte es auch sein, jeden Dienstag zwischen 19 und 20 Uhr einmal bei Radio Fanomania hineinzuhören. Auf 97,1 MHz haben ein halbes Dutzend Eintracht-Fans mittlerweile schon über 50 Sendungen ausgestrahlt, Sendungen, in denen Fans zu Wort kommen (via Telefon), aber auch Spieler und Funktionäre oder auch Größen von einst, wie Jürgen Grabowski. Selbst Fans der Offenbacher Kickers waren schon zu Gast im Studio – eine Tatsache, die den Machern der Sendung eine ganze Menge Kritik eingebracht hat. „Bei uns im Shop kann man alles bekommen, aus jeder Liga dieser Welt, aber bestimmt kein Trikot der Kickers", stellt Fansprecher Hornung, gleichzeitig Leiter des Eintracht-Shops in der Bethmannstraße, unmißverständlich klar. Auch dieser, von Generation zu Generation „vererbte" Dünkel gehört zur Treuesymbolik der überwiegenden Mehrheit der Eintracht-Fans. Es wird wohl immer so bleiben, ganz egal, ob die Eintracht eines Tages wieder mit den Kickers um Punkte ringt oder irgendwann vielleicht doch das letzte Spiel gewinnt und endlich wieder Meister wird.

*Jan Christian Müller*

## Donald Agu

Optimist mit Humor

Das Lob kam schon früh und aus höchst berufenem Munde. „Der Junge ist auf dem Weg nach vorn." Horst Ehrmantraut hatte schnell erkannt, daß aus Donald Agu etwas werden kann. Deshalb schickte er auch gleich eine Abordnung von Eintracht-Führungskräften nach Augsburg, um den Nigerianer zu verpflichten. Für drei Jahre hat sich der 23 Jahre alte Agu an den Frankfurter Bundesligaverein gebunden, und er hat es nicht eine Sekunde bereut. Obwohl er ständig über den Trainer geschimpft hat. Im Spaß natürlich nur, denn wenn er gebetsmühlenartig wiederholte, daß „dieser Ehrmantraut, dieser Ehrmantraut, dieser Ehrmantraut" ihn fertig machte, waren das nur die verständlichen Reaktionen eines talentierten jungen Mannes, der den gewaltigen Sprung von der Regionalliga in die Bundesliga verkraften mußte.

Donald Agu ist ein Spaßvogel. Einer, dessen Mundwinkel stets nach oben zeigen und signalisieren: Ich habe gute Laune und bin einfach gut drauf. Der Afrikaner hat seine Lektion schnell gelernt. Als er die ersten zwei Wochen bei der Eintracht hinter sich hatte, sagte er: „Das war vom Trainingsaufwand so viel wie ein Jahr in Augsburg." Körperlich nahezu am Ende, klagte Agu nicht. Nein, er lächelte, verkündete als aufmerksamer Beobachter, „daß bei unserem Trainer immer alles in Ordnung sein muß", und hatte die Lacher auf seiner Seite, als er allen Ernstes glaubte: „Stammspieler zu werden, das ist nicht schwer." Welch ein Trugschluß. Donald Agu, kein Zweifel, muß es im Spaß gesagt haben. Die Sympathien indes hatte er im Sturm erobert.

Und vielleicht hatte sein unkomplizierter Dienstantritt in Frankfurt gleich auch den Zeugwart der Eintracht überzeugt. Für den war Agu nämlich Stammspieler. Allerdings nur auf dem Trikot, denn die Nummer 3 war weit mehr, als sich Donald Agu gewünscht hatte. Eine Stammnummer auf dem Rücken, aber ein Stammplatz auf der Bank.

Defensivspieler Donald Agu kann für sich in Anspruch nehmen, der erste Neuzugang überhaupt gewesen zu sein, den die Eintracht für ihre Bundesliga-Mission an sich gebunden hatte. Der Handlungsreisende in Sachen Fußball will in Deutschland Karriere machen. Erst Nigeria, dann Italien, dann Jugoslawien – und nun Eintracht Frankfurt. Der aufgeschlossene, unkomplizierte Nigerianer hat schnell Kontakt zu seinen Mitspielern geknüpft und auch sprachlich Barrieren wie im Flug abgebaut. Durch das mittägliche Studium von Fernseh-Talkshows war das polyglotte Talent im Nu der deutschen Sprache mächtig. Nur so ist es auch zu erklären, daß er beim Ausfüllen des Eintracht-Fragebogens keinerlei Hilfe benötigte. Auf die Frage nach seinen Schwächen antwortete er mit nur einem Wort: „Keine“.

**Immer ein Lächeln auf den Lippen: Donald Agu paukt nicht nur Vokabeln. Er feilt auch ständig an seiner Technik und am Umgang mit dem Ball**

Donald Agu, keine Frage, hat natürlich Schwächen. Sonst wäre er ja schon längst auf seiner Traumstelle, der linken Manndeckerposition, angekommen.

Doch der Nigerianer ist entwicklungsfähig. Wer erst 23 Jahre alt ist und zu seinen Stärken einen „starken Charakter“ zählt, hat alle Möglichkeiten, eines Tages Fuß zu fassen. „Eintracht Frankfurt“, das steht für ihn fest, „ist mein Traumverein“. Und weil es so schön ist, beim Traumverein ins Träumen zu kommen, ist der sportliche Wunsch des Donald Agu für das Ziel dieser Saison auch fest umrissen. „Wir kommen mindestens in den UEFA-Pokal.“ Wenn sich der Spaßvogel da mal nicht irrt.

*Ralf Weitbrecht*

# Uwe Bindewald

## Eintrachts Feuerwehr

Wenn es brennt in der Abwehr, ist Uwe Bindewald ganz fix zur Stelle. Der gelernte Gas- und Wasserinstallateur besticht durch seine Schnelligkeit und seine erstaunliche Körperbeherrschung, dank der er fast alle Stürmer, ohne sie unfair attackieren zu müssen, stoppen kann. Der am 13. August 1968 in Friedberg-Dohrheim geborene Abwehrspezialist war im Sommer 1998 wieder in die Bundesliga zurückgekehrt, er war der einzig verbliebene Profi aus jener Mannschaft, die im Sommer 1996 die Bundesliga hatte verlassen müssen. Außer Ralf Weber, doch der war damals verletzt. Mit 18 Jahren war Uwe Bindewald von den Offenbacher Kickers an den Riederwald gewechselt, als Jugendlicher hatte er zuvor für den FSV Dohrheim und die SG Helbach-Södel gekickt. Uwe Bindewald zählt zu den Redlichen im Lande. Nach Möglichkeit sollte jeder Schritt geplant, vorgedacht sein. Solidität ist ihm Programm. Deswegen wollte er auch seinen Namenszug nicht vor der Zeit auf ein Aufstiegsposter setzen. Zu tief saß der Schock über die verdorbene Meisterfeier 1992 in Rostock. Dieser Tag im Mai des Jahres 1992 zählt, neben dem Bundesliga-Abstieg, zu den schwärzesten Stunden in der Karriere des Uwe Bindewald. Den Abstieg verkraftete er mit Leistung. An seinem Stammplatz als Manndecker ließ Trainer Horst Ehrmantraut nie Zweifel aufkommen. Bindewald war für Ehrmantraut wie für viele seiner Vorgänger im Traineramt „gesetzt", was der mit Fleiß und Schaffenskraft zurückgab. Seine Lieblingsbeschäftigung ist zwar „Rasen mähen", aber auf dem Rasen, wenn es um Punkte geht, mäht der Abwehrstratege keinen Gegenspieler um. Zwar wurde oft über seine Behandlung des Balles gelächelt, aber dann verblüffte Uwe Bindewald all seine Kritiker mit nahezu filigranen Finessen. Große Worte sind dem Grundsoliden ein Greuel. Am liebsten hat er es, wenn man ihn in Ruhe arbeiten läßt, um diese Arbeit nicht viel Aufhebens macht, weil sie für ihn eine Selbstverständlichkeit ist. Als geborener Mannschaftsspieler war er deswegen entsetzt, als sich nach dem Abstieg all jene „Kollegen" über die Eintracht das Maul zerrissen, die in hohem Maße für dieses Unglück zuständig und verantwortlich gewesen waren. „Es waren zu viele Selbstdarsteller in der Mannschaft. Wir waren damals kein Team", sagte Bindewald zur Interessengemeinschaft, die ihr Hauptinteresse, die Eintracht vor dem Abstieg zu bewahren, aus Eitelkeit und Eifersüchteleien völlig aus den Augen verlor. Als gradliniger Bursche lernte Bindewald auch die Fähigkeiten seines Trainers zu schätzen, zu denen der Abwehrspieler in erster Linie Fairneß im Umgang miteinander zählt. Deswegen machte gerade einem wie ihm die Aufstiegssaison solch eine Freude. Da sah er nämlich alle Tugenden beisammen und belohnt, die eine Mannschaft ausmachen und die ein solch harmoniebedürftiger Spieler wie Uwe Bindewald zur eigenen Top-Leistung braucht: Zusammenhalt, Kameradschaft und ein gemeinsamer verbissener Kampf für das große Ziel. Das Unternehmen Aufstieg unter der Führung Ehrmantraut sei nur deswegen vom Erfolg gekrönt gewesen, weil sich eine verschworene Gemeinschaft gebildet habe, wie „ich das noch nicht erlebt habe". Vor allem deswegen verlängerte Uwe Bindewald im April 1998 seinen Arbeitskontrakt am Riederwald um ganze vier Jahre, was der auch „Zico" Genannte nicht als Rentenvertrag verstanden wissen will, sondern als Honorierung seiner Arbeitgeber gegenüber jederzeit geübten Loyalitäten. „Ich bin nicht der begnadetste Spieler, aber bestimmt auch kein Anti-Kicker. Ohne eine gewisse Leistung spielt schließlich keiner in einer Bundesligamannschaft." Wohl wahr.

*Richard Becker*

**Kämpfer mit Charakter: Uwe Bindewald redet nicht viel, sondern läßt lieber Taten sprechen**

# Thorsten Flick

## Konstanz ist seine Sache nicht

Er ist das, was man gemeinhin unter einem „Laumann" versteht. Einer, der durch laxe Arbeitsmoral auffällt und mit einer Mischung aus Arroganz und Eleganz seiner Arbeit nachgeht. Thorsten Flick ist schon ein komischer Kauz. Und damit einer der interessantesten Fußballspieler, die im Kader der Frankfurter Eintracht stehen. Was hatte dieser Mann nicht für Möglichkeiten? Selbst ein Wechsel zum FC Bayern München stand einmal für kurze Zeit im Raum. Doch Thorsten Flick stand sich – wie so oft – selbst im Weg. Und dabei ist die Sache doch eigentlich so einfach. Der 22 Jahre alte Darmstädter müßte einfach nur konstant gute Leistungen bringen. Daß er dazu fähig ist, ist unbestritten. Flick ist technisch annähernd perfekt, verfügt über einen harten, plazierten Schuß und scheut sich auch nicht, kämpferische Qualitäten zu offenbaren. Aber alles zu seiner Zeit.

Thorsten Flick hat scheinbar keine Lust, sich zu quälen. Einmal nur neunzig Minuten am Stück. Einmal nur bis an Schmerzgrenzen gehen. Das scheint dem Mann, der schon seit 1993 bei der Eintracht spielt, irgendwie zu viel zu sein. Mal Weltklasse, mal Kreisklasse. Kein Profi aus dem aktuellen Eintracht-Kader kann von sich behaupten, derart großen Schwankungen zu unterliegen. Dabei muß man Thorsten Flick eigentlich nur alles erdenklich Gute wünschen. Sein Trainer wollte nicht mehr mit ihm zusammenarbeiten und ihn nach England transferieren lassen. Doch welche Wendung. Der geplante Wechsel kam nicht zustande, Flick blieb dort, wo er eigentlich schon immer war – und bekam sogar die Kapitänsbinde umgebunden. Immer dann nämlich, wenn die zweite Garnitur der Eintracht über die Dörfer tingelte, um eine Privatbegegnung zu absolvieren, spielte Thorsten Flick nicht nur Libero, sondern auch den Mannschaftskapitän. Letzter Mann. Der mit Übersicht, Auge und Weitsicht. Das würde Thorsten Flick gefallen. Mit seiner Rückennummer 4 hat er sich ja langsam an diese Position herangetastet, doch seine Wankelmütigkeit hat ihm immer wieder Steine in den Weg gelegt. Wenn Flick doch einfach nur auf die Zähne beißen würde. Was also kann aus einem noch werden, der über perspektivische Anlagen verfügt, diese aber nur viel zu selten ausschöpft? Für Thorsten Flick spricht sein Alter. Wer 22 ist, hat noch fast eine ganze Karriere als Fußballprofi vor sich. Flick, für immer mit der Eintracht verbandelt? „Die Eintracht ist mein Arbeitgeber", sagt „Flicki" und macht mit diesem einen Satz schon wieder deutlich, daß er mit dem Herzen nicht voll dabei ist. „Eintracht ist meine Bestimmung." Oder: „Eintracht ist für mich ein Sprungbrett." Das wäre etwas gewesen, auf das sich aufbauen ließe.

Ist technisch nahezu perfekt. Thorsten Flick bei der Arbeit im Spiel gegen Gütersloh (rechts: Ellguth)

Der großgewachsene Thorsten Flick hat es selbst in der Hand, mit Kopf und Fuß an seiner weiteren Karriere zu basteln. Die Eintracht hat sich ihm gegenüber stets loyal verhalten. Wenn Flick einmal nur das zurückgeben würde, was er zu leisten imstande ist: Der Trainer müßte ihn glatt zum Stammspieler machen. Weil das aber vermutlich nicht passieren wird, kann er nur darauf fixiert sein, annähernd seine Statistik des meisterlichen Zweitligajahres zu erreichen. Da brachte er es auf acht Einsätze und erzielte ein Tor. Fast so, wie es sein Lieblingsreporter Werner Hansch immer wieder fordert: „Junge, mach doch das Ding rein." Auf Flick übertragen heißt das: „Thorsten, bring' mal endlich eine klasse Leistung."

*Ralf Weitbrecht*

# Marco Gebhardt

## Der bewegte Mann der linken Seite

Den ersten richtigen Glücksmoment hatte Marco Gebhardt schon in seinem ersten Zweitligaspiel für die Frankfurter Eintracht. Gegen Fortuna Düsseldorf wurde er am 27. Juli 1997 in der 78. Minute eingewechselt und erzielte bei der Saisonpremiere – gleichzeitig die Premiere für die Eintracht in einer für sie immer noch ungewohnten, weil zweitklassigen Umgebung – prompt den Siegtreffer zum 3:2, zu einem Erfolg, der – im Rückblick betrachtet – den Aufstieg und die Rückkehr in die Bundesliga einleitete. Der am 7. Oktober 1972 in Quedlinburg geborene Gebhardt, zu dessen herausragenden Qualitäten seine Laufbereitschaft, sein Fleiß und seine gescheite und technisch geschickte Ballbehandlung zählen, war ein ausdrücklicher Wunschspieler von Trainer Horst Ehrmantraut. Der hatte ihn in der Regionalliga beim SC Verl entdeckt und alle Hebel in Bewegung gesetzt, daß der ehemalige Skispringer zur Eintracht kam. Denn die linke Seite, eine Seite für ausgemachte Spezialisten, galt es stark zu machen. „Früher", sagt Gebhardt, „hat es geheißen, als Außenspieler mußt du nach neunzig Minuten weiße Schuhe haben vom Linienkratzen." Bei ihm genügte eine saubere (Überzeugungs-) Arbeit, daß er für diesen Posten auf der Außenbahn gerade der Richtige war. Denn Spezialisten, zumal jene mit dem starken linken Fuß, sind rar in der Fußballgesellschaft. Und folglich gesuchte Leute. Ihm kam bei seinem Debüt in Frankfurt entgegen, daß sich Ralf Weber, der auf der linken Position bis in die Nationalmannschaft gestürmt war, seine Zukunft eher im zentralen Mittelfeld als am Rande des Platzes sah. Und: Horst Ehrmantraut gewöhnt dem Computerfreak und gelernten Kfz-Mechaniker den Eigensinn ab. Weil am Ball ungewöhnlich gewandt, versuchte er bisweilen über Gebühr, die Gegenspieler zu düpieren – was der Trainer gar nicht gerne sah. „Beinschüsse" sind zwar gut und schön und lassen die Fans juchzen, „aber den Ball halten, das ist manchmal wichtiger". So viel zum von Ehrmantraut eingeleiteten Lernprozeß, nicht der Galerie, sondern dem mannschaftlichen Ganzen gefallen zu müssen. Auf der linken Seite kam Marco Gebhardt also auf den rechten Pfad und rechtzeitig in Schwung, um das große Ziel, den Bundesliga-Aufstieg, mit verwirklichen zu helfen. Marco Gebhardt, der vor der Station Verl für den FSV Ballenstedt, den Quedlinburger SV, SV Thale 04, Hallescher FC, FC Anhalt Dessau und Lok Stendal aktiv gewesen war, schaffte den Qualitätssprung von der Dritten in die Zweite und dann in die Erste Liga fast nahtlos. Wobei sein Trainer vor der Verteilung der Stammplätze ihm von Beginn an eingeimpft hatte: „Man muß jeden Tag etwas dafür tun. Zweifel hat man als Spieler immer." Weil allzuviel Sicherheit lässig macht. „Ich brauche die Faust im Nacken. So etwas spornt mich an." Nur beim Skispringen, da spornten schmerzliche Erfahrungen eher ab. Weil er nämlich im Harz, beim Satz von der Pionier-Sprungschanze allzuoft hart gelandet war, zog es ihn dann eher auf den Bolzplatz. Denn in der Schule standen im schneereichen Harz sowohl Skispringen als auch Fußball auf dem Schulsportprogramm. Die Wahl fiel dann nicht von ungefähr auf Fußball. Der Lieblingsfilm von Marco Gebhardt, der die großen Töne scheut und sich lieber bescheiden im Hintergrund hält, ist „Der bewegte Mann". Ein Film als Programm: Denn Marco Gebhardt, 1,70 Meter groß und 74 kg schwer, bewegt sich mit größter Fixigkeit auf dem Platz, ist in seinen Soli unberechenbar – bisweilen sogar für die eigenen Mitspieler. Seine Vertragsverlängerung bis ins Jahr 2001 war nur logische Folge seiner anerkannt guten Arbeitsproben.

*Richard Becker*

**Von der Skisprungschanze auf die linke Außenbahn: Der Ostharzer Marco Gebhardt immer fleißig, immer am Ball**

# Frank Gerster

## Ehrlich und zielstrebig

Sein Markenzeichen ist ein kleiner, unscheinbarer Ziegenbart. Frank Gerster hegt und pflegt die Pracht zwischen seinen beiden Kinnhälften. Bärte dieser Couleur haben Konjunktur. Jens Jeremies, jetzt für Gersters ehemaligen Club FC Bayern am Ball, hat es in München zum Nationalspieler gebracht. Ein Ziel, das sich der 22 Jahre alte Allgäuer auch gesteckt hat. Doch weil es ihm in seiner Münchner Zeit mehr schlecht als recht ergangen ist, hat er dem Star-Ensemble den Rücken gekehrt, um sein Glück bei der Eintracht zu machen. In München durfte Gerster, einer der vielen Bankdrücker, lediglich achtmal Bundesligaluft schnuppern. Zusammengerechnet waren das läppische neunzig Minuten. Zwar gehörte er zum Kader, der 1997 deutscher Meister und 1998 Pokalsieger geworden ist, doch richtiges Mitglied – nein, das war Gerster eigentlich nicht. Er war Mitläufer. In Frankfurt will er Gestalter sein. Einer, der seinen Stammplatz nicht auf der Bank, sondern auf dem Fußballfeld hat.

Der gebürtige Kemptener hatte sich alles so schön ausgerechnet. Geh' mal zum Aufsteiger nach Frankfurt, die brauchen junge, frische Kräfte. Schnell wurden sich beide Seiten einig. Gerster hat sich verpflichtet, bis zum Jahr 2001 für die Eintracht das Trikot mit dem Adler überzustreifen. Frank Gerster, kein Zweifel, ist ein talentierter Fußballspieler. Doch er hat ein Problem. Seine Blütezeit bei der Eintracht scheint noch nicht gekommen. Als die Bundesligasaison Mitte August begann, mußte Gerster zuschauen. Das hohe Ziel, ein Stammplatz, blieb ein Wunschtraum. Trainer Horst Ehrmantraut vertraute anderen, zumeist altbekannten Spielern. Einzig der Chinese Chen Yang sowie der Thüringer Bernd Schneider gehörten aus dem Kreis der Neuzugänge zur ersten Elf.

Das hat Frank Gerster natürlich gewurmt. Doch weil Klagen keine ihn ansprechende Tugend ist, hat er sich weiterhin in die Tagesarbeit gekniet. Hat eifrig um die Gunst seines Trainers gekämpft und durch nimmermüden Einsatz versucht, sich in den Blickpunkt zu spielen. Doch stets sahen die Mühen so aus: Der Trainer verteilte zum Abschluß der Übungseinheiten die begehrten blauen Leibchen an das Stammpersonal. Gerster träumte von diesem Blau, erhielt es aber nicht.

Selbst wenn der Spieler mit der Rückennummer 29 noch nicht zu den herausragenden Kräften der Eintracht gehört: Frank Gerster ist aufgrund seines Alters und seines unbestrittenen Potentials ein höchst interessanter Mann für die große alte Dame Eintracht Frankfurt. Sein großes Plus: Er ist Linksfüßler, also ein Kandidat für die schwierige linke Außenbahn. Dort hat der Trainer schon immer Schwierigkeiten gehabt, den richtigen Mann zur richtigen Zeit zu finden und einzusetzen. Marco Gebhardt durfte sich zu zweitklassigen Zeiten dieses Stammplatzes sicher sein. In der Bundesliga indes bestimmen andere Gradmesser die taktische Besetzung dieses Postens.

**Vom großen FC Bayern zur Eintracht: Frank Gerster (rechts) muß genauso wie Uwe Schneider um einen Stammplatz bei der Eintracht kämpfen**

Frank Gerster hat schon bei seinem Amtsantritt betont, daß ihn die linke Außenposition ebenso interessieren würde wie ein Part im offensiven Mittelfeld. Der ruhige Allgäuer als Kreativspieler der Eintracht: Das wäre ganz nach dem Geschmack des Junggesellen, der seine eigenen Stärken schnell umrissen hat: „Ehrlich und zielstrebig." Zwei Tugenden, mit denen man es im harten Profigeschäft zu etwas bringen kann. Ein Ziegenbart allein hilft da nicht weiter.

*Ralf Weitbrecht*

# Urs Güntensperger

## Wieselflinker Eidgenosse

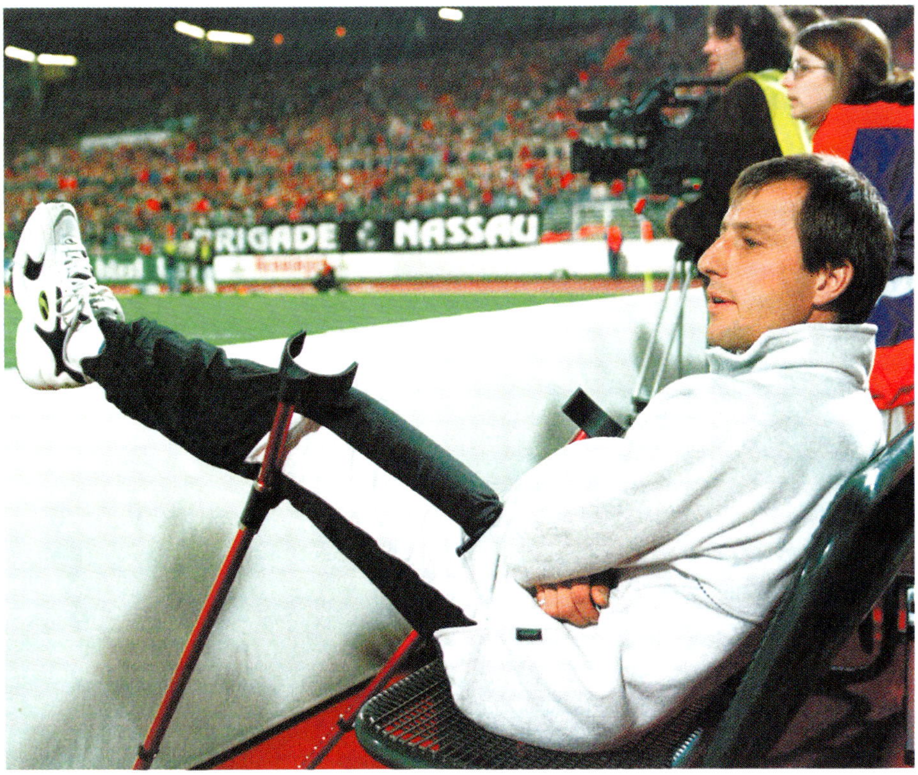


Als die Eintracht im Sommer 1996 die Fußball-Bundesliga verlassen mußte, zählte ein Schweizer zu den ersten Aufbauhelfern. Der damalige Vizepräsident Bernd Hölzenbein lieh vom FC Zürich den stürmisch veranlagten Urs Güntensperger aus. Schließlich fehlte es nach dem Verlust mancher Stammkraft im Sturm an Personal. Den Kontakt zu dem kleinen, wieselflinken Schweizer hatte der damalige Torschützenkönig der Eintracht, Jörn Andersen, hergestellt, der mit ihm in Zürich zusammengespielt hatte. Bis der am 24. November 1967 in Zürich geborene Güntensperger wieder für seinen Stammverein hatte spielen dürfen, durchlief er etliche Stationen. Ursprünglich war der Stürmer aus der A-Jugend

des FC Zürich weggeschickt worden mit der merkwürdigen Begründung, er sei zu klein. Über die Stationen Winterthur, Lugano und Luzern kam er wieder zum FC Zürich. Von der Eintracht war er zunächst auf ein Jahr ausgeliehen worden, Kaufoption inklusive. Doch schon damals drohte das Unheil, das sich erst zwei Jahre später einstellen sollte. Wegen eines Alkoholdelikts mit Fahrerflucht war Güntensperger in der Schweiz zu einer Haftstrafe von drei Monaten verurteilt worden. Zum Ende der Aufstiegssaison, im Sommer 1998, mußte Güntensperger dann einrücken, kam erst nach Saisonbeginn Mitte August wieder zur Mannschaft, was einen erheblichen Trainings- und Spielrückstand mit sich brachte. Doch der Eishockey- und Skifan machte seinem Lebensmotto alle Ehre: „Man muß hart arbeiten und darf die Hoffnung nie aufgeben." Gerade Leute mit einer solchen Einstellung brauchte die Eintracht in den harten Zeiten der Zweiten Liga. Anfang 1996 zählte Güntensperger gar zum Sichtungskader des Schweizer Fußball-Verbandes für die Europameisterschaft in England. Doch den Sprung in den endgültigen Kader hatte er dann nicht geschafft, was er auch darin begründet sah, daß im Ausland spielende Schweizer es weitaus leichter hätten, in der Nationalmannschaft eingesetzt zu werden, weil die Anforderungen außerhalb der Schweiz an einen Profi weitaus größer seien als in der heimischen Liga. Auch deshalb nahm der gelernte Lüftungsmonteur mit dem Traumberuf Fußballer das Angebot aus Frankfurt an, auch wenn es nur aus der Zweiten Liga kam. In der Bundesliga kam Güntensperger wieder voran. Anfangs litt er unter der Nichtberücksichtigung durch Trainer Dragoslav Stepanovic, bei dem er sich auch schon mal beschwerte, ohne daß dies etwas an seiner mißlichen Situation geändert hätte. Horst Ehrmantraut setzte dann umgehend auf die Schnelligkeit und Treffsicherheit des wieselflinken Schweizers, der sich sofort mit entscheidenden Toren, die die Eintracht aus dem dicksten Abstiegsschlammassel herausholten, dafür bedankte. Als Stürmer war er von Ehrmantraut „gesetzt", was naturgemäß Selbstvertrauen und zusätzliche neue Kraft verleiht. Dies steigerte sich zusätzlich, als sich die Eintracht im Frühjahr 1997 über einen endgültigen Wechsel von Güntensperger an den Riederwald einig wurde. Riesenpech hatte Urs Güntensperger gleich zu Beginn der Saison 97/98, als er sich Anfang September beim Spiel in Freiburg verletzte. Das vordere Kreuzband im linken Knie war gerissen, dazu wurde ein Knorpelschaden im Kniegelenk festgestellt. Doch mit der ihm eigenen Zähigkeit beschleunigte er den auf sechs Monate veranschlagten Heilungsprozeß, „überholte" sich selbst um über einen Monat und war vor der Zeit schon wieder fit. Was als „Wunderheilung" gepriesen wurde, war alleine die Tatsache, daß sich Güntensperger in der Rehabilitation über alle Maßen quälte. Schon im Wintertrainingslager in der Türkei stieß Güntensperger wieder zu den Kollegen – rechtzeitig, um am gemeinsamen großen Werk, dem Aufstieg, mitzuarbeiten.

*Richard Becker*

**So kennt man ihn – und wird ihn leider nicht mehr sehen. Urs Güntensperger hat im September die Eintracht Richtung Lausanne verlassen**

# Petr Houbtchev

## Abwehrchef mit Überblick

Der Mann mit der Nummer fünf ist auf seiner Position die absolute Nummer eins bei der Frankfurter Eintracht. Als Libero gibt er der Abwehr Halt, dank seiner technischen Fähigkeiten kann er sich auch in die kreative Abteilung im Mittelfeld einschalten, dank seines Überblickes eine Führungsrolle übernehmen. Erst nach der ersten Hälfte des ersten Jahres in der Zweiten Liga wechselte der am 26. Februar 1964 in Gloyene geborene Houbtchev vom Hamburger SV an den Frankfurter Riederwald, wo er auf Anhieb zur anerkannten Persönlichkeit wurde. Nicht nur als Abwehrchef, der die defensive Abteilung im Griff hat und seine Manndecker jederzeit zu dirigieren weiß. Dank seiner ruhigen und besonnenen Art verdiente er sich den Respekt nicht nur seiner Mitspieler, sondern auch den des Vereins und der Fans. Mit seiner Körpergröße von 1,85 Meter bei 79 Kilo stellt Petr Houbtchev dank seines spielerischen Potentials auf dem Feld etwas dar. Seine Karriere begann der Bulgare in der Zweiten Liga seines Heimatlandes, bei Osam Lovec, und wechselte 1989 zum Spitzenclub FK Vitoscha (ab 1990 FK Levski, früher Levski-Spartak) Sofia. Mit Levski gewann er 1991 und 1992 den bulgarischen Pokal, 1992 wurde er dazu noch Meisterschaftszweiter, 1993 holte er sich mit Levski endlich die bulgarische Meisterschaft. Er absolvierte als großes Talent zehn Spiele in der bulgarischen U 21-Auswahl und debütierte im Februar 1985 kurz vor seinem 21. Geburtstag beim 1:0-Sieg gegen die Schweiz in der bulgarischen Nationalmannschaft. Danach ver-

**Fußball mit Biß. Wenn Petr Houbtchev am Ball ist, sieht das meist unspektakulär aus. Höchst effektiv ist es aber allemal**

schwand er jedoch wieder für sechs Jahre von der internationalen Bühne. Erst nach seinem Wechsel zu Vitoscha rückte er wieder ins Blickfeld der Nationalelf, mußte aber nochmals zwei Jahre warten, bis er im September 1991 gegen Italien zu seinem zweiten Länderspiel kam. Seitdem gehörte er zum festen Stamm der Nationalmannschaft und stand auch in dem Team, das im November 1993 das entscheidende WM-Qualifikationsspiel gegen Frankreich gewann, wodurch sich die Bulgaren die Teilnahme an der WM '94 sicherten. Auf Empfehlung seines Landsmannes Yordan Letschkow absolvierte Houbtchev im Februar 1994 ein Probetraining beim Bundesligisten Hamburger SV. Zunächst lieh ihn der HSV für 150 000 Mark nur aus, zahlte aber kurz darauf gar zu gerne die Restsumme von 400 000 Mark, um ihn vertraglich fest an sich zu binden. In der Bundesliga, in der seiner Meinung nach viel athletischer und mit viel mehr Power gespielt wird als in der ersten bulgarischen Liga, holte sich Petr Houbtchev auch die Form für die Weltmeisterschaft 1994 in den USA, der absolute Höhepunkt seiner Karriere. Während die populären Offensivkräfte wie Stoitschkow, Balakow oder Letschkow im Mittelfeld und Angriff für Furore sorgten, erwies sich Petr Houbtchev wieder einmal als der ruhige, unauffällige, aber dennoch überragende Organisator der bulgarischen Abwehr. Der Einzug ins Halbfinale nach dem sensationellen 2:1-Erfolg über die deutsche Nationalmannschaft im Viertelfinale war der größte Erfolg des bulgarischen Fußballs überhaupt und Petr Houbtchev, der es auf insgesamt 40 Länderspiele brachte, einer der Garanten dafür. 1998 sollte er noch einmal bei der Weltmeisterschaft in Frankreich helfen, doch Houbtchev feierte lieber ausgiebig den Aufstieg mit der Eintracht in die Bundesliga, als sich in einer später in Frankreich versagenden bulgarischen Nationalelf einen mentalen Rückschlag zu holen. Bei der Eintracht verlängerte der diplomierte Sportlehrer seinen Vertrag bis ins Jahr 2000. Und zwar so, wie es seine Art ist: Ohne viel Aufhebens.

*Richard Becker*

# Olaf Janßen

## Der Pechvogel

Der gebürtige Krefelder gilt bei der Eintracht als der Pechvogel schlechthin. Ende November 1996, noch vor Ende der Vorrunde ihrer ersten Zweitligasaison, nahm die Eintracht den am 8. Oktober 1966 geborenen Olaf Janßen in ihren Kader auf. Doch schon der erste geplante Einsatz war von wenig Erfolg gekrönt. An dem trüben Freitag, es war der 6. Dezember, verlor die Eintracht ihre Heimpartie gegen den VfB Oldenburg 2:3. Es war der Tag, als Trainer Dragoslav Stepanovic gehen mußte und Neuzugang Olaf Janßen nicht hatte spielen, sondern sich nur warm laufen dürfen. Sogar zur Verblüffung seiner neuen Kollegen mußte der vom 1. FC Köln gekommene Mittelfeldspieler draußen bleiben. Es herrschte nämlich Verwirrung um ein Medikament, das Janßen zur Bekämpfung einer Stirnhöhlenvereiterung genommen hatte. Bei der Eintracht hatte es niemand bis zum Spielbeginn klären können, ob die Inhaltsstoffe dieses Medikaments auf der Dopingliste standen oder nicht. Um jegliches Risiko auszuschließen, wurde auf Janßen verzichtet. Es sollte der Anfang einer langen Serie von Schicksalsschlägen werden, die Janßen bei seinem neuen Arbeitgeber einstecken mußte. Während der Winterpause zwischen den Jahren 96/97 mußte er sich einer Knieoperation unterziehen und wurde jäh in seinem Bemühen gestoppt, endlich wieder Fußball zu spielen. Im Training war er mit dem Kollegen Patrick Glöckner zusammengeprallt und hatte sich eine Knorpelabsprengung im Knie zugezogen, was die Operation und eine anschließende fünfeinhalbwöchige Rehabilitation in Köln nötig machte. Fußballspielen hatte er beim 1. FC Köln unter Trainer Peter Neururer nicht mehr gedurft. Der verzichtete ganz einfach auf die Dienste von Olaf Janßen, ohne Begründung, einfach so. „Ob ich mittrainiere oder auf der Straße gefegt habe, war ganz egal." Da kam das Interesse der Eintracht gerade richtig. Immerhin hatte Janßen zu diesem Zeitpunkt elf Jahre Bundesliga hinter sich und fühlte sich immer noch imstande, eine Mannschaft zu führen und mitzureißen. Nach seinen ersten Einsätzen beim 1. FC Köln wurde der junge Mann schon als legitimer Nachfolger von Bernd Schuster oder Wolfgang Overath gefeiert. In der Jugend, bei Bayer Uerdingen, war der vom Kölner Trainer Hannes Löhr zum Mittelfeldspieler umfunktionierte ehemalige Schüler-Nationalspieler Olaf Janßen noch ein gefürchteter Stürmer und Torjäger. Mit der U 16-Nationalmannschaft wurde er gar Europameister. Sein Wechsel von Uerdingen nach Köln erregte damals keine geringe Aufmerksamkeit, mußten die Kölner doch die für einen Jugendlichen ungewöhnlich hohe Ablösesumme von 350 000 Mark anlegen. Seinen Wechsel zur Eintracht sah Janßen als letzte Möglichkeit, wieder auf sich aufmerksam zu machen. Er half dank seines Eifers und seiner Spielübersicht, die Eintracht vor dem Abstieg in die Regionalliga zu bewahren. Doch es wurde auch der Beginn einer ungewöhnlichen Leidenszeit. Eine Knieverletzung zwang ihn schon vor Beginn der Aufstiegssaison zu einer Pause, die nur von wenigen Spielen unterbrochen wurde. Für ihn nichts Fremdes. Denn schon in den Jahren 1991/92 hatte er in Köln wegen einer schweren Verletzung sage und schreibe 518 Tage zuschauen müssen statt zu spielen. Im Herbst 1997 stellten sich dann die Blessuren wieder ein. Es folgte Behandlung auf Behandlung, mit dem vorbereitenden Trainingslager in der Türkei wurde es nichts, den Aufstieg mußte die Eintracht ohne die tatkräftige Mithilfe von Janßen bewerkstelligen. Anfang August 1998, als er eigentlich das Training wieder aufnehmen wollte, wurde gar die fünfte Operation vorgenommen. Olaf Janßen und die Eintracht – eine Leidensgeschichte.

*Richard Becker*

**Pechvogel mit großer Leidensgeschichte: Fünf Operationen haben Olaf Janßen erheblich davon abgehalten, für die Eintracht kreativ tätig zu werden**

# Burhanettin Kaymak

## Athletischer Ingenieur mit wechselndem Bekanntheitsgrad

Es dauerte seine Zeit, bis den jungen Burhanettin Kaymak sogar jemand in Frankfurt kannte. Als er Ende der Bundesliga-Rückrunde 1996 einmal ins Frankfurter Waldstadion kam, eigentlich sein damaliger Arbeitsplatz, mußte er sich von Stadionordnern filzen lassen, weil er ihnen unbekannt war. Dabei hatte der am 25. August 1973 in Beyburt in der Türkei geborene Kaymak gerade ein paar Wochen zuvor seinen bis dahin absoluten Höhepunkt erlebt. Trainer Dragoslav Stepanovic, für ungewöhnliche und spontane Mannschaftsaufstellungen bekannt, schickte den türkischen U21-Nationalspieler am 20. April 1996 ausgerechnet in München ins Spiel, im Olympiastadion, gegen den FC Bayern. Als Stepanovic sich mit Kaymak, den er bis dahin noch nicht einmal hatte spielen sehen, über diesen ungewöhnlichen Einsatz unterhielt und erfuhr, daß er für die Türkei schon drei Länderspiele bestritten hatte, wurde er umgehend auf den Platz beordert. Ursprünglich war Kaymak einmal Stürmer gewesen, war aber bei den Eintracht-Amateuren zum Abwehrspieler umfunktioniert worden. In jenem Spiel bei den Bayern legte er einen namhaften Stürmer wie Marcel Witeczek an die Kette, daß der sogar ausgewechselt wurde, was für Kaymaks Debüt die größte Auszeichnung bedeutete. Seit 1990 war Kaymak, dessen vorherige Station Rosenhöhe Offenbach gewesen war, bei der Eintracht. Der mit der Figur eines Ringers (1,80 Meter groß, 82 Kilo) und den Oberschenkeln eines Gerd Müller ausgestattete „Fußballdeutsche" kam erst unter Trainer Horst Ehrmantraut wieder so richtig ins Geschehen zurück. Ehrmantraut pflegt öffentlich seine Leute nur selten zu loben, aber einmal tat er es doch, als er im März 1998 nach dem mit 2:0 gegen den SC Freiburg gewonnenen Zweitligaspiel Burhanettin Kayam ausdrücklich heraushob aus der Mannschaftsleistung. Der Wackelkandidat, mehr dünner Zweig als dicker Ast am Eintracht-Stamm, hatte plötzlich festen Boden unter den Füßen. Erarbeitet hatte er sich seinen Posten im erweiterten Stammkader auch im Wintertrainingslager in Belek in der Türkei, als er in den Testspielen derart überzeugte, daß Beobachter des türkischen Erstligavereins Ankaragücü auf ihn aufmerksam wurden und ihn kurzerhand verpflichten wollten. Doch Burhanettin Kaymak blieb lieber bei der Eintracht. Denn von einer Zwischenstation seiner Karriere, quasi zwischen zwei Zeiten bei der Eintracht, hatte der Computer- und Autofreak bei Galatasaray Istanbul angeheuert und war dort mächtig enttäuscht worden. Er blieb auch deswegen in Frankfurt, um sein Studium des Bauingenieurswesen in Darmstadt weiter vorantreiben zu können, „um nicht eines Tages nur mit Fußball dazustehen". Dem Fußball zuliebe hatte er sich nämlich schon einmal zwei Semester beurlauben lassen. Damals, bei dem Spiel bei den Bayern, im Kampf gegen Mehmet Scholl oder Andreas Herzog und andere Größen des internationalen Fußballs, da hatte er, den seine Kollegen „Spezi" nennen, gemerkt, daß er mithalten kann in der Bundesliga. „Ich habe gewußt, daß ich es schaffen kann. Mit Arbeit und mit Glück." Von beidem braucht ein Fußballprofi über die Maßen viel, wenn er sich auf Dauer durchsetzen will. Das wußte auch Burhanettin Kaymak, der mal spielte, mal auf der Bank saß, aber nie lautstark Ansprüche anmelden wollte. Leistung zeigen, wenn man gefragt ist, in Bescheidenheit leben, wenn die Zeit mal anders ist. In der Jugend hatte er mit Thomas Reis, Thomas Sobotzik, Matthias Hagner, Micheal Anicic und Matthias Becker zusammengespielt. Alleine diese Aufzählung zeigt, wie unterschiedlich erfolgreich sich „Fußballtypen" entwickeln können.

**Ein richtiger Typ: „Spezi" Kaymak stoppt nicht nur Stürmer, sondern kümmert sich neben dem Fußball auch um sein Studium**

*Richard Becker*

# Alexander Kutschera

## Hart, ganz hart, beinhart

Eines steht fest: Als Fußballspieler tritt man lieber mit als gegen Alexander Kutschera an. Der Manndecker ist privat die Ruhe in Person. Aber wehe, er steht auf dem Platz. Da kennt der Bayer kein Pardon, kommt seiner abwehrenden Arbeit mit aller Konsequenz nach. Das spüren ab und an sogar die Mitspieler, mit denen der in Freising geborene Weißbierliebhaber nur selten rücksichtsvoll umspringt. „Deswegen haben wir ihn schließlich geholt", sagt Trainer Horst Ehrmantraut, wenn es einmal eine Beschwerde geben sollte. „Genau so einen braucht man für den Überlebenskampf in der Zweiten Liga", hatte sein Trainer gesagt und den Wechsel vom TSV 1860 München an den Riederwald begründet. Ehrmantraut kannte den am 21. März 1968 geborenen Abwehrspieler noch aus seiner Zeit bei Blau-Weiß 90 Berlin, wo Kutschera mit seinem späteren Eintracht-Coach zur gegenseitigen Zufriedenheit zusammengearbeitet hatte.

Begonnen hatte der Bayer seine Karriere – selbstverständlich – bei den Münchner Bayern, für die er als neunzehnjähriger Amateur 1987 fast im Europapokal-Halbfinale gegen Real Madrid eingesetzt worden wäre. Von den Bayern ging es nach Berlin zu Blau-Weiß, von da aus zu Bayer Uerdingen und schließlich zurück in die bayerische Heimat zu den „Löwen". Doch so richtig glücklich wurde „Kutsche" unter Trainer Werner Lorant nicht. Denn Alexander Kutschera fand sich als Stammspieler urplötzlich auf der Löwen-Ersatzbank wieder, was einem so ehrgeizigen Abwehrspieler aus nachvollziehbaren Gründen gar nicht behagt. Schon im Sommer 1996 hatte Kutschera das Gelände an der Münchner Grünwalder Straße verlassen wollen, wurde aber, wie er sagt, von Lorant überredet, ein Löwe zu bleiben. Doch aus Lorants Argument, er baue auf die Fähigkeiten des Abwehrspielers, wurde nichts. Auf mehr als acht Kurzeinsätze brachte er es in der Hinrunde nicht, was selbstverständlich gehörigen Frust aufbaute, zumal Lorant seinem Beinamen „Werner beinhart" alle Ehre machte und Kutschera noch nicht einmal auf die Ersatzbank setzte, sondern gar auf die Tribüne verbannte. Zuletzt wollte Kutschera sogar seinen Rausschmiß provozieren, sagte am 22. November 1996 vor laufender Fernsehkamera klar und deutlich, wie es seine Art ist: „Ich lasse mich hier nicht mehr verarschen." Der Eklat blieb gänzlich ohne Folgen. Er wurde zwar zu Lorant zum Rapport bestellt, mußte aber bei den Sechzigern bleiben. Als dann Ehrmantraut auftauchte und um Kutschera buhlte, wurde bei der Eintracht alles für diesen Wechsel getan. Kutschera wurde zunächst nur ausgeliehen. Denn ihn aus seinem bis 1998 datierten Löwen-Vertrag herauszukaufen, dazu hatte die Eintracht nicht das Geld, zumal die Löwen eine aus Frankfurter Sicht völlig überzogene Ablösesumme in den Ausleihvertrag mit einbeziehen wollten. Der Wechsel aus der Ersten in die Zweite Liga war für Alexander Kutschera kein qualitativer Rückschritt. „Ich verzichte gerne auf das Prädikat Bundesliga, habe dafür aber wieder Spaß und Freude am Fußball." Mit Bayer Uerdingen war er zweimal in die Bundesliga aufgestiegen, einmal aber auch abgestiegen. Und mit der Eintracht gelang im Sommer 1998 sein dritter Aufstieg, einer, auf den er ganz besonders stolz ist. Hatte er es doch allen gezeigt, hatte er doch bewiesen, daß er als Manndecker zu einer festen und zuverlässigen Größe in einem intakten Mannschaftsgefüge gewachsen war. Richtig und schnell abwärts geht es für ihn nur, wenn er auf den Skiern steht, auf denen er als Bayer naturgemäß eine hervorragende Figur abgibt. Fußballprofi zu sein, sagt Alexander Kutschera, sei sehr hart, aber sehr schön. Hart für die anderen, schön für ihn.

*Richard Becker*

**Beinharter Bayer: Mit der Eintracht hat Alexander Kutschera seinen dritten Aufstieg erlebt. Nur beim Skifahren soll es für ihn bergab gehen**

# Oka Nikolov

## Auf der Linie unüberwindbar

Torleute haben es im Prinzip einfach. Sie müssen einfach nur den Ball festhalten. Oka Nikolov hat mehr als das zu tun. Er muß nicht nur Bälle abwehren, sondern sich auch eines ernsthaften Konkurrenten erwehren. Seitdem der ehemalige ungarische Nationaltorwart Szolt Petry bei der Eintracht unter Vertrag steht, ist Nikolov erstmals richtig unter Druck geraten. Daß er dem Ansturm des Ungarn standgehalten hat und sich das Trikot mit der Rückennummer 1 erkämpft hat, spricht für den 24 Jahre alten Schlußmann. Nikolov ist ein Mann mit Potential und Perspektive. Geboren ist er in Erbach im Odenwald, spielen darf er für die Nationalmannschaft Mazedoniens, doch seine Liebe gilt der Eintracht. Das ist sein Verein. Begonnen hatte alles einmal bei der SG Saulbach,

Gewandt und geschmeidig: Auf der Linie ist Oka Nikolov Garant so manchen Punktes. Für seinen Lieblingsverein Eintracht legt er sich gerne quer

ehe Nikolov in der Jugend des SV Darmstadt einen nachhaltigen Eindruck hinterließ, der sich schnell herumsprach. Als der deutsche Nationaltorhüter Andreas Köpke im Abstiegsjahr 1996 zum letzten Mal zwischen den Pfosten der Frankfurter Eintracht stand, war dies zugleich die Geburtsstunde des Profischlußmanns Oka Nikolov.
Am 18. Mai 1996 wurde Nikolov im vorerst letzten erstklassigen Heimspiel gegen den Hamburger SV in der 57. Minute für Köpke eingewechselt. Seitdem hat er kein wichtiges Spiel mehr für die Eintracht versäumt. In der Zweiten Liga hat er seinen Mann gestanden. Mit ihm ist die Eintracht Meister und wieder erstklassig geworden. Das ist ein Pfund, mit dem der junge Torwart heute wuchern kann. Sein Konkurrent Petry ist 32 Jahre alt und verfügt über reichhaltige Erfahrung, doch Nikolov gehört die Zukunft. Schon früh war klar: Nicht für die Schule, sondern für das Leben lernt Oka Nikolov. Deshalb machte er schnell den Realschulabschluß, um sich ganz seiner großen Leidenschaft zu widmen: dem Fußball. Nikolov kann für sich in Anspruch nehmen, zumindest ein halbes Eintracht-Eigengewächs zu sein. Am Riederwald ist er groß geworden, am Riederwald will er Großes leisten. Der Mazedonier ist ein ruhiger Zeitgenosse. Einer, der mehr beobachtet und sich weniger lautstark artikuliert. Laut werden andere vor ihm. Petr Houbtchev zum Beispiel, der Libero und mithin Nikolovs wichtigster Nebenmann. Der muß dann auch schon einmal die Stimme erheben, wenn Nikolov eine seiner wenigen Schwächen offenbart. Das Abschätzen von Flankenbällen und das damit verbundene Herauslaufen ist nicht gerade das, was Nikolov stark macht. Wirklich stark ist der Schlußmann auf der Linie. Da macht ihm so schnell keiner etwas vor. Geschmeidig fliegt er da zwischen den Pfosten hin und her und pariert mit den Fingerspitzen Bälle, die scheinbar nicht zu halten sind. Solch reaktionsschnelle Leute braucht die Eintracht. Und weil sich Gegensätze bekanntlich anziehen, verwundert es auch nicht, daß Oka Nikolov dem Motto „In der Ruhe liegt die Kraft" viel Sympathie abgewinnt. Schlafend sucht er in der Freizeit Abstand vom Tagesgeschäft Fußball – und träumt immer wieder von seinem Traumverein. Der heißt Real Madrid und ist eine ganz große Nummer im europäischen Fußball. Von Real ist die Eintracht weit entfernt.
Oka Nikolov weiß dies – und stellt das Träumen wieder ein. Die Realität heißt Bundesliga-Fußball in Frankfurt. Die Herausforderung ist der wichtige Platz zwischen den Pfosten. Nikolov ist von sich und seiner Tor-Mission überzeugt. „Ich mache selten Fehler", sagt er. Und die Fehler, die er macht, will er durch eiserne Disziplin und immer wiederkehrende Trainingseinheiten abstellen.
Wenig reden, viel halten: Oka Nikolov, der Mazedonier aus dem Odenwald, wird seinen Weg in Frankfurt schon gehen.

*Ralf Weitbrecht*

# Henry Nwosu

## Vollblutstürmer

Erst galt er als der Aufsteiger des Jahres 1998, dann als der sportliche Rechtsfall des Jahres und schließlich war er der Pechvogel des Jahres. Der in Owerri in Nigeria geborene Henry Nwosu durfte – welch eine Ausnahme – im Januar 1998 als einziger des Talentschuppens nach Belek in die Türkei, wo Trainer Horst Ehrmantraut den Kader auf die Rückrunde der Zweiten Fußball-Bundesliga trimmen wollte. Der junge Mann aus Nigeria wurde schließlich ein paar Tage später 18 Jahre alt, und Ehrmantraut spielte mit dem Gedanken, den wuchtigen und ungemein kopfballstarken Stürmer in der Zweiten Liga zum Nutzen sei-

ner Mannschaft auch das eine oder andere Mal einzusetzen. In Testspielen lieferte er jedenfalls ansehnliche Arbeitsproben ab. Als es dann ernst wurde, das erste Spiel bei Fortuna Düsseldorf auf dem Terminplan stand, gab es plötzlich helles Entsetzen. Nwosu, der gerade eben mal einen Vertrag bis ins Jahr 2002 unterzeichnet hatte, durfte bei den „Großen" nicht mitmachen, ja, noch nicht einmal auf der Bank sitzen. Die Statuten des Hessischen Fußball-Verbandes ließen dies nicht zu. Der Stichtag für einen Einsatz bei den Senioren war vom 1. Januar auf den 1. August verschoben worden. Die Aufregung war groß. Eintracht-Präsident Rolf Heller wollte den Fall sogar zivilrechtlich klären lassen, weil der hessische Verband eine Sonderregelung für den Nigerianer ablehnte. Das Ende unter die Streitigkeiten setzte nicht der Richter, sondern der Arzt. Henry Nwosu verletzte sich schwer am Knie und mußte eine mehrmonatige Pause einlegen.

**Auf den Spuren von Jay Jay Okocha: Henry Nwosu, der Halbbruder des Inter-Weltstars, mußte in Frankfurt so manche (Rechts-) Hürde nehmen.**

Der Schritt von der A-Jugend zur Abteilung der Lizenzspieler war gewaltig. Der Jungmann mit den an Anthony Yeboah erinnernden Oberschenkeln tat sich schwer, die neuen und weitaus größeren Anforderungen zu bewältigen und zu verkraften. „Jeden Tag gibt es etwas Neues für mich, deswegen habe ich noch viel zu lernen", hatte er schon nach wenigen Tagen erkannt. Zu lernen hatte er natürlich auch die Sprache, doch sein Fleiß und des Englischen kundige Mitspieler halfen schnell über diese Hürde hinweg. Vom deutschen Fußball habe er nicht allzuviel gewußt, als er 1997 nach Frankfurt gekommen ist, außer daß – selbstverständlich – sein Landsmann Jay Jay Okocha bei der Eintracht mal eine ganz große Nummer war. Das Heimatdorf von Okocha liegt nur eine halbe Fahrstunde von Imu, Henry Nwosus Heimatdorf im Osten Nigerias, entfernt. Da sprechen sich so große Karrieren wie die von Okocha schnell herum. Henry Nwosu, dem zunächst die Kälte des Wetters zu schaffen machte, hatte selbst bei der Eintracht ganz klein anfangen müssen. Der Halbbruder des Welt-Stars von Inter Mailand, Kanu, war im Verbund mit zwei weiteren Altersgenossen, Nduka Anyanwu und Emmanuel Izuagha, zunächst von einem Manager nach Polen, zu SK Lodz, vermittelt worden, wo es ihnen aber überhaupt nicht gefiel.

„Wir waren ganz unglücklich." Nach einem Probetraining in Frankfurt beim A-Jugendtrainer Armin Kraaz blieben alle drei gleich in Frankfurt. „Ein Vollblutstürmer", sagte Kraaz über Nwosu. Was ihnen anfangs schwer zu schaffen machte, war die Härte, von der der deutsche Fußball geprägt ist. Der wollte sich gerade Henry Nwosu ganz bewußt stellen. „Nur so etwas bringt einen voran." Auf etwaige Hilfsdienste seines berühmten Halbbruders, etwa für die Aufnahme in den U 21-Kader von Nigeria, wollte er sich von Anfang an nicht einlassen. „Ich will mich alleine durchschlagen, meinen eigenen Weg gehen."

Im normalen Leben brachte sich Nwosu, dessen Vater schon nigerianischer Nationalspieler war, anfangs ganz konventionell voran. Er wohnte nämlich mit seinen Landsleuten bei einer deutschen Familie in Rüsselsheim. Und von dort kam er mit S- und U- Bahn zum Trainingsgelände an den Riederwald.

*Richard Becker*

# Szolt Petry

## Ballistiker aus Ungarn

Der mit dem Wolf tanzt" hat es ihm angetan. Kevin Costner allein auf weiter Flur in der amerikanischen Prärie. Auch Szolt Petry, der ungarische Torwart im Team der Eintracht, sieht sich ein bißchen wie sein Lieblingsschauspieler auf einem Vorposten. In der Tat hat er seinem Konkurrenten Oka Nikolov einiges voraus. Petry hat schon 39 Länderspiele für sein Heimatland absolviert und das breite Spektrum eines Fußball-Globetrotters durchlaufen. MTK Budapest, Honved Budapest, KAA Gent, Gencler Birligi, SC Charleroi, Feyenoord Rotterdam und jetzt Eintracht Frankfurt. Der 32 Jahre alte Schlußmann aus Budapest hat sich zum Schluß seiner Karriere das Beste aufgehoben: die Herausforderung Fußball-Bundesliga. Und es verwundert nicht, daß der 1,87 Meter lange Petry als Aktivposten mit der Eintracht einiges bewirken will. „Ich bin natürlich nicht von Rotterdam nach Frankfurt gekommen, um nur auf der Bank zu sitzen", sagt er. Als er die entscheidenden Gespräche mit den Verantwortlichen des Bundesliga-Aufsteigers führte, hatte er seinem Manager gleich zu verstehen gegeben: „Ich komme aber nicht, um den zweiten Mann zu spielen." Ähnlich wie sein Konkurrent Oka Nikolov ist Szolt Petry ein Mann der Linie. Er verfügt über exzellente Reaktionen, besticht durch Ruhe und Ausgeglichenheit und hat ein großes Plus: Bei der Beherrschung des Strafraums und der Berechnung von Flankenbällen macht er eine ausgesprochen gute Figur. Natürlich hat sich Petry vorsichtig an die neuen Kameraden herangetastet. Dabei ist ihm sicherlich zugute gekommen, daß er recht passabel deutsch spricht und seinen Vorderleuten genau sagen kann, was er von ihnen verlangt. Es ist das gleiche, was er sich selbst abfordert: Perfektion. Wer Szolt Petry einmal im Training beobachtet, wie er da wie ein Besessener zwischen den Pfosten hin- und herfliegt und ins Fluchen kommt, weil ihm mal ein Ball zwischen den Fingern durchrutscht, kann sicher sein: Dieser Mann gibt alles. Vielleicht macht ihn seine eigene Stärke auch deshalb so stark zu sagen, daß die Eintracht mit ihm am Ende der Spielzeit zwischen Platz sechs und acht landen könnte.

Nur wer Ziele hat, kann sie auch verwirklichen. Szolt Petry hat Ziele. Sportliche und persönliche. Sein größtes Ziel: „Daß es noch

**Der mit dem Ball tanzt: Szolt Petry, ein ruhiger, gewissenhafter Rückhalt mit einer Vision: „Noch möglichst lange im Tor zu stehen."**

möglichst lange dauert, ehe ich einmal meine Karriere beenden muß." In lockerer Atmosphäre hat er in einem kleinen Kreis schon davon gesprochen, daß man doch bis über vierzig im Tor stehen könne. Womit er durchaus Recht haben könnte. Ein Uli Stein beispielsweise streifte sich auch noch im Alter von 41 Jahren das Trikot mit der Rückennummer 1 über.

Der Ungar Petry ist Profi durch und durch. Einer, der sich ganz der Berufung, Fußballspieler zu sein, verschrieben hat. Und wenn er nicht auf dem Trainingsplatz steht, um sich weiterzuentwickeln, verbringt er seine freie Zeit mit der Familie. Der erzählt er dann auch schon einmal, daß sein großer Lebenstraum, ein Engagement bei Juventus Turin, wohl nie zustande kommen wird. Eintracht Frankfurt der Saison 1998/99 ist natürlich nicht mit der alten Dame Juve zu vergleichen. Doch die Hessen hegen den Wunsch, eines Tages wieder zu einer respektierten Adresse im europäischen Fußballgeschäft zu werden. Wenn Szolt Petry seinen Beitrag dazu geleistet haben soll, wäre der Ungar von der schönen blauen Donau schon zufrieden. Szolt Petry will nicht mit den Wölfen tanzen. Er selbst will der Wolf sein, der den Takt angibt.

*Ralf Weitbrecht*

# Istvan Pisont

Techniker in der Kreativabteilung

Was ist eigentlich ein „Wunschspieler"? Einer, dem scheinbar alles Handeln untergeordnet wird und der nach Ansicht seines Trainers fast über magische Kräfte verfügen muß?

Istvan Pisont ist der Wunschspieler von Horst Ehrmantraut. Länger als ein Jahr hat es gedauert, ehe der Transfer des 28 Jahre alten Ungarn endlich perfekt war. Es war ein zähes Unterfangen, Pisont aus Jerusalem nach Frankfurt zu verpflichten. Die Vereinsmanager von Beitar verlangten eine unverschämt hohe Ablösesumme von bis zu fünf Millionen Dollar. Doch die Präsidiumskollegen der Eintracht blieben hartnäckig. Sie verhandelten schnell und clever, sicherten sich Pisonts Unterschrift unter einem Dreijahresvertrag – und spielten auf den Faktor Zeit. Irgendwann müsse es doch schon klappen mit dem Wechsel des Wunschspielers. Tatsächlich kam Pisont im Sommer 1998 nach Frankfurt, hielt sich gemeinsam mit Istvan Sztani, dem Meisterspieler der Eintracht-Elf von 1959, fit. Pisont war erst vom 1. August an für den Bundesligaaufsteiger spielberechtigt und durfte vorher nicht mit der Eintracht wegen einer angedrohten Konventionalstrafe der Israelis trainieren.

Der Trainer fuhr notgedrungen ohne seinen vermeintlichen Star ins Trainingslager nach Seefeld, und als Horst Ehrmantraut wieder am heimischen Riederwald üben ließ, folgte die böse Überraschung. Pisont hatte erhebliche konditionelle Mängel. Luft für fünfzehn, zwanzig Minuten, mehr war nicht drin. Doch der stille, zurückhaltende Pisont wollte sich und seinen Trainer nicht enttäuschen. Er arbeitete wie ein Besessener und wurde Woche um Woche spritziger. Mehr mußte er ja nicht verbessern, denn seine Technik, der Umgang mit dem Ball, das genügte schon lange erstklassigen Ansprüchen. Ein präzises Auge, eine gute Raumaufteilung und immer den Blick für den freien Mann: Einem Istvan Pisont brauchte nicht beigebracht zu werden, wie Fußball gespielt wird. Was andere Spieler vermutlich nie in ihrer Karriere lernen werden, Pisont hatte es. Das gewisse Etwas. Eine ganz spezielle Aura. Der Ungar hat ein Faible für Ästhetik.

**Wunschspieler, Techniker, kreativer Künstler: Der Ungar Istvan Pisont belebt die Eintracht-Offensive mit Intelligenz und Spielwitz**

Die Eintracht, vor allem ihr Trainer, hat scheinbar einen Narren an dem Ungarn gefressen. Nur so ist zu erklären, daß beim offiziellen Mannschaftsfoto vor Beginn der Saison das Trikot mit der Nummer 13 frei blieb. Pisont hatte sich seine Glückszahl gewünscht – und natürlich auch erhalten. Von seinem Wesen her ähnelt Pisont seinem Landsmann Szolt Petry. Beide sind sie zurückhaltende, aber doch bestimmende Profis. Beide schauen und beobachten erst, um dann Kommandos zu geben. Und wenn Pisont ansatzlos einen Paß aus dem Fußgelenk spielt, geschieht dies meist mit rechts. Mit links kann der Ungar natürlich ebenfalls, doch mit rechts traut er sich auch, aus Standardsituationen heraus Maß zu nehmen, um den Ball ins Tordreieck zu zirkeln.

Istvan Pisont ist ein begnadeter Techniker. Einer, der Fußball liebt und lebt, aber nie leidet. Einer, der als Kreativspieler für den Aufbau zuständig ist und das wichtige Bindeglied zwischen Offensive und Defensive bildet. Spieler wie Pisont wünscht man sich. Sie sind „pflegeleicht", umgänglich und kooperativ, aber auch sensibel. Istvan Pisont verkörpert viele Wesenszüge. Vielleicht ist dies das Geheimnis, warum gerade er ein „Wunschspieler" ist.

*Ralf Weitbrecht*

# Bernd Schneider

## Kopfarbeiter, Präzisionsarbeiter

Einer hat es auf Anhieb geschafft. Bernd Schneider, Neuzugang vom Zweitliga-Absteiger FC Carl Zeiss Jena, durfte schon gleich zu Saisonbeginn zeigen, was in ihm steckt. Es ist eine ganze Menge, denn der 25 Jahre alte Thüringer ist ein richtig guter Fußballspieler. Einer, der mit dem Ball umzugehen versteht. Einer, der Fußball zelebriert, aber nicht arbeitet. Ein eleganter Künstler. Fast so einer, wie es Uwe Bein im Trikot der Eintracht einmal gewesen ist.

Bernd Schneider ist „gelernter DDR-Bürger", der alle Stufen der flächendeckenden Sportförderung durchlaufen hat. Als Lehrbub war er natürlich Absolvent der Kinder- und Jugendsportschule. Jena, das war lange Jahre Schneiders Scholle. Erst Aufbau Jena, dann Carl Zeiss. Um Profi zu werden, hat Schneider nach einem dreiviertel Jahr sogar eine Lehre als Zerspannungsmechaniker abgebrochen. „Job und Fußball, das ließ sich nicht mehr koordinieren", sagt er.

Volle Kraft also dem Fußball. Voller Einsatz in der Zweiten Liga. Und weil die Eintracht am Ball sein wollte, zeigte er gerade in den beiden Spielen gegen die Frankfurter seine besten Spiele. Das hat Eindruck gemacht – und folgerichtig zu einem Dreijahresvertrag bei seinem Wunschverein geführt. Auch Schalke 04, Hansa Rostock und der Karlsruher SC zeigten Interesse, doch den Zuschlag erhielt die Eintracht wohl auch deshalb, weil Präsident Rolf Heller beruflich in Thüringen zu tun hatte und sich besonders um Schneider bemüht hatte.

Seit seiner Zeit bei der Eintracht hat sich der Thüringer im Team

**Erstklassige Übersicht, perfekte Ballbehandlung: Bernd Schneider ist ein Fußballspieler, der die kreativen Momente liebt – und selber vorlebt.**

der Hessen etwas aufgebaut. Als Schaltstelle im Mittelfeld gehört er zu den Kreativkräften, die die entscheidenden Pässe spielen sollen. Schneider kann das. Seine Übersicht ist ebenso erstklassig wie seine Ballbehandlung. Der Mann mit der Rückennummer 15 verrichtet seine kunstvolle Arbeit still und leise. Bernd Schneider fordert nicht lauthals Bälle, er verlangt sie durch Blicke. Sein ruhiges aber bestimmtes Auftreten hebt sich wohltuend von dem manierierten Gehabe anderer Profis ab. Das alles wirkt irgendwie bescheiden, ist es aber nicht. Der vom Naturell her ruhige Spieler weiß sich durch sein Können in Szene zu setzen. Seine Philosophie ist einfach. „Auf dem Platz gibt es keine Freunde."
Deshalb widmet sich der Kopfarbeiter auch ganz der Mission, der er sich verschrieben hat: Über anhaltend gute Leistungen eines Tages für die Nationalmannschaft interessant zu sein. Ein hohes Ziel, das vor ihm von der Eintracht lediglich Kapitän Ralf Weber hatte. Der schaffte es tatsächlich, wurde aber durch eine Verletzung jäh zurückgeworfen. Ein Beispiel, das hoffentlich keine Schule macht. „Verletzungen, davor habe ich Angst", sagt Bernd Schneider. Der Thüringer im Team der Eintracht wird noch so manchen Rückschlag hinnehmen müssen – auch verletzungsbedingt. Doch eines wird immer gewährleistet sein: Dieser Fußballspieler liefert stets kreativ-konstruktive Arbeit ab. Kopfarbeiter, Präzisionsarbeiter. Der „gelernte DDR-Bürger" Bernd Schneider hat alle Trümpfe in der Hand. Bei der Eintracht lebt er seinen Traum vom persönlichen Aufstieg nach ganz oben.

*Ralf Weitbrecht*

# Uwe Schneider

## Fairer Sportsmann

Weil die Frankfurter Eintracht so schnell wie möglich vierzig Punkte holen möchte, um aus dem Schneider zu sein und um weiter erstklassigen Fußball zu spielen, hat sie zu einem scheinbar genialen Schachzug gegriffen. Sie hat gleich zwei Spieler mit dem Namen Schneider geholt. Der eine, Bernd, kommt aus Jena und ist für die Abteilung Kreativität zuständig. Der andere, Uwe, ist zuletzt für den 1. FC Nürnberg am Ball gewesen und hat unbestrittene Stärken in der Defensive.

Uwe Schneider, 27 Jahre alt, ist ein Mann voller Selbstbewußtsein. Der gebürtige Backnanger hatte schon vor seiner Frankfurter Zeit 87 Mal in der Bundesliga gespielt. Ein bißchen für den VfL Bochum, umso mehr jedoch für den VfB Stuttgart.

Stets hat Schneider bei seinen ehemaligen Arbeitgebern eine gute Figur gemacht. Schließlich ist Schneider schnell, spielt höchst selten Foul. Ein fairer Sportsmann im harten Fußballgeschäft. Ein wohltuender Kontrast zu all den Grätschern und Kampfspielern.

Uwe Schneider hat seinen Frankfurter Kollegen einiges voraus. Was keiner von ihnen je mehr erreichen wird: Der Allgäuer war schon mit zwanzig Jahren deutscher Meister. Damals gehörte er zum Team des VfB, das am letzten Spieltag in Leverkusen die begehrte „Salatschüssel" holte. Das „tapfere Schneiderlein" weiß, was es will.

Uwe Schneider sagt, „daß ich nicht nach Frankfurt gekommen bin, um die Wasserflaschen zu tragen". Der gelernte Manndecker hat nur eines im Sinn: ei-

**Das „tapfere Schneiderlein" auf den Spuren von Indiana Jones: In Frankfurt will der Allgäuer Uwe Schneider endlich den Durchbruch schaffen**

nen Stammplatz. Darauf ist die ganze Trainingsarbeit ausgerichtet. Zwar läuft sein Vertrag mit der Eintracht bis zum Jahr 2001, doch schon im ersten Jahr seiner Zugehörigkeit zu den Hessen soll und muß der Durchbruch kommen.

Uwe Schneider ist jemand, der seine Trainer schnell von seinen Qualitäten überzeugen will. Ein kompromißloser, zuverlässiger Arbeiter. Aber kein sportlicher Hasadeur, wie man vermuten könnte, wenn man hinter die Fassade des Backnangers schaut. Harrison Ford, der es in der Rolle des „Indiana Jones" zu Weltruhm gebracht hat, ist Schneiders Lieblingsschauspieler. Ein Einzelgänger, der unbequeme Wege geht, die oft schmerzen, ihr Ziel aber nicht verfehlen. Noch immer konnte Ford sämtliche Geheimnisse lüften, und auch Uwe Schneider ist keiner, der lange mit ungewissen Dingen leben will.

Als er sich zum ersten Mal im Sommer 1998 im Rahmen eines Medienabends einer größeren Öffentlichkeit vorstellte, ging ein Raunen durch die Menge. Uwe Schneider hatte gesagt, „daß die anderen sich anstrengen müssen, um besser zu sein als ich". Was damals arrogant und hochnäsig klang, hat im Blick zurück durchaus seinen Sinn. Der Mann aus dem Allgäu ist tatsächlich so gut, wie er allen weismachen wollte.

Uwe Schneider weiß genau, was er will und was er kann. Deshalb hat er auch ein Jahr vor dem Abitur nach der zwölften Klasse die Schule verlassen, um voll auf die Karte Profifußball zu setzen. In Frankfurt, seiner vierten Station im bezahlten Fußball, soll der große Durchbruch folgen. Ein Ziel, für das es sich lohnt, mehr zu tun als nur Wasserflaschen zu tragen. Uwe Schneider, das „tapfere Schneiderlein", wird die entscheidenden Stiche schon zu setzen wissen.

*Ralf Weitbrecht*

# Thomas Sobotzik

## Meistgefoulter mit Spielmacherqualitäten

**Wirbelwind vom Riederwald: Rückkehrer Thomas Sobotzik lenkt das Spiel der Eintracht**

Erst als Heim- und Rückkehrer fand er endlich die Anerkennung, die man ihm zuvor, als größtes Talent der Frankfurter Eintracht seit langem bezeichnet, zuteil werden ließ. Wie ist das mit dem Propheten im eigenen Land? Richtig. Nicht anders erging es dem am 16. Oktober 1974 in Gleiwitz in Polen geborenen Thomas Sobotzik. Vom VfB Stuttgart kam er in die Jugend der Eintracht, die eine der hoffnungsvollsten Nachwuchsmannschaften stellte. Unter Jugendtrainer Karl-Heinz Körbel spielte er 1992 gemeinsam mit Michael Anicic, Matthias Hagner und Matthias Becker. Nach und nach rückten Körbels Talente in den Bundesligakader auf. Nur Sobotzik hatte Schwierigkeiten, bei den Großen richtig Fuß zu fassen. Jupp Heynckes wollte ihn fördern, doch dauerte seine Trainerzeit nur ein paar Monate. Unter dessen Nachfolger, dem ehemaligen Jugendcoach Karl-Heinz Körbel, sah Sobotzik nur wenig Chancen, sich oben etablieren zu können. Deswegen ging er 1995, nachdem er es in Frankfurt nur auf drei Kurzeinsätze gebracht hatte, in den hohen Norden, wurde ausgeliehen an den FC St. Pauli, wo er sich auf Anhieb einen Stammplatz in der Kreativabteilung erspielte. Ein Wiedersehen

mit „seiner" Eintracht hatte einerseits freudvolle, anderseits schmerzliche Erfahrungen für ihn parat. Es war der 6. April 1996, als die Eintracht unter ihrem erst wenige Tage wieder am Riederwald tätigen Trainer Dragoslav Stepanovic zum Abstiegsduell ans Millerntor zum FC St. Pauli kam. Thomas Sobotzik wirbelte derart fix über den Platz, daß manch einer wünschte, er steckte in einem anderen Trikot. Mit der 1:2-Niederlage leitete die Eintracht endgültig ihren Abstieg aus der Bundesliga ein, während der FC St. Pauli, für den Sobotzik 67 Bundesligaspiele bestritt, in denen er sieben Treffer erzielte, dieses Schicksal nur um ein Jahr aufschieben konnte. Immerhin: Der Abstieg der Hamburger machte für Thomas Sobotzik wieder den Weg frei nach Frankfurt, wo Trainer Horst Ehrmantraut von den Spielmacherfähigkeiten des für den Real Madrid schwärmenden Sobotzik überzeugt war. Zu Beginn der zweiten Zweitligasaison der Eintracht machte Ehrmantraut den Wirbelwind zu einer unumstrittenen Figur im Mittelfeld, die bis dahin Maurizio Gaudino, der nach Basel wechselte, vorbehalten war. Thomas Sobotzik bezeichnete zwar den Klassenverbleib mit dem FC St. Pauli als sein schönstes Erlebnis seiner damaligen Karriere. Doch der Aufstieg mit der Eintracht, die Rückkehr in die Bundesliga, stand dem Hamburger Abstiegskampf als Erlebnis in nichts nach. Im Sommer 1997 lagen ihm zwar mehrere Angebote aus der Ersten Liga vor, doch Sobotzik entschied sich für seinen alten Verein, „weil da viel Substanz brach lag". In erster Linie half er dank seiner gestalterischen Fähigkeiten und seiner Treffsicherheit mit, daß aus dem Brachland wieder eine blühende Landschaft wurde. Ihn lockte die Aussicht, mit der Eintracht und für Frankfurt wieder etwas aufbauen zu helfen, was mit dem Bundesligaabstieg scheinbar zu Bruch gegangen war. „Mit meinem Namen soll man etwas verbinden", hatte er sich selbst als Arbeitsmotto vorgegeben. Die Statistik wies ihn übrigens als den am meisten gefoulten Bundesligaspieler aus, was darauf hindeutet, daß Thomas Sobotzik weite Wege geht, dementsprechend oft den Ball hat und folglich häufiger als andere in unangenehme Begegnungen mit den Gegenspielern verwickelt wird. Die Lehr- und Wanderjahre in Hamburg hatten ihn – am Ende zum Nutzen der Frankfurter Eintracht – den entscheidenden Schritt nach vorne gebracht. Als Lehrling war er damals gegangen, als (Zweitliga)-Meister und Bundesliga-Aufsteiger konnte er sich schon ein Jahr später feiern lassen.

*Richard Becker*

# Damir Stojak

## Unberechenbarer Fußballprofi

Als Damir Stojak zur Eintracht kam, machte er gleich einen Fehler. Er war zu still und zu zurückhaltend. Statt selbstbewußt aufzutreten und zu sagen „Schaut, ich bin der neue Torjäger", verkroch sich der Jugoslawe hinter seiner weichen Schale. „Das ist ein exzellenter Kicker", urteilte Trainer Ehrmantraut nach wenigen Beobachtungen. „Aber er muß aggressiver, willensstärker und lauter werden." Das war neu für den 23 Jahre alten Stürmer aus Novi Sad. Denn eigentlich hatte er stets Tore statt Worte für seinen Qualitätsnachweis sprechen lassen. In der U 21-Nationalmannschaft seines Landes war er in 15 Spielen fünfmal erfolgreich. Und bei seiner letzten Station, dem einstigen italienischen Meister SSC Neapel, schoß er im Abstiegsjahr in nur fünf Monaten 15 Tore. Das sind Zahlen, die Eindruck machen und sich wie ein Führungszeugnis lesen. Gaetano Patella, der italienische Schatzmeister der Eintracht, wurde schnell auf die außergewöhnlichen Qualitäten des Jugoslawen aufmerksam, der da Woche für Woche am Fuße des Vesuvs für Schlagzeilen sorgte. Daß Damir Stojak den Weg aus Kampanien nach Hessen gefunden hat, ist also in erster Linie Patellas Verdienst. Er hatte immer an den blonden Stürmer geglaubt, der so wunderbar mit dem Ball umgehen kann. Und selbst Horst Ehrmantraut, Stojaks vermeintlicher Kritiker, änderte schnell seine Meinung. „Wenn Damir den Ball einmal im Strafraum bekommt, wird es fast immer ein Tor."

Wie Stojak den Ball bekommt und an sich bindet, ist eine Augenweide. Das Leder „klebt" regelrecht an seinem Fuß, egal ob links oder rechts. Stojak bemühte sich, seine Mentalität den Erfordernissen der Bundesliga anzupassen. Schneller als je erwartet, schon am zweiten Spieltag, durfte der Mann vom Vesuv für die Eintracht vor heimischem Publikum stürmen. Ein Kurzeinsatz zwar nur, doch ein vielversprechender.

Trotz seiner scheinbaren Reserviertheit: Damir Stojak ist ein unberechenbarer Fußballprofi. „Das ist der einzige Stürmer, bei dem ich überhaupt nicht weiß, in welche Ecke er schießen wird", sagt Eintracht-Torwart Oka Nikolov. Damir Stojak, der Mann, der scheinbar aus dem Nichts kommt. Und so verwundert es auch nicht, daß sein derzeitiges Vorbild Stojak in vielerlei Beziehung ähnelt. Der Brasilianer Ronaldo, der gemeinhin als weltweit bester Fußballspieler gilt, ist schnell, schußstark, torgefährlich und kann mit beiden Füßen schießen. Genau wie Damir Stojak. Auf einem anderen Level zwar, doch die beiden Männer ähneln einander sehr. Beide gehören während des Spiels zu den großen Schweigern. Wer einen wild gestikulierenden, fluchenden und schreienden Damir Stojak erwartet, wird enttäuscht. Dieser Fußballprofi versieht seine Arbeit leise und geschmeidig.

Seinem Beruf ordnet er fast seinen ganzen Tagesablauf unter. Er relaxt gerne in der Freizeit, um wieder zu Kräften zu kommen. Er bevorzugt die italienische Küche, weil sie leicht, bekömmlich und vitaminreich ist. Und er liest, was man so über ihn, die Eintracht und den Fußball insgesamt denkt. Damir Stojak mag Sportzeitungen. Gibt es bei der Lektüre einmal Schwierigkeiten, hilft ihm sein Freund Franco, der sich neben Patella besonders um die zwischenmenschliche Beziehung zu dem Jugoslawen verdient gemacht hat, über sprachliche Barrieren hinweg.

Wer liest, kann leicht ins Träumen geraten. Damir Stojak träumt davon, irgendwann einmal in seiner Traumstadt Mailand zu spielen. In San Siro oder im Meazza-Stadion. Vielleicht mit der Eintracht. Vielleicht aber auch mit einem anderen Club. Dafür lohnt es, die Reserviertheit abzulegen und aus sich herauszukommen. Und Tore zu schießen, von denen keiner weiß, wie sie fallen werden.

*Ralf Weitbrecht*

**Ästhet, der aggressiver werden soll: Damir Stojak ist ein geschmeidiger Stürmer – wenn man ihn denn läßt**

# Ralf Weber

## Kämpfer und Antreiber

Ralf Weber ist ein Beispiel dafür, daß die Offenbacher Kickers auch der Frankfurter Eintracht mal ein bißchen Glück bringen können. Denn nur wegen der zwangsweisen Versetzung der Kickers im Jahre 1989 in die Oberliga entschloß sich Ralf Weber, die Mainseite und zur Eintracht zu wechseln. Wobei der am 31. Mai 1969 geborene Weber größten Wert darauf legt, kein „Offebacher" zu sein. Seine Laufbahn hatte er bei der Spielvereinigung Hainstadt begonnen. Und auch als Jugendlicher schwärmte er nicht für einen Kicker von Biebers Höhen, sondern für den Kölner Nationalspieler Heinz Flohe. Doch 1982 wurde Ralf Weber im Alter von 13 Jahren von seinem Vater Franz, zur großen Blüte der Kickers ein großer Fan von „Denkmal" Hermann Nuber, beim OFC angemeldet. Der schlaksige Ralf Weber entwickelte sich über die Maßen gut und schaffte 1987/88 den Sprung in den Zweitligakader des OFC und brachte es auf Anhieb auf 19 Meisterschaftsspiele. Nur wenig später zählte er schon zu den Leistungsträgern der Kickers, was auch anderen Clubs auffiel. Zu den Interessenten zählte neben der Eintracht auch Bayer Leverkusen. Der in jeder Hinsicht bodenständige Weber dachte jedoch gar nicht daran, seine Kickers zu verlassen, zumal man am Bieberer Berg um ihn herum eine schlagstarke Mannschaft aufbauen wollte. Dann kam jedoch der Lizenzentzug für die Kickers durch den Deutschen Fußball-Bund, was die Versetzung in die Oberliga bedeutete. Grund genug für Weber, dem heftigen Werben des damaligen Eintracht-Vizepräsidenten Bernd Hölzenbein nachzugeben und am Riederwald einen Vertrag zu unterschreiben.

In Frankfurt schaffte Ralf Weber, der als seine Stärken Geduld, Ehrgeiz und Ehrlichkeit angibt, auf Anhieb den Sprung in die erste Formation und gleichzeitig in die U 21-Nationalmannschaft, in der er im Oktober 1989 debütierte. Aber welch ein Anfang. Schon nach fünf Minuten prallte er mit dem eigenen Torhüter zusammen und mußte den Platz verlassen. Es folgte eine fünfmonatige Verletzungspause. Erst im April 1990 kehrte er ins Eintracht-Team zurück. Auch in der Saison 90/91 plagte er sich mit einigen Verletzungen herum und brachte es nur auf 13 Meisterschaftsspiele. Hatte ihm sein damaliger Trainer Jörg Berger schon eine internationale Zukunft vorausgesagt, folgte unter dessen Nachfolger Dragoslav Stepanovic der absolute Durchbruch. In der Spielzeit, als die Eintracht im Mai 92 mit dem 1:2 bei Hansa Rostock die fast schon sichere Meisterschaft verspielte, zählte der Hobby-Angler Ralf Weber zu den unverzichtbaren Stützen. Er war in 33 Spielen mit von der Partie. Aber gerade dieses letzte Spiel voller Enttäuschung macht Weber arg zu schaffen. Vor lauter Wut über einen an ihm verwirkten und nicht gegebenen Elfmeter trat er hinterher eine Fernsehkamera um.

Die internationale Karriere ließ nicht lange auf sich warten. Unter Bundestrainer Berti Vogts bestritt Weber, der Spezialist für die linke Seite, neun Länderspiele, bis ihn eine schwere Verletzung im Knöchel weit zurückwarf und ihn dazu noch die Weltmeisterschaft 1994 in den USA kostete. Im August 1995 mußte er sich wieder operieren lassen, was eine Pause von fast zwei Jahren nach sich zog. Erst zu Beginn der zweiten Zweitligasaison konnte der zum Kapitän bei der Eintracht avancierte Weber wieder in die Bundesliga aufsteigen. Nach all den Jahren des Leidens war dies für den unermüdlichen Kämpfer und Antreiber seiner Mannschaft „der schönste Erfolg in meiner Karriere". Dank seiner Führungsqualitäten und seines steten Kampfes gegen die lange andauernde Verletzung war dies nur der gerechte Lohn.

**Vorbild und Vordenker: Kapitän Ralf Weber schafft mit der Eintracht den „schönsten Erfolg meiner Karriere" – und vielleicht sogar wieder den Sprung in den Kader der Nationalmannschaft**

*Richard Becker*

# Christoph Westerthaler

## Seine entscheidenden Argumente: Tore

Der kleine Tiroler ist schnell. Seine Verpflichtung ging ebenso schnell über die Bühne. Nur wenige Stunden vor Schließung der offiziellen Transferliste im Januar 1998 nahm die Frankfurter Eintracht Christoph Westerthaler bis ins Jahr 2000 unter Vertrag. Zuletzt hatte der ehemalige österreichische Nationalspieler in Zypern gekickt, bei Omonia Nikosia, was nicht für jeden Fußballspieler das höchste Glück darstellt. Dann schon lieber Frankfurt, die Eintracht, mit der aufzusteigen ein anderes, besseres Glück wäre.

Der am 11. Januar 1965 in Silz in Tirol geborene Westerthaler hatte nämlich den ausgeprägten Wunsch, eines Tages noch einmal in der deutschen Bundesliga zu spielen. Den Wechsel hatte die damals noch in Finanznöten steckende Eintracht extern abwickeln müssen, wobei sich vor allem Eintracht-Schatzmeister Gaetano Patella nicht lumpen ließ. Denn Westerthaler galt als ausgezeichneter Stürmer. In der österreichischen ersten Liga hatte Westerthaler für den FC Tirol (unter Trainer Ernst Happel noch zusammen mit Hansi Müller und Bruno Pezzey), Vorwärts Steyr und den Linzer ASK insgesamt 140 Tore erziehlt, was auch in dieser Liga keine Selbstverständlichkeit für einen Stürmer ist. Eine großartige Empfehlung aber ist es allemal. Trainer Horst Ehrmantraut charakterisierte den Tiroler als „gradlinig und ehrlich, als schnell, fleißig und laufstark". Und das alles, obwohl der Tiroler zuletzt auf Zypern, wo sein Vertrag ausgelaufen war, gar nicht mehr richtig mitgespielt hatte, er sich außerdem bei verschiedenen Vereinen in Holland, Österreich und Deutschland vorgestellt hatte. Zuletzt hatte er gar beim vom Karl-Heinz Körbel trainierten Eintracht-Ligakonkurrenten FSV Zwickau ein Probespiel (samt Treffer) bestritten, sich dann aber schnell noch der Eintracht angeschlossen.

Seine Routine und seine Erfahrungen halfen ihm ganz schnell, den Anschluß an die Leistungsstärke des Eintracht-Kaders zu finden. Seine Erfahrung half ihm auch über eine kleine Verletzung hinweg, die er sich beim Frankfurter Hallenturnier zugezogen hatte und die ihn im Trainingslager in der Türkei anfangs noch behinderte. Diese Verletzung war typisch für die Grundhaltung des neuen Mannes. „Ich wollte zum ersten Mal vor eigenem Publikum mein Bestes geben. Das hat mein Knie leider nicht ausgehalten. Außerdem: Ziehst du zurück, sagt jeder, guck mal, der zieht zurück, was ist das denn für einer, dieser Österreicher." Doch mit der Zeit kam der flinke Tiroler in Schwung und setzte sich im internen Konkurrenzkampf der Stürmer durch – mit den besten Argumenten, nämlich Toren. Trotz seiner für einen Stürmer geringen Körpergröße von 1,71 Meter gelangen ihm dank seines schlitzohrigen Strafraumverhaltens sogar Kopfballtreffer. Ihn überraschte das am wenigsten, „denn auch in Österreich hatte ich pro Jahr drei bis vier Kopfballtore gemacht". Westerthaler, der in seiner Freizeit am liebsten Golf oder Tennis spielt, wurde in der Aufstiegssaison zu einem ganz wichtigen Mann. Er erzielte das 1:0 in Meppen, das 1:0 in Uerdingen, das 3:2 bei den Stuttgarter Kickers, das 1:0 beim 1:1 in Leipzig. Das waren allesamt Treffer, die die Eintracht Stück um Stück der Bundesliga und damit auch Westerthalers Traum von der Bundesliga näher brachten. Denn auch die Medien in Österreich registrierten wohl das Auftreten „ihres" Westerthalers in Deutschland. „Westerthaler mit Eintracht Frankfurt in die Bundesliga, das interessiert die Leute offenbar", sagte Westerthaler zu den vielen Anrufen von Freunden, Bekannten oder Journalisten. Und Westerthaler, in Österreich zweimal Meister und zweimal Pokalsieger geworden, verstand es aufs Beste, mit seinen Toren dieses Interesse noch zu steigern.

**Flinker Tiroler mit dem Gespür für Tore: Christoph Westerthaler**

*Richard Becker*

# Chen Yang

## Pendler zwischen Welten

Fußballgeschichte schreiben, noch ehe der erste Ball gespielt ist. Chen Yang ist dieses Kunststück geglückt. Schließlich ist der Chinese der erste Fußballprofi aus dem Reich der Mitte, der sein Glück in der Fußball-Bundesliga sucht. Yang darf es, und er will es auch. Lange hatte es gedauert, bis die Politik gelockert wurde und der Mann aus Peking das Land verlassen durfte. Fünf Jahre Fußball bei Guoan Peking hatten als Referenz genügt. Der chinesische Fußball-Verband zeigte sich freizügig, wählte Chen Yang aus. Eingefädelt hatte das einmalige Projekt Klaus Schlappner, der einstige Waldhof-Trainer, der zuletzt als Nationalcoach und Berater in China bleibende Wurzeln in Asien geschlagen hat.

Chen Yang also. Ein Chinese alter Schule. Höflich, nett, zuvorkommend, ordentlich. Zu brav, um in der angeblich stärksten Liga der Welt zu bestehen. Der 24 Jahre alte Stürmer vereint viele Dinge, die eine Offensivkraft auszeichnen. Er ist schnell, kann mit beiden Füßen gleichstark den Ball behandeln und spielen, fintiert derart geschickt, daß der Gegner nicht weiß, an welcher Seite er vorbeizugehen gedenkt. Kurzum: Der Mann aus dem Reich der Mitte scheint wie geschaffen, um die Eintracht mit Toren in der Ersten Liga zu halten.

Wer aber ist Chen Yang? Als er vor ein paar Monaten auf dem Frankfurter Rhein-Main-Flughafen gelandet ist, hatte sein Arbeitgeber wohlweislich einen Dolmetscher engagiert. Der Neuankömmling sprach lediglich Chinesisch. Herr Wang und Chen Yang – das Duo war schnell gefunden, das fortan von Stadion zu Stadion reiste und täglich neue Dinge lernte. Schon bald wußte Yang, was der Trainer mit „Pressing" und „Paß in die Tiefe" meinte. Was die Eintracht nicht wußte: Ihr Chinese hatte Heimweh. Ein Großteil seines Gehalts fiel in den Schlitz einer Telefonzelle. Doch Chen Yang grämte sich nicht. Er biß sich durch, genoß schnell das Vertrauen seines Trainers und zeigte auch jenseits des Platzes für ihn ungeahnte Ge-

**Seine Spielweise lebt von der Athletik: Chen Yang beim Antritt (links)**

fühlsausbrüche. Als sich die Eintracht Ende Juli im Tiroler Wintersportort Seefeld auf die Saison in einem zehntägigen Trainigslager vorbereitete, brachte ihm Zimmernachbar Alexander Schnur ein paar neue Wörter bei.

„Dicke-Backen-Musik" wurde zum Renner. Das Gedudel einer Blaskapelle vor der Eintracht-Herberge und die Interpretation des Chinesen sorgte für allgemeine Erheiterung.

Vorerst ein Jahr lang, so ist es abgesprochen, soll Chen Yang für Stimmung und Gefährlichkeit bei der Eintracht sorgen. Stets gehört er in den vorbereitenden Trainigseinheiten zu den Eifrigsten. Der Chinese will sich keine Blöße geben. Er kämpft, rackert und sprintet, denn er weiß, daß nicht nur der Trainer seine Leistung genau betrachtet. Auch die Herren aus Peking achten darauf, daß „ihr" Mann in Deutschland eine gute Visitenkarte abgibt.

Ein chinesischer Fußballprofi in Frankfurt. Ein Pendler nicht nur zwischen den Kontinenten. Ein Pendler auch zwischen Trainingsplatz, Wohnung, Restaurant und Apfelweinlokal. Chen Yang hat sich einer großen Herausforderung gestellt. Er will und muß sich durchsetzen, damit das sportliche Projekt Zukunft hat.

Bum Kun Cha, der unvergessene Südkoreaner, hat es seinerzeit bei der Eintracht geschafft und sich einen Namen gemacht. Chen Yang strebt Ähnliches an. Ein Stück Fußballgeschichte des ersten Chinesen in der Bundesliga.

*Ralf Weitbrecht*

# Thomas Zampach

## Fußballgott

Braucht die Eintracht einen „Fußballgott"? Brauchen die Fans einen, den sie vergöttern können? Thomas Zampach ist nie gefragt worden, ob er diese Rolle übernehmen will. Sie ist ihm einfach zugetragen worden. „Zampe", wie ihn seine erstklassigen Spielkameraden nennen, ist mehr als nur eine Stimmungskanone. Gerade für die zumeist jugendlichen Anhänger, die kreuz und quer durch Deutschland gefahren sind, um ihre Eintracht und ihren „Fußballgott" in die Erste Liga zu schreien, ist Thomas Zampach fast schon eine Kultfigur geworden. Der 28 Jahre alte Zampach weiß um die Ausnahmestellung, die er genießt. Der gebürtige Frankfurter, einer der wenigen echten Hessen im Team der Eintracht, muß nicht nur die rechte Außenbahn rauf und runter marschieren. Er muß auch die Rolle spielen, die ihm zugedacht ist. Er posiert für den Fanartikel-Katalog, er gibt wie kein Zweiter geduldig Autogramme und Interviews, er ist immer fröhlich und immer nett. Eine Art Ziehaufmännchen? Ja dieser Mann ist sich sogar nicht zu schade, öffentlich vor tausenden von Leuten eine Heiratsantrag zu stellen. Welcher Fußballprofi kann schon von sich behaupten, so etwas gemacht zu haben?

Es geschah am 8. Juli 1998. Das Jahr des ersehnten Wiederaufstiegs der Eintracht in die Erste Fußball-Bundesliga. Das Jahr der wirtschaftlichen und sportlichen Konsolidierung. Auf dem Balkon des Römer, auf dem sich die meisterlichen Spieler ihren jubelnden Fans präsentierten, hielt Thomas Zampach inmitten der Feierlichkeiten um die Hand seiner Verlobten Annette an. Daß sie „ja" sagte, war nur eine Formalie. Bei solch einem Pfundskerl konnte sie nicht anders.

Mit Thomas Zampach ist die Rückkehr in die Beletage des deutschen Fußballs vollzogen worden – und das ist eine logische Folge. Schließlich hat er 162 Zweitligaspiele absolviert. Natürlich nicht nur für die Eintracht, sondern vornehmlich für den FSV Mainz 05. So viele wie kein anderer im Team der Eintracht. Zampach und die Eintracht – das ist wie eine sportliche Liaison fürs Leben. Seine Traumfrau hatte Zampach im Traumjahr 1998 ebenso gefunden wie seinen Traumverein. Eintracht Frankfurt, da wollte er schon immer hin. Also wäre er wohl auch mit dem Fahrrad vom Wehener Halberg an den Frankfurter Riederwald gefahren, um seine Unterschrift unter einen langfristigen Vertrag zu setzen. „Gekommen wäre ich sowieso", sagt er heute. „Auch für viel weniger Geld". Geld – das ist ihm nicht so wichtig. Wichtig ist für ihn, daß er Woche für Woche die Schuhe für seinen Lieblingsverein schnüren darf, für den er stets an Schmerzgrenzen geht. Er mag es, wenn er „beißen" darf. Wenn der Trainer von ihm verlangt, alles zu geben – und noch ein Stückchen mehr.

**Charakterkopf und Kämpfer: Thomas Zampach mag es, wenn er für „seine" Eintracht „beißen" darf**

Thomas Zampach ist eine wohltuende Erscheinung in der langen Liste unterschiedlichster Eintrachtspieler. Der Mann ist unkompliziert, geradeaus, sympathisch und höchst verträglich. Eine Stimmungskanone eben. „Fußballgott", das wollte er eigentlich nie sein. Doch er findet es nicht unangenehm, wenn die Aufmerksamkeit der Fans vor allem ihm gilt. Thomas Zampach, ein Typ, ein Charakterkopf. Ein gelernter Werkzeugmacher, der von den Fans zum „Fußballgott" gemacht worden ist. Das ist mehr wert als jedes Meisterdiplom.

*Ralf Weitbrecht*

# Der Trainer und sein Assistent

## Horst Ehrmantraut

Unbeirrbarer Tüftler aus Einöd

Schon der Arbeitsbeginn zeigte den ganzen Mann. Obwohl Horst Ehrmantraut wußte, daß das Präsidium der Frankfurter Eintracht noch mit einem aussichtsreichen Kandidaten für den vakanten

Trainerposten gleichzeitig in Kontakt stand, erbat er sich Bedenkzeit. Wer wagt so etwas schon? Manch einer seiner Kollegen hätte Hals über Kopf zugegriffen bei solch einer Chance. Das war in den Tagen vor Weihnachten 1996. Die neun Monate davor, nach einer Demission nach fünf Jahren höchst erfolgreicher Arbeit beim SV Meppen im Emsland, war Ehrmantraut arbeitslos. Doch „arbeitslos" definiert Ehrmantraut anders als andere. Für ihn bedeutet dies nicht, ohne Beschäftigung zu sein. Mit Fußball und anderen Dingen in diesem Leben beschäftigt sich der Trainer, der mit einer Schauspielerin verheiratet ist, ungemein intensiv. Diese neun Monate bedeuteten deswegen nicht Untätigkeit. Denn Horst Ehrmantraut war immer im Bilde über das, was sich auf den Fußballbühnen tat.
„Arbeitslos" – und dann will auch noch einer Bedenkzeit. Eckhard Krautzun war eigentlich der Favorit gewesen als Nachfolger des kurz zuvor entlassenen Dragoslav Stepanovic, der im Bundesliga-Abstiegskampf geholt worden war, den Abstieg nicht verhindern konnte und anschließend den Aufschwung nicht hatte einleiten können. Erst ein allerletztes Gespräch mit dem Verwaltungsratsmitglied Bernd Ehinger gab schließlich den Ausschlag für den Zuschlag an Horst Ehrmantraut. Der hatte zwei Tage lang in Einöd gesessen, zu Hause auf seinem umgebauten Bauernhof an der Grenze zwischen der Pfalz und dem Saarland, und hatte sich jeden zukünftigen Schritt wohl überlegt. Sein Konzept, die Frankfurter Eintracht vom Abstiegsplatz in der Zweiten Fuß-

**Kleiner Mann mit großen Zielen: Der Trainer beim Saisonstart**

ball-Bundesliga wegzubringen, hatte er abgegeben. Er hatte in der Theorie überzeugt, wie es anschließend ein anschauliches Beispiel gab für die Arbeitsweise dieses Mannes. Er wußte nur zu genau, welche Bürde er sich da aufhalste. Der Verein war hoch verschuldet und mit nur äußerst beschränkten Perspektiven. Die Mannschaft war auf dem Tiefpunkt ihrer Leistungsfähigkeit angelangt und mit ebenfalls nur beschränkten Perspektiven. Und da sollte gerade ein solch unscheinbarer kleiner Kerl wie Horst Ehrmantraut, von dem manch einer annahm, der kleinste Windhauch könnte ihn wegpusten, in diesem Sturm bestehen?
Anfangs wurde er ein Opfer der in Frankfurt in solchen Fällen grassierenden Großmannssucht. Einen Namen muß er haben, der Mann, der an erster sportlicher Stelle steht, eine schillernde Persönlichkeit muß er sein, vorzeigen muß man ihn können, an seiner Seite sich zeigen können. Er muß Ballyhoo machen können, den Verein in der Öffentlichkeit nicht in Vergessenheit geraten lassen.
Als ehemaliger Spieler der Eintracht kannte er sich aus in diesem Umfeld. In der Saison 1979/80 hatte der am 11. Dezember 1955 geborene Ehrmantraut 13 Bundesligaspiele für die Eintracht bestritten. Beileibe nicht viel, denn mit dem damaligen Trainer Friedel Rausch kam der auf der linken Seite mit einem starken linken Fuß als Flügelflitzer und Flankenschläger agierende Ehrmantraut nicht aus. Die Chemie stimmte zwischen dem Fußball-Pädagogen und dem ob seines Vollbartes „Festus" genannten Ehrmantraut nicht, sonst wären es in der Liga wohl mehr Spiele geworden. Aber: Horst Ehrmantraut bestritt damals immerhin vier Spiele im UEFA-Pokal für die Eintracht, wobei das vierte gleichzeitig das letzte und bedeutendste war. Es war das zweite Finale in diesem internationalen Wettbewerb gegen den nationalen Konkurrenten Borussia Mönchengladbach. Das Hinspiel hatten die Gladbacher 3:2 gewonnen, das Rückspiel hatte die Eintracht dank des schon legendären Treffers von Fred Schaub 1:0 für sich entschieden und sich damit diese Trophäe gesichert. Doch die Siegesfeiern hatten damals den spröden Charme einer Nockenwelle. Trotz dieses nach der Meisterschaft von 1959 bedeutendsten Erfolgs der Vereinsgeschichte herrschten Neid und Mißgunst vor. Der aktive Ehrmantraut bekam dies alles hautnah

mit und verabschiedete sich Ende der Saison nach Berlin zu Hertha BSC, für die er noch 30 Bundesligaspiele bestritt. Seine letzte Station als Aktiver war in der Heimat, beim FC Homburg an der Saar, bei dem er seine Laufbahn auch begonnen hatte. Für die Homburger brachte er es bis 1988 auf insgesamt 38 Einsätze in der höchsten Spielklasse. Schon mit 19 Jahren, im Sommer 1975, hatte er beim FC Homburg seinen ersten Vertrag unterschrieben. Er hatte sich den Fußball als Beruf ausgesucht. Nachdem er das Gymnasium mit dem Abitur verlassen hatte, wartete die Bundeswehr – und anschließend der Fußball.

**Flügelflitzer und Flankenschläger: Der einstige Profi Ehrmantraut**

Seine Karriere als Trainer kam in Berlin ins Laufen, in einer Stadt, zu der er die Verbindung nie abreißen ließ. Von 1989 bis 1991 betreute er die Mannschaft von Blau-Weiß 90 Berlin. Daß es diesen Verein später nicht mehr gab, war ihm nun wirklich nicht anzulasten. Schließlich hatte er diesen Club sogar zu einer unvermuteten Blüte geführt, zwischenzeitlich zu einer festen Größe in der Zweiten Liga gemacht. Und dann setzte er den SV Meppen auf die deutsche Fußball-Landkarte. Daß dieser Club aus dem Emsland (leider) als Synonym für alles Provinzielle des Fußballs hierzulande herhalten mußte, störte die stete sportliche Entwicklung nicht, die Ehrmantraut 1991 einzuleiten begann. Wie es seine Art ist, werkelte Ehrmantraut in aller Ruhe vor sich hin. Denn die Ruhe gewährte man ihm dort, wo das Unterfangen, sich im bezahlten Fußball zu etablieren, als schier aussichtslos erachtet worden war. Aber der zähe Ehrmantraut schaffte, was ihm keiner zugetraut hätte. Mit dem SV Meppen klopfte er sogar an die Pforten der Bundesliga. Bis April 1996, als die Kurve sich etwas nach unten neigte, das Vermögen der Mannschaft scheinbar ausgereizt war, lieferte Ehrmantraut redliche Arbeit ab. Dann bekam er (unfreiwillig) die Zeit, sich innerlich auf andere Aufgaben vorzubereiten. Der Abstieg des SV Meppen in die Regionalliga kam ausgerechnet in der Saison, als die Eintracht wieder aufstieg in die Bundesliga und Ehrmantraut seinen größten Triumph feierte.

Horst Ehrmantraut wußte nur zu gut, auf was er sich da zu Beginn des Jahres 1997 in Frankfurt einließ. Er wußte diese ständig lauernden Gefahren wohl einzuschätzen.

Schließlich war er über Nacht, direkt nach der Vertragsunterzeichnung, zur umstrittenen Persönlichkeit geworden, was seine Position, garniert mit ersten, völlig überflüssigen Angriffen aus der Öffentlichkeit, auch nicht gerade zu einem Fels in der Brandung machte. Aber gerade diese Anfeindungen, die einsetzten, bevor der Ball im Wettkampf überhaupt zum ersten Mal gerollt war, forcierten seine Anstrengungen und machten ihn gegenüber bestimmten Leuten noch mißtrauischer. Sie machten ihn noch mehr zu einem Mitglied der Gruppe, der er als Erster vorstand: der Mannschaft. Die wußte dies wohl zu schätzen, nachdem sich die ersten Erfolge eingestellt hatten. Denn nicht der Trainer stand stets im Mittelpunkt, sondern die Mannschaft. Darauf legte Ehrmantraut immer größten Wert. Immerhin führte sie Horst Ehrmantraut innerhalb weniger Monate von einem Abstiegsplatz plötzlich noch in die Ausläufer der Tabellenspitze. Zeitweilig durfte der zur Über-

Auch sie sind aufgestiegen: Die tollen Fans der Eintracht

raschung aller im Waldstadion und bei den Auswärtsspielen ungemein zahlreich vertretene Anhang sogar noch mit dem Aufstieg liebäugeln, der Rückkehr in die Bundesliga, trotz des völlig verkorksten ersten halben Jahres in der für alle ungewohnten zweitklassigen Umgebung. Aufgeschoben war aber nicht aufgehoben.

Horst Ehrmantraut hat etwas geschafft, was ihm die wenigsten zugetraut hatten. Wobei auch welche darunter waren, die für ein Scheitern seiner schier aussichtslosen Mission sogar die Daumen drückten – aus welchen verqueren Gründen auch immer. Ehrmantraut veränderte – aus gutem Grund – den bisher gewohnten Charakter von Eintracht-Mannschaften radikal. Nicht das spielerische Element, das einmal für die „Eintracht 2000" stand, wurde in den Vordergrund gerückt, sondern die kämpferische Note, wie sie in der Zweiten Liga nun einmal unabdingbar ist für den Erfolg. Gerade damit hatte die Eintracht unter Stepanovic im ersten halben Jahr nach dem Abstieg die größten Schwierigkeiten. Künstler, oder wer sich auch immer dafür hielt, sollten plötzlich Fußball arbeiten. Das war unter manches Kickers Würde und nicht jedermanns Sache, wenn es richtig was auf die Socken gab und man sich wehren mußte. Die trotz allem nicht vernachlässigte Kreativität mußte dem Kampf als oberstes Prinzip weichen.

Mit seiner Methode von Beharrlichkeit, Ordnung und Disziplin hatte Horst Ehrmantraut quasi über Nacht die Eintracht wieder zu einem wohlgelittenen Mitglied der hiesigen Fußballgesellschaft gemacht. Ohne viel Aufhebens, aber mit viel Arbeit, ganz viel Arbeit. Manche Leute finden Ungewißheit aufregend. Für Horst Ehrmantraut ist Ungewißheit jedoch die reinste Qual. Außer beim Pferderennen. Da ist sie für den (fast) ständigen Besucher der Vollblut-Veranstaltungen auf der Frankfurter Galopprennbahn in Niederrad die reinste Freude. Dieser Qual begegnet er mit einem Höchstmaß an Konzentration. Er nimmt der Ungewißheit die Spitze durch eine taktische und praktische Vorbereitung, die auf alle Eventualitäten, wie sie der Fußball (zum Glück) nun einmal bereithält, nach Möglichkeit eine passende Antwort findet. Wenn Horst Ehrmantraut im Trainingslager den Platz auf den Millimeter ausmißt, hält man dies für eine Marotte. Wenn er die Hütchen im Karree so auf den Rasen plaziert, daß sie sich schnurgerade wie die preußische Garde ausgerichtet präsentieren, hält man dies für übertrieben. Aber gerade diese Millimeterarbeit ist Teil seiner bis ins letzte ausgetüftelten Marschroute, eine Mannschaft in ihrem Vermögen zu maximieren. Auch deswegen liebäugelt Ehrmantraut, irgendwann einmal nach Ende der Trainerkarriere Vollblutrennpferde zu trainieren. Es ist das Unberechenbare in der Leistung, das berechenbar gemacht werden soll, was ihn reizt.

Zu Beginn seiner Arbeit zauberte Horst Ehrmantraut Übungen ins Tagesgeschehen, von denen

Auch das gehört zum Geschäft: Interviews nach Niederlagen zu geben

manch einer seiner langgedienten und routinierten Spieler von den Trainer-Vorgängern noch nie belästigt worden war. Belächelt wurde Ehrmantraut deswegen nicht. Denn es war die Abwechslung, die bei aller Intensität die sonst so öden Abläufe des Trainings durch verfeinerte Variationen belebte. Dieser feste Freund des Laktattests läßt seine Leute nicht einfach nur so laufen. Jeder Schritt will und muß wohl überlegt sein. Das Schlimmste, was Horst Ehrmantraut passieren könnte, ist, daß er sich eines Tages wegen irgend etwas Vorwürfe machen müßte. Daß er als Chef der Logistik irgend etwas übersehen haben könnte, daß ihm irgend etwas durchgerutscht sein könnte aus Fahrlässigkeit. Und so

**Tüftler und Taktiker: Ehrmantraut feilt an der Perfektion**

zentriert er sich, wie er sagt, von Montag an auf die Pflicht des Wettkampfs am Wochenende, die ihn am Tag zuvor sogar in klösterliche Klausur treibt. Aus dieser Zentrierung könnte ihn noch

**Ehrmantraut setzt auch im Training auf Disziplin und Genauigkeit**

nicht einmal ein Pferderennen locken. Ein Fußballspiel ist für Horst Ehrmantraut mehr als nur das Verschieben von Positionen auf dem Spielfeld. Ein Fußballspiel ist für Horst Ehrmantraut die Vision von der Perfektion. Ein kaum zu erreichendes Ziel, das weiß auch Ehrmantraut, aber es ist ein Ziel, dem es sich mit aller Anstrengung nachzulaufen lohnt. Deswegen wütet Ehrmantraut im Detail, um den ihm Anbefohlenen den Sinn für das große Ganze näherzubringen. Wobei dieser Fanatikus auch zur Furie werden kann, wenn er an der Seitenlinie für die Mannschaft mitkämpft. Die Begeisterung der Schiedsrichter über dieses ausgelebte Engagement steht dabei im krassen Gegensatz zur Mannschaft, die eine solche Kampfeswut in ihrem Sinne wohl zu schätzen weiß. Horst Ehrmantraut powert sich jedes Mal aus, ob im Training, in der mentalen Vorbereitung, während des Spiels. Hundert Prozent sind ihm selbst nicht genug. Er geht jedes Mal an Grenzen, an das persönliche Limit. Das fordert er auch von seinen Spielern, weil er es im Übermaße vorlebt. Diesem Streß will er sich nicht auf Dauer aussetzen. Nach der Rückkehr in die Bundesliga bezeichnete er fünf Jahre als die Zeit, die er auf höchstem Level noch arbeiten wolle. Mehr wäre zuviel für einen, der seinen Beruf bis in die letzten Facetten auszureizen pflegt.

Mit einem Händchen für Spieler hatte sich Horst Ehrmantraut in

**Der Trainer als engagierter Vorkämpfer**

der Aufstiegssaison 97/98 (von der man vorher natürlich nicht wußte, daß es sie werden würde) eine Mannschaft aufgebaut, die er mit harter Hand, aber äußerst behutsam führte. Vielen war dies wohl bekommen. Den kreativen Libero Petr Houbtchev brachte sein Trainer sogar bis zu dem Punkt, daß der Bulgare im vorgerückten Alter plötzlich für seinen Verbandstrainer für die Weltmeisterschaft in Frankreich wieder interessant wurde. Doch als „Fußball-Rentner", wie sich Houbtchev selbst bezeichnete, wollte er nicht mit zur WM. Er wollte sich lieber unter Ehrmantraut auf die Bundesligasaison vorbereiten. Ehrmantraut holte einen bis dahin weitgehend unbekannten Regionalligaspieler wie Marco Gebhardt an den Riederwald. Gebhardt entwickelte sich unter Ehrmantrauts Anleitung auf Anhieb zu einer festen Größe. Auf rechts entwickelte sich Thomas Zampach zum Publikumsliebling. Einen scheinbaren Problemfall wie Ansgar Brinkmann beförderte Ehrmantraut kurzerhand zu einer Vertrauensperson, was dessen Leistung stabilisierte und ihn zu einem wertvollen Mannschaftsmitglied werden ließ. Ein auf Zypern versauernder Österreicher wie Christoph Westerthaler wurde zwischen Vor- und Rückrunde einfach so verpflichtet, was für den eine Verpflichtung zum Toreschießen wurde. Der ehemalige Nationalspieler Ralf Weber tastete sich als verantwortungsvoller Kapitän nach fast zweijähriger Leidenszeit unter Ehrmantraut wieder zu (fast) alter Leistungsstärke heran und wurde zudem für seine Kollegen zu der Integrationsfigur schlechthin. Horst Ehrmantraut schaffte es in kürzester Zeit, aus einer Schar sportlich nur scheinbar Minderbemittelten –

**Sein bisher größter Erfolg: Aufstiegstrainer Ehrmantraut läßt sich hochleben**

wobei der Trainer an ihren Qualitäten nie einen Zweifel ließ, nur freilegen muß man sie halt – einen Meister der Zweiten Liga und Rückkehrer in die Bundesliga zu machen. Ehrmantraut hatte aus seinem Kader etwas herausgeholt, von dem die wenigsten annahmen, daß es in ihm stecken könnte: die Mentalität eines Aufsteigers.

*Richard Becker*

# Bernhard Lippert

## Musterschüler, Rat- und Impulsgeber

**Zwei Mann, ein Team: Assistent Lippert und Chefcoach Ehrmantraut**

Der Mann hat den vielleicht schwierigsten Job. Bernhard Lippert ist Assistenztrainer der Frankfurter Eintracht. Einer zwischen den Polen. Mittler zwischen Cheftrainer und Mannschaft. Ideengeber, Aufwärmtrainer, Konditionstrainer, Ansprechpartner. Es sind viele Facetten, die zu den Tätigkeiten eines Assistenztrainers gehören. Assistenztrainer? Wieso wird man das?

Auch Bernhard Lippert träumt davon, eines Tages der bestimmende Mann an der Seitenauslinie zu sein. Auch er, der jahrelang mit seinem Markenzeichen, den lockig-wuseligen Haaren, auf den Plätzen der Oberliga hin- und hertingelte, hegt die Vision vom Chefposten. Doch alles zu seiner Zeit.

Lippert ist erst 36 Jahre alt. Da ist noch viel Zeit und Raum für Entwicklungen und Perspektiven. Sein Weg gleicht dem vieler Kameraden. Natürlich war der Mann aus Sailauf in Mainfranken früher selbst am Ball, hat Fußball gespielt, Tore vorbereitet und Tore geschossen. Doch plötzlich war Schluß. Ein Hüftschiefstand bedeutete das frühe Ende seiner Karriere. Das Schicksal meinte es sportlich nicht gut mit ihm. Denn was hätte aus Bernhard Lippert nicht alles werden können, wenn er als Dreiundzwanzigjähriger das Angebot des Hamburger SV angenommen hätte?

**Lockenkopf mit Durchblick: Analytiker Lippert**

Vorbei und vergessen die schönen Tage, die er als Fußballspieler bei der Spielvereinigung Fürth und Rot-Weiss Frankfurt verbracht hatte. Bernhard Lippert wandte sich der Alma Mater zu, studierte an der Frankfurter Johann-Wolfgang-von-Goethe-Universität Sport und Psychologie. Doch stets hielt er den Kontakt zum Fußball. So verwunderte es auch nicht, daß er ebenso schnell wie zügig und souverän die entsprechenden Scheine und Lizenzen erwarb, ohne die es heute im Fußballgeschäft keinen Job mehr gibt. Gemeinsam mit seinem jahrelangen Freund und Mentor Rudi Bommer besuchte er die Sporthochschule Köln, um die Ausbildung zum Fußballehrer zu absolvieren. Lippert beendete den Ausflug in den Westen mit der Abschlußnote zwei und der Zuversicht, seinen ohnehin reichen Wissensschatz um weitere Nuancen angereichert zu haben.

Weil Wissen Macht ist und den entscheidenden Vorsprung vor der Konkurrenz ausmachen kann, hat sich Bernhard Lippert entschlossen, für Eintracht Frankfurt die Ausbildung der Amateurmannschaft zu forcieren. Das war schon etwas anderes als nur die Kicker des Bezirksoberligavereins TSV Pflaumheim über den Platz zu schicken, für die Lippert als Einunddreißigjähriger die sportliche Verantwortung trug.

Bernhard Lippert und die Eintracht. Da ist mit der Zeit etwas zusammengewachsen, das zusammengehört. Daß der Mann, der eigentlich Lehrer werden wollte, heute als Assistenztrainer eines Bundesligavereins tätig ist, verdankt er zum Großteil seinem großen Engagement. Denn es blieb nicht im Verborgenen, daß seine Arbeit mit der Amateurelf schnell Früchte trug. Seite an Seite mit Rudi Bommer schaffte Lippert mit dem Talentschuppen der Eintracht vor ein paar Jahren den Aufstieg in die Regionalliga. Das war mehr als nur eine Meisterleistung des Trainernovizen, der Woche für Woche den Spagat machen mußte. Stets bedienten sich die Cheftrainer – egal ob Jupp Heynckes, Klaus Toppmöller oder Dragoslav Stepanovic – aus dem reichhaltigen Fundus der Amateurelf. Lippert mußte oft bis Freitag zittern, um zu erfahren, mit welchen Spielern er planen durfte. Das war schon ein Kreuz mit dieser Mittelfunktion zwischen Regionalliga und Bundesliga. Einerseits benötigte der Bundesligaka-

**Der Assistent im neuen Outfit für die Erste Liga**

der ein paar junge Kräfte für seine nationalen Einsätze, andererseits waren Lippert und Bommer darauf angewiesen, eine mehr oder weniger schlagkräftige Mannschaft in der Regionalliga aufzubieten, um nicht gleich wieder abzusteigen.

Die Beobachter hatten es ja schon irgendwie geahnt. Das konnte einfach nicht gutgehen. Der Talentschuppen stieg wieder ab, doch Lippert hielt die Treue und arbeitete fortan engagierter als je zuvor. Teilweise hatte er als nun alleiniger Cheftrainer nur sechs Spieler zur Verfügung, die durch personelle Kunstgriffe bis zum Anpfiff doch irgendwie immer wieder auf Mannschaftsstärke ergänzt wurden. Platz sieben in der Oberliga – das war ein respektables Resultat, das Lippert und seine jungen Leute nach dem Abstieg da zustande gekriegt hatten. Und dann geschah, was in vielen anderen Unternehmen an der Tagesordnung ist. Der Chef machte seinen Trainer zum Stellvertreter. Ehrmantraut kam in schlechten Zweitligazeiten, beförderte Bernhard Lippert zu seinem Assistenten und machte sich daran, die erste Mannschaft der Eintracht vor dem drohenden Absturz in die Regionalliga zu bewahren. Lippert war ihm in diesen schweren Stunden ein wichtiger Rat- und Impulsgeber. Er kannte ja all die jungen, hoffnungsvollen Spieler, mit denen er jahrelang gearbeitet hatte. Er wußte um die Qualitäten von Oliver Bunzenthal, Oka Nikolov, Thorsten Flick, Matthias Becker und vor allem Matthias Hagner. Doch der war einfach nicht zu halten. Hagner, der die einstige Oberligatruppe noch mit drei Toren im Entscheidungsspiel in die Regionalliga geschossen hatte, wechselte von der Eintracht zum VfB Stuttgart. Eine Personalentscheidung, auf die sich Lippert etwas einbilden kann. Hagner gehörte zu seinen Musterschülern. Doch auch Bernhard Lippert wurde zum Musterschüler. Er kümmerte sich mit großem Eifer um die Ausbildung der Torleute. Und er signalisierte sofort, daß es ihn auch reizen würde, den Rest der Profimannschaft auf Touren zu bringen. Also übernahm er auch noch das Aufwärmtraining, um seinen Chef zu entlasten.

Bei allem, was Bernhard Lippert in seiner bisherigen Trainerlaufbahn gemacht hat: Stets waren es Tugenden wie Bescheidenheit, Fleiß und persönliche Zurücknahme, die sein Wirken bestimmt haben. Lippert hat sich nie wichtig genommen. Wichtig war ihm immer der Blick für das große Ganze. Und stets konnte er darauf vertrauen, daß „seine Leute", die er groß gemacht hatte, ihren Weg schon gehen würden.

Bernhard Lippert, der Assistenztrainer. Doch wie lange noch? Wenn er 40 wird, hat er leise angedeutet, wäre ein Wechsel auf den Chefposten keine schlechte Sache. Doch lukrative Arbeitsplätze im öffentlichkeitswirksamen Fußballgeschäft sind rar. Gut möglich, daß Lippert sich einem Regionalligaverein anschließt, um eines Tages aufzusteigen. Gut möglich aber auch, daß er noch ein paar Jahre dem Verein die Treue hält, bei dem er die größten Sprünge gemacht hat: Eintracht Frankfurt. So oder so – der Sympathie ausstrahlende Fußballlehrer Bernhard Lippert steht vor einer guten Zukunft.

*Ralf Weitbrecht*

**Auch Lippert ist ein vielgefragter Mann bei den Medien**

# Die Führungsriege

Sie waren Geschäftsmänner, Persönlichkeiten, Karnevalsprinzen, Universitätsdekane, Börsenmakler – 34 Präsidenten (oder Vorsitzende) führten die Eintracht seit der Gründung im Jahre 1899. Sie machten aus den beiden Stammvereinen Victoria und Kickers den größten Sportclub der Stadt Frankfurt und in Hessen.

Als Kopf des Vereins werden die Präsidenten vor allem am Erfolg der Fußballer gemessen und mal bejubelt, manchmal geschmäht. Jeder einzelne prägte den Club auf seine Weise. Rudi Gramlich etwa führte die Eintracht zu internationalem Ansehen durch die erste Teilnahme einer deutschen Mannschaft 1960 im Europacupfinale. Achaz von Thümen sammelte in den 70er und 80er Jahren

drei DFB-Pokale sowie den UEFA-Pokal.

Doch nur wenige garantierten den Erfolg auf Dauer und hatten das Durchsetzungsvermögen, zukunftsweisende Änderungen im Verein voranzutreiben. Es zeigte sich vielmehr, daß die Eintracht oft erst in der Not die besten Anführer fand. Mehrfach stand dem Traditionsclub finanziell und sportlich das Wasser bis zum Hals. Doch im richtigen Moment riß der richtige Mann das Steuer herum. Das war auch nach dem Abstieg 1996 der Fall.

## Der Vereinsmensch

Ein Leben ohne Verein kann sich Rolf Heller nicht vorstellen. Es gibt sogar Freunde, die über ihn sagen: Die Eintracht ist sein Leben. Soviel steht immerhin fest: Ohne den Präsidenten gäbe es wahrscheinlich keine Eintracht mehr.

Nach dem sportlichen Abstieg drohte der finanzielle Kollaps. Keiner wollte mehr für ein Ehrenamt kandidieren. Der Ruf des Traditionsvereins in den sogenannten besseren Kreisen war restlos ramponiert als der mit Mühe und Not gefundene Präsident Hans-Joachim Otto nach nur drei Wochen Amtszeit seinen Rücktritt erklärte und öffentlich von „Bankrott“ sprach.

**Eintracht-Präsident Rolf Heller**

Während die Fernsehkameras den flüchtenden Otto im Bild behielten, rannen dem damaligen Vizepräsidenten Rolf Heller in der Pressekonferenz die Tränen übers Gesicht. Er wollte nicht davonlaufen: „Die Eintracht darf nicht sterben.“ Und einige Tage später wurde er vom Wahlausschuß zum Präsidenten des Vereins gewählt. Er übernahm ein Himmelfahrtskommando und holte die Eintracht mit seiner Vorstands-Mannschaft aus der Hölle. Für die

Rettung des Vereins stellte er seine berufliche Laufbahn hintan.

Kaum ein Vorgänger Hellers war beim „kleinen Mann auf der Straße" und bei den Fans in der Stehkurve so beliebt. Der Vereinsmensch Heller kommt an bei den einfachen Mitgliedern. Er läßt nie Zweifel aufkommen an seinem sozialen Verantwortungsbewußtsein. Heller leiht sein Ohr jedermann. Manchmal kann er nicht Nein sagen – ein Fehler, den viele Menschen gerne hinnehmen.

Daß er ganz selten Krach mit seinen Mitstreitern und Mitarbeitern hat, hält Heller für seine große Stärke: Eskalationen vermeiden, sich arrangieren für die gemeinsame Sache. Das Gemeinwohl liegt ihm am Herzen – so verhält man sich wohl nach 49 Jahren Vereinsleben.

Im Alter von sieben Jahren fing es an, bei der SG Riederwald. Der gebürtige Frankfurter Bub Rolf Heller war Vollblutstürmer. In der C-Jugend wurde er Hessenmeister. Dann wechselte er zu Viktoria Eckenheim, Union Niederrad, Makkabi Frankfurt. Doch mit 25 Jahren war die Karriere nach einem Kreuzbandriß im Knie vorbei. Und Rolf Heller ging den Weg vieler ehemals Aktiver – direkt vom Rasen in den Vorstand. Er wurde Jugendleiter und später Vorsitzender bei Viktoria Preußen.

Führt den Verein auf die richtigen Gleise: Eintracht-Präsident Rolf Heller

Immer noch ein gutes Gespür für den Fußball

Daneben entwickelte sich allmählich eine zweite Karriere im Hessischen Fußballverband (HFV). 1976 war Heller Kreisrechtswart, zwei Jahre später Bezirks- und schließlich 1980 Verbandsrechtswart. Drei Jahre lang war er Beisitzer im DFB-Sportgericht.

Die Jugendsatzung des HFV trägt noch heute in vielen Paragraphen Hellers Handschrift. Viele Neuregelungen hat er auf den Weg gebracht. Die Förderung der Nachwuchsarbeit war sein Anliegen. Und in seine Amtszeit als Jugendleiter der Eintracht von 1979 bis 1986 fielen die großen Erfolge der Talentschmiede am Riederwald: Zwei Meisterschaften mit den A-Junioren, eine mit der B-Jugend. Die Frankfurter Eigengewächse Thomas Berthold, Manfred Binz und Andreas Möller wurden sogar Nationalspieler. Von 1986 bis 1993 war Heller Abteilungsleiter der Amateurfußballer. Seit 1991 gehört er dem Vorstand des Thüringischen Fußballverbands an. Zu sagen hatte der Funktionär Heller immer etwas.

Jetzt steht er auf der anderen Seite des Fußballes – nicht mehr der unantastbare Verbandsmacher,

sondern als Vereinsvorstand in der Öffentlichkeit des Profigeschäfts. Er kennt beide Parteien und darf sich daher ein Urteil erlauben: „Vielleicht bin ich so etwas wie ein Visionär des Fußballs", sagt Heller. „Der Sport entwickelt sich weiter. Deshalb sind viele bestehende Hierarchien in den Verbandsstrukturen eher hemmend und völlig erneuerungsbedürftig. Vor allem die Förderung der Nachwuchsspieler muß überdacht und erleichtert werden. Wenn ein Verein in die Jugend investiert, kann es nicht sein, daß er nach der momentanen Regelung am Ende immer in der schlechteren Position ist. Ein Unding!

Wohin der Fußball sich in Zukunft auch entwickelt – zwei Dinge bleiben für den Vereinsmenschen Rolf Heller immer undenkbar: Ein Verein ohne die Fans in der Kurve und ohne die Jungen im Nachwuchs. Dafür kämpft er.

## Der Vorkämpfer

Für Werbestrategen ist das die gewinnversprechendste Kombination: Fußball und Bier. Das garantiert Geld und Absatz. Demnach ist Dr. Peter Lämmerhirdt der ideale Vizepräsident für die Eintracht.

Der studierte Rechtsanwalt, geboren am 15. März 1948 in Eisenach und aufgewachsen in Oberbayern und im hessischen Bad Hersfeld, kam übers Bier zum Fußball: 16 Jahre bei der Binding-Brauerei, dann Vorstandssprecher der Paulaner-Salvator-Thomas AG, Geschäftsführer der Fürstlichen Brauerei von Thurn und Taxis und schließlich bis 1997 Vorstandssprecher der Henninger AG in Frankfurt. Bereits 1996 knüpfte Lämmerhirdt die ersten Kontakte zur Eintracht, da er in seinen bisherigen Positionen die Vorteile für die Brauerei in der Zusammenarbeit mit den bedeutenden Imageträgern gesehen hat. Und als der Verein ihn einige Wochen später fragte, ob er sich eine Aufgabe im neuen Präsidium vorstellen könne, überlegte Lämmerhirdt nicht lange.

„Meine Sache ist das Verkaufen. Und wenn man etwas verkaufen will, ist es Wurst, ob das nun Bier oder die Dienstleistung Eintracht ist", umschreibt Lämmerhirdt als Marketingchef der neuen Eintracht GmbH sein Credo: „Man braucht ein gutes Produkt mit einem erstklassigen Markennamen."

Und der Name Eintracht hat im Fußball sowohl bei Zuschauern als auch bei Werbepartnern einen guten Klang. Der neue Trikotsponsor Interkom zahlt soviel wie nie zuvor. Die Zahl der Sponsoren im Marketing-Fonds hat sich annähernd verdoppelt nach dem Aufstieg.

Der Verein läßt sich wieder vermarkten. Und der Sport insgesamt ist ein Millionengeschäft geworden, das finanziell noch lange nicht ausgereizt ist. Die Branche verzeichnet regelmäßig Zuwachs. Beim Blick in die Zukunft hat Lämmerhirdt Vorbilder im Auge

**Für Lämmerhirdt eine gewinnversprechende Kombination: Bier und Fußball**

**Dr. Lämmerhirdt auf Tuchfühlung mit den Fans**

wie Englands Traditionsklub Manchester United – „wegen des immensen wirtschaftlichen Erfolgs" – und Bayer Leverkusen – „weil der Verein neben außerordentlichem Erfolg im Profibereich auch den Amateursport fördert und damit eine wichtige soziale Aufgabe erfüllt." Auf einem Mittelweg dazwischen sieht er die Zukunft der Eintracht. Lämmerhirdts Visionen vom Fußball nach dem Jahre 2000 klingen verlockend: Ein neues Stadion, das gleichzeitig Platz für Geschäftsmänner im VIP-Bereich und den einfachen Mann in der Stehkurve bietet. Ein unbeschwertes Fest für die Familie mit Fußball und gutem Service rund ums Stadion. „Wir müssen den Stadionbesuch viel attraktiver machen. Der Zuschauer will feiern", glaubt Lämmerhirdt: „Das fängt bei der Sicherheit und Bequemlichkeit für alle Besucher an und hört auf beim Programm rund um das Spiel. Zum Unterhaltungswert gehören neben dem Stadion-TV und wechselnden Attraktionen auch die traditionellen Bauchladenverkäufer, die während des Spiels durch die Zuschauerreihen laufen. Aber ich kann mir auch die Lufthansa-Party-Service-Verköstigung in unserem VIP-Raum vorstellen. Dabei denkt man automatisch an Urlaub. Und wenn sich die Prognosen über weiter steigende Arbeitslosigkeit bewahrheiten sollten, dann wird dem Sport eine wesentliche Aufgabe zufallen, um den sozialen Frieden in unserer Gesellschaft zu erhalten. Beim Fußball reagiert man Frust ab; beim Fußball identifiziert man sich mit dem Erfolg seiner Mannschaft. Der Verein wird dann viel stärker an Bedeutung gewinnen als intakte Gemeinschaft. Bei Eintracht muß man sich geborgen fühlen."

Seit 1971 ist Frankfurt Lämmerhirdts Zuhause. „Einen Abend vor meinem ersten Staatsexamen saß ich in Sachsenhausen in einer Kneipe beim Apfelwein. Und ich hatte noch nicht ausgetrunken, da wurde ich schon von fremden Menschen angesprochen, und es entwickelte sich ganz zwanglos eine Unterhaltung. Das hat mir gefallen."

Mittlerweile wohnt Dr. Peter Lämmerhirdt in Sachsenhausen. Äppelwoi und Bier trinkt er noch immer gern. Und bei seinen Unterhaltungen geht's jetzt vor allem um Fußball. Eine gewinnversprechende Kombination.

## Banker mit Herz

Der Mann, der aus dem Nichts kam. Es war im Spätherbst 1996, als Gaetano Patella, geboren am 5. Dezember 1940 im italienischen Bari und pensionierter Banker aus Königstein, eine neue Herausforderung suchte und sich als Schatzmeister bewarb. „Ich habe der Stadt Frankfurt für meine beruflichen Erfolge viel zu verdanken. Das möchte ich jetzt zurückgeben und dem Verein helfen. Schließlich ist Eintracht ein großes Aushängeschild dieser Stadt."

Während Eintracht vergeblich von Tür zu Tür lief, um Kandidaten für den Vorstand zu gewinnen, meldete sich da einer freiwillig, ohne daß ihn jemand gefragt oder empfohlen hatte; ein Mann, den niemand im Umfeld des Vereins kannte. Deshalb nahmen viele den bescheidenen Italiener mit den zuweilen idealistisch anmutenden Vorstellungen im harten Profi-Betrieb anfangs nicht recht ernst.

„Ich bin Humanist", sagt Patella. Und Menschlichkeit war plötzlich das Wertvollste, das dem in die Zweite Liga abgestürzten, konkursbedrohten Traditionsclub geblieben war. Schulkinder schlachteten ihr Sparschwein, Rentner knapsten kleine Beträge von ihrem Haushaltsgeld ab, um die Eintracht zu unterstützen. Eine Anteilnahme, die zu Herzen ging und die verhinderte, daß die Verantwortlichen der Stadt ihren größten Sportverein untergehen ließen. Eintracht war also noch nicht von allen guten Geistern verlassen.

Und am Riederwald formierte sich eine kleine, jedoch entschlossene Rettungsmannschaft aus Freiwilligen, die ihre Karrieren im Beruf zum Teil hinter sich hatten und ein neues Ziel brauchten. Hinter der freundlichen Fassade

Schatzmeister Gaetano Patella

Vizepräsident Gaetano Patella (rechts) mit Rolf Heller

des Cavaliere Ufficiale Gaetano Patella (zwei Bundesverdienstkreuze) traten bald auch seine anderen Stärken hervor: Mit Eifer und einer guten Portion Schläue arbeitete er täglich bis zu zwölf Stunden am Riederwald für die Zukunft des Vereins. Seine große Erfahrung als ehemaliger Geschäftsführer der Banco di Sicilia sowie der Banco di Napoli in Frankfurt, zweier renommierter internationaler Institute, waren dabei hilfreich. „Wenn es um Zahlen geht, macht man einem alten Banker nichts vor", schmunzelt der Italiener. Keine Rechnung, die ohne sein Wissen bezahlt worden wäre. Aber auch keine, die nicht pünktlich bezahlt worden ist.

Erstaunlicherweise knüpfte der rührige Patella bald auch im Fußball-Geschäft Kontakte. Im sportlichen Bereich hatten ihm die Fans nicht viel Urteilsvermögen zugetraut. Ein Irrtum! Patella erzählt gern von seiner eigenen Sportlerkarriere als Basketball-Profi in Italien. Eine Knieverletzung beendete seine Karriere als Aufbauspieler. Dribbeln und springen konnte er nicht mehr, doch die Denkart eines Berufssportlers blieb ihm vertraut. Fragen der Motivation und auch der Trainingslehre sind ihm nicht fremd. Und so schaltete sich Patella bei der Suche nach neuen Spielern und vor allem bei den Vertragsverhandlungen ein. Zusammen mit Geschäftsführer Klaus Lötzbeier brachte Patella alle Verträge der Aufstiegs-Mannschaft unter Dach und Fach. Und einige der abgebrühten Profi-Fußballer bissen dabei mit ihren Forderungen bei Patella auf Granit. Zäh aber freundlich machte er jeden mit den finanziellen Möglichkeiten und dem neuen Sparkurs des ehemals großspurigen Vereins bekannt. Für die Verpflichtung des österreichischen Torjägers Christoph Westerthaler zahlte Patella sogar 25000 Mark Ablöse aus seinem Privatvermögen. Es war und ist dem ehrenamtlichen Schatzmeister selbstverständlich, Geschäftsessen, Fahrtkosten und andere Spesen für den Verein aus eigener Tasche zu begleichen. Patella: „Unsere Stärke ist das Eintracht-Feeling. Wir sind wie eine große Familie."

Und plötzlich hatte der einstige Skandalverein vom Main auch beim benachbarten Verband, dem mächtigen DFB, keine Schwierigkeiten mehr. Patellas rigoroser Sparkurs, seine vorbildlichen Bilanzen imponierten den Herren des Lizenzierungs-Ausschusses. Denn auch für den Verband ist es wichtig, daß die Eintracht wieder ein Stück Bundesliga ist. Oder wie Patella es mit italienischem Pathos formuliert hat: „Unser Adler fliegt wieder!"

Nach dem Aufstieg pilgerte der gläubige Katholik Patella zu seinem Schutzpatron, dem Heiligen Antonius, nach Padua: „Die Rettung der Eintracht war ein Wunder. Der liebe Gott schütze uns!"

Gaetano Patella – ein Mann aus dem Nichts, der in die manchmal viel zu kalte Welt des Profi-Fußballs etwas Menschlichkeit und Respekt zurückbringen will.

## Die Seele der Amateure

Hans-Joachim Schroeder wurde am 30. April 1942 in Frankfurt geboren. Schon im Jahr 1960 trat er

**Präsidenten und Vorsitzende der Eintracht**

| | | |
|---|---|---|
| 1899–1911 | Kickers | Theo Streit/Ludwig Gatzert |
| | Victoria | Albert Pohlenk/Michael Pickel |
| 1911–1913 | FW | Rudolf Hetebrügge/Adolf Pohlenk |
| 1913–1915 | | Emil Flaßbarth/Arthur Cahn |
| 1915–1919 | | Rudolf Hetebrügge/Michael Pickel |
| 1919–1926 | TSG Eintracht | Wilhelm Schöndube/Heinrich Berger |
| 1926–1928 | SG Eintracht | Richard Baumgarten/Horst Rebenschütz |
| 1928–1933 | | Egon Graf von Beroldingen/Willi Lotz |
| 1933–1938 | | Hans Söhngen/Willi Lotz |
| 1938–1942 | | Adolf Metzner/Rudolf Gramlich |
| 1942–1945 | kommissarisch | Anton Gentil |
| 1945–1946 | kommissarisch | Christian Kiefer |
| 1946–1946 | | Günther Reis/Christian Kiefer |
| 1946–1949 | | Robert Brubacher/Carl Dimpfl |
| 1949–1955 | | Anton Keller/Ernst Geerling |
| 1955–1969 | | Rudolf Gramlich/Erich Gabler |
| 1969–1970 | Eintracht Frankfurt | Rudolf Gramlich |
| 1970–1973 | | Albert Zellekens |
| 1973–1981 | | Achaz von Thümen |
| 1981–1983 | | Axel Schander |
| 1983–1988 | | Dr. Klaus Gramlich |
| ab Nov. 1988 | | Dr. Joseph Wolf |
| ab Nov. 1988 | | Matthias Ohms |
| 6.5.–1.10.1996 | | Dieter Lindner |
| 2.10.–5.11.1996 | | Hans Joachim Otto |
| ab 2.10.1996 | | Rolf Heller |

der Eintracht Frankfurt, deren Ehrenmitglied er heute ist, bei. Beruflich ist er als Konrektor an der Joseph-von-Eichendorff-Schule in Obertshausen (Kreis Offenbach) tätig. Der Amateursport, besonders die Leichtathletik, ist seine Passion, für die er sich bei der Eintracht seit langem aktiv eingesetz hat: als Jugendwart, Abteilungsleiter und Beiratssprecher. Seit Oktober 1996 gehört Schroeder als Vizepräsident dem neuen Präsidium an; sein Hauptarbeitsfeld ist der Amateurbereich.

*Warum muß die Eintracht ein Verein für den Amateursport bleiben?*

Schroeder: „Abteilungen wie die Leichtathletik haben dem Verein noch vor den großen Erfolgen im Fußball internationales Renommee verschafft. Die Speerwerferin Tilly Fleischer, die bei den Olympischen Spielen 1936 die Goldmedaille gewann – oder Heinz Ulzheimer, der 1952 in Helsinki über 800 Meter und mit der 400-Meter-Staffel jeweils die Bronzemedaille holte, waren Idole. Und Weltmeister wie der Turner Ernst Winter oder die Leichtathletin Birgit Friedmann im ersten 3000 Meter-Lauf schrieben Geschichte. Die Tischtennisabteilung der Eintracht gehörte zu den Hochburgen dieses Sports in Deutschland. Heute treiben rund 2800 der fast 6000 Mitglieder aktiv Sport in den Amateurabteilungen. Der Amateursport ist auch ein sozialer Faktor; der Breitensport im Verein ist ein wichtiges Integrationsmittel, gerade auch für Jugendliche. Eintracht Frankfurt ist eben Fußball und mehr."

**Seit 1960 bei der Eintracht: Vizepräsident Hans-Joachim Schroeder**

*Welche Sportarten werden bei der Eintracht Frankfurt aktiv betrieben?*

Schroeder: „Wir bieten Basketball, Boxen, Eissport, Fußball, Handball, Hockey, Leichtathletik, Rugby, Tennis, Tischtennis, Turnen und Volleyball – wir sind ein guter, traditioneller deutscher Sportverein. Aber wir möchten uns auch öffnen für Trendsportarten wie dem Streetball oder dem Rollerskating. Eine eigene Cheerleader-Gruppe sorgt bei Beginn der Saison 98/99 bei den Bundesligaspielen im Waldstadion für zusätzliche Stimmung. Viele Jugendliche wollen mehr Fun als sich schinden; und wir müssen mit der Zeit gehen. Doch grundsätzlich gilt für uns der Leistungsgedanke auch im Amateurbereich."

*Funktioniert das noch ohne Bezahlung?*

Schroeder: „Wer Spitzensport bieten will, braucht finanzielle Unterstützung. Die wurde lange Zeit vom Hauptverein gewährleistet. Mittlerweile entwickeln die Abteilungen eigene Vorstellungen, wie man Sponsoren gewinnt und werden dabei professionell von der Marketing und Service GmbH unterstützt. Und vieles läßt sich unter dem klangvollen Namen Eintracht Frankfurt leichter vermarkten."

*Welche Sportarten streben im Moment nach oben?*

Schroeder: „Jede Abteilung steckt sich, im jeweiligen Rahmen, die Ziele selbst. Unsere Basketballer beispielsweise haben den Ehrgeiz, in die Zweite Liga aufzusteigen. Die Hockeyabteilung möchte die Damenmannschaft weiter als Aushängeschild fördern. Und unsere Leichtathleten wollen sich für große Wettbewerbe qualifizieren."

*Was bedeutet der Bundesliga-Fußball für die Amateure?*

Schroeder: „Zunächst einmal: Der Abstieg war auch in dieser Hinsicht ein Desaster! Schon wegen des Namens wurde automatisch auch auf allen Amateursportlern herumgehackt – ein deprimierendes Erlebnis. Deshalb war der Aufstieg unserer Profi-Fußballer wichtig für das allgemeine Selbstwertgefühl. Er stärkt das Image der andern Sportler im Verein."

*Lohnt es sich, für den Amateursport zu kämpfen?*

Schroeder: „Unbedingt! Ich widme meine gesamte Freizeit der Eintracht Frankfurt. Natürlich gibt es Höhen und Tiefen. Und man muß eine gewisse Besessenheit haben, um das 38 Jahre lang zu tun. Aber solange ich das Gefühl habe, gebraucht zu werden, mache ich weiter."

## Diener dreier Herren

Kann ein Mensch gleichzeitig zwei Herren dienen?
Geschäftsführer Klaus Lötzbeier hat sogar drei Chefs bei Eintracht. „Ich kann mir nicht vorstellen, daß ich mal nichts tue", sagt der ehemalige Leiter im Technischen Management des Computerriesen IBM. Wenn Frankfurts Großrechner streikten, schlug Lötzbeier Alarm. Er trug die Verantwortung für 18 Techniker und einen Etat von 40 Millionen Mark. Jetzt ist er Prokurist der neuen Eintracht Service GmbH, Blitzableiter für Präsident Rolf Heller und im zehnten Jahr als Jugendleiter tätig.
Auf der Geschäftsstelle erledigt Lötzbeier die Verwaltung der Amateurabteilung. Als Prokurist der neugegründeten GmbH überwacht er den Ablauf im Karten- und Fanartikel-Verkauf. Und als Jugendleiter koordiniert er die Ausbildung des Nachwuchses für Amateur-Abteilungsleiter Jürgen Tschauder.
„Es gibt bei Eintracht keinen Fußballer von der F-Jugend bis zu den Profis, den ich nicht kenne", sagt Lötzbeier stolz. Dabei wollte er selber mal Ringer werden. Der gebürtige Frankfurter stand für Viktoria Eckenheim auf der Matte – dem Verein des damals berühmten Max Leichter. Erst mit zwölf Jahren wechselte Lötzbeier zur Fußball-Abteilung des Vereins, der dann später in SV Viktoria Preußen umbenannt wurde.

**Klaus Lötzbeier**

Er stürmte in die erste Mannschaft und trainierte gleichzeitig die C-Jugend. 1981 wurde er Jugendleiter. Doch sein Herz hing bereits an der Eintracht. Lötzbeier: „Oft habe ich Spiele meiner Jungs verlegt, um die Bundesliga im Waldstadion sehen zu können." Und 1988 wurde sein Traum wahr. Heller holte ihn als Jugendleiter an den Riederwald – und 1996 dann aus dem Vorruhestand bei IBM an die Geschäftsstelle der Eintracht.
Präsident und Geschäftsführer sind einander mittlerweile freundschaftlich verbunden. „Obwohl wir ganz unterschiedliche Typen sind, ergänzen wir uns optimal", wie Heller es formuliert. Am Anfang seiner Amtszeit, als Heller die Vereinsgeschäfte noch vorwiegend von seiner Thüringer Dienststelle aus führte, kümmerte sich Lötzbeier zusammen mit Schatzmeister Gaetano Patella um die Tagesgeschäfte am Riederwald: Aktendurchsicht, Sponsorensuche, Vertragsverhandlungen.

Lötzbeier: „Ich hatte konkrete Vorstellungen für meinen Ruhestand. Die sind nun eben eingeschränkt. Meine Arbeitsbelastung ist so groß wie früher in meinem Beruf. Und es stört mich ungemein, wenn man vor Ehrenamt spricht und das im selben Atemzug mit Unprofessionalität gleichsetzt." Lötzbeier hat im Verein bis zum Aufstieg gute Arbeit geleistet – ehrenamtlich. Und wenn er irgendwann mal nicht mehr für Eintracht schuftet? „Dann treibe ich mich in Bibliotheken rum oder studiere vielleicht Geschichte."

## Das Team hinter der Mannschaft

Es gibt zwei Karrierewege, die man bei der Eintracht einschlagen kann. Vom Bolzplatz in die Bundesligaelf. Oder von der Tribüne auf die Reservebank. Die Fußball-Fans sehen vor allem die Stars auf dem Rasen. Doch für die Profis selbst zählt das Team hinter der Mannschaft: Masseure, Zeugwart, Betreuer. Da ist die Eintracht seit Jahren erstklassig besetzt.

Masseur Lutz Meinl ist der dienstälteste, seit 1981 im Verein angestellt. Er war selber Torwart in Fechenheim. Und nach Anpfiff fuhr er mit der Straßenbahnlinie 18 zur Eintracht. Meinl: „Mein erstes Spiel im Waldstadion war gegen den Hamburger SV. In der 30. Minute riß Uwe Seeler die Achillessehne." Fortan war Meinl Stammgast im G-Block bei den Treuesten.
„Wenn du einmal Fußballer warst, bleibst du Fußballer", sagt er heute. Doch Karriere macht Meinl neben dem Platz. Mittlerweile ist

der Masseur geprüfter Heilpraktiker. Er könnte auch ohne die Eintracht leben: „Aber es ist doch schöner im Stadion mit der Atmosphäre als in einer Praxis ohne Zuschauer."

**Lutz Meinl**

Rainer Falkenhain war ein Zuschauer. Als Vorsitzender des Fanclubs in Münster-Altheim schnupperte er Bundesliga-Luft. Über Eintracht-Siege freut sich der gelernte Bankkaufmann noch immer; doch mittlerweile wurde er vom neuen Präsidium zum Leiter der Lizenzspielerabteilung befördert. Bis auf einen zweieinhalbwöchigen Seitensprung zum Konkurrenten 1860 München war „Falke" seit 1985 bei Eintracht – und dort die rechte Hand der Manager Kraus, Gerster oder Hölzenbein. In der Branche ist der rührige Falkenhain mittlerweile bekannt wie ein bunter Hund. Klar, daß sein Verein von solchen Kontakten profitiert – ob es nun bei der Suche nach neuen Spielern, bei der Abmachung von Privatspielen und Trainingslagern oder um formelle Angelegenheiten mit dem Deutschen Fußball-Bund geht.

Friedel Lutz ist wirklich perfekt am Ball. Ob als Arbeitsgerät für seine Profis oder als Spielzeug für sich selbst – der Zeugwart behandelt die Kugel immer angemessen, mal mit Gefühl im Fuß, mal mit dem Schrubber in der Hand.
Seine Karriere bei der Eintracht hatte der frühere Nationalspieler 1973 schon mal beendet. Mit 200 Bundesliga-Einsätzen für die Frankfurter liegt er in der vereinsinternen Statistik noch immer auf Platz 14. Und als Mitglied der Mannschaft, die 1959 die Deutsche Meisterschaft gewann, schrieb er ein Stück Fußballgeschichte mit.
Auf Torejagd geht der Hobby-Kicker noch immer regelmäßig. Doch erst Weltmeister Bernd Hölzenbein überredete Lutz 1995,

**Rainer Falkenhain**

den Platz auf der Tribüne doch mit dem auf der Betreuerbank zu tauschen.

Gunther Ronconi schaffte es als Hobby-Fußballer bis in die Lan-

**Friedel Lutz**

desliga. Dann erlernte er den Beruf des Masseurs: „Weil ich etwas mit Sportlern tun wollte." Über die ehemaligen Profi-Vereine Darmstadt 98 und den FC Homburg führte sein Weg zur Eintracht. Was für viele wie ein Taumjob aussieht, ist harte Arbeit. Ein Betreuer in der Bundesliga ist fast jedes Wochenende im Jahr unterwegs. Während der Vorbereitung auf die Vor- und Rückrunde gibt es sechs Wochen lang fast keine Freizeit. Geregelte Arbeitszeiten sind in diesem Job unmöglich. Ronconi: „Das erschwert ein Familienleben. Du brauchst einen Partner, der das akzeptiert."

*Roland Palmert*

# Der Amateursport

# Mehr als Fußball

## Der Amateursport bei der Eintracht

Frankfurt empfängt den zweifachen Bronzemedaillengewinner der Olympischen Spiele von Helsinki, Heinz Ulzheimer

In welcher Disziplin wollen Sie starten, und von welchem Verein kommen Sie? Diese beiden Fragen wurden an Heinz Ulzheimer gerichtet, als dieser 1945 im zerbombten Frankfurt erstmals nach dem Krieg auf der noch erhaltenden Sportanlage „Am

Heimchenweg" in Höchst an einem Leichtathletik-Sportfest teilnehmen wollte. Die erste Frage konnte der spätere zweifache Bronzemedaillengewinner der Olympischen Spiele von Helsinki 1952 prompt beantworten. 400 Meter wollte er laufen. Aber welcher Verein? Es gab keinen. „Also vereinslos", stellte der Mann an der Meldestelle fest und fügte hinzu: „Bitte in weißer Hose und weißem Hemd ohne Aufdruck starten." Ulzheimer tat, was ihm aufgetragen wurde – und gewann das Rennen.

Doch kaum wieder zu Atem gekommen, war der vereinslose Ulzheimer gleich von vier Clubs umworben. Er entschied sich für Eintracht Frankfurt und streifte künftig das Trikot mit dem Adler über, um es während seiner gesamten sportlichen Karriere zu tragen. „Eintracht Frankfurt – schon der Name übte auf mich eine Faszination aus. Ich ging als Höchster Bub dahin, obwohl es weit war zum Trainingsplatz an der Rosegerstraße. Ich habe dann von den Erfolgen eines Adolf Metzner, eines Eugen Eldracher und einer Tilly Fleischer erfahren, lernte Männer wie Rudolf Gramlich und Ernst Geerling kennen, spürte das Gemeinschaftsgefühl, das zwischen den Abteilungen herrschte und wußte, daß ich hier richtig bin", erinnert sich der bekannteste Frankfurter Nachkriegs-Leichtathlet, der dem Verein noch heute die Treue hält. Der Leichtathletik-Besessene Christian Kiefer hatte das Talent des späteren Meisterläufers Ulzheimer bei dem erwähnten Sportfest 1945 erkannt. „Darf ich Sie Heinz nennen?", hatte er mich gefragt, weiß Ulzheimer von seiner ersten Begegnung mit einem Repräsentanten des Clubs vom Riederwald zu berichten. „Das hatte Stil, das hat mir imponiert – das war halt Eintracht Frankfurt." Andere Vereine umwarben später den erfolgreichen Mittelstreckenläufer, lockten gar mit Wohnung und Arbeitsplatz. Heinz Ulzheimer blieb Eintrachtler. Er hatte rasch erkannt, daß in diesem berühmten Traditionsverein „Fußball und noch viel mehr" stattfindet und daß gerade der Amateurbereich eine außergewöhnliche Vielfalt zu bieten hat.

Ulzheimers sportliche Zunft, die Leichtathletik, wurde – genau wie die Fußball-Abteilung – schon im Gründungsjahr des Vereins 1899 ins Leben gerufen. Seit 1909 schließlich gibt es Hockey bei der Eintracht, und zehn Jahre später – im Jahre 1919 – wurde die Box-Abteilung aus der Taufe gehoben. Dann ging es mit den Abteilungsgründungen zunächst fast im Jahresrhythmus weiter: Seit 1920 wird bei der Eintracht Tennis gespielt, seit 1921 Handball und seit 1923 Rugby. Nach dem Zweiten Weltkrieg folgte 1947 die Gründung der Tischtennis-Abteilung, seit 1954 fliegt der Basketball unter dem „Eintracht-Adler", und 1960 wurde die Eissport-Abteilung ins Leben gerufen. Zwei Jahre danach – 1962 – wurde das Angebot um Volleyball bereichert. Der jüngste Sproß ist im Grunde ein alter: Im Jahr 1968 stießen die Turner, die den Verein in der Vergangenheit verlassen hatten, wieder zur Eintracht.

Elf Amateurabteilungen sind es also, die neben dem Fußball, bei dem es Profis und Amateure gibt, bei der Eintracht zum Sport einladen. Elf Abteilungen, aus denen Geschichten und Anekdoten zu erzählen sind, in denen es Erfolge und Niederlagen gab. Elf Abteilungen, über die jetzt in einem Streifzug von 1899 bis an die Schwelle zum Jubiläumsjahr berichtet werden soll.

# Leichtathletik

## Der Eintracht-Adler in aller Welt

Von den Leichtathleten kann man der Jugend nicht erzählen, ohne in den Verdacht der Übertreibung zu geraten", hieß es in einer alten Festschrift der Frank-

Die Eintracht-Staffelläufer bei den zweiten Deutschen Kampfspielen in Köln im Juli 1926. Von links: Leunig, Welscher, Metzger, Franz, Klähn

furter Eintracht. Vieles klingt wie ein Märchen, aber es ist gelebte und erlebte Geschichte der Eintracht, die mit rund 5700 Mitgliedern derzeit der größte hessische Sportverein ist. In der Festschrift zum 60. Jubiläum hieß es weiter: „Die Läufer, Springer und Werfer des Vereins kamen noch weiter herum als die Fußballer. Sie zeichneten sich nicht nur durch Erfolge, sondern auch gleich ihren Kameraden aus den anderen Abteilungen durch unaufdringliches Selbstbewußtsein und wahrhaft noble Gesinnung aus."

Die mit bislang 198 deutschen Meisterschaften sowie etlichen amerikanischen, englischen, griechischen, niederländischen, luxemburgischen, österreichischen und Schweizer Titeln erfolgreichste Abteilung der Eintracht wurde von umsichtigen Männern wie „Papa" Leunig, Christian Kiefer, Ernst Geerling, Günter Köster, Walter Neeb, Fritz Gleim, Joachim Böttcher und Hans-Joachim Schroeder durch die letzten Jahrzehnte geführt, und es kommt bestimmt nicht von ungefähr, daß mit Hans-Joachim Schroeder derzeit ein Leichtathlet als Vizepräsident die Belange der Amateurabteilungen im Eintracht-Präsidium vertritt.

**Die Staffeln waren über Jahrzehnte eine Domäne der Eintracht. Grillmeister und Hornberger beim Wechsel im Vorlauf der Olympischen Spiele 1936 in Berlin**

Die große Zeit begann nach dem Ersten Weltkrieg mit der Ära der Sprinter und Hürdenläufer. Besonders die Staffeln waren über Jahrzehnte eine Domäne der Eintracht. Dabei spielte der Trainer und Journalist Otto Boer eine besondere Rolle, der den „Frankfurter Wechsel" einführte. Diese Art der Stabübergabe erfolgt ohne den sonst für jeden Läufer üblichen Wechsel des Staffelholzes von der einen Hand in die andere während des Laufs. Schon 1919 wurden die Sprinter Weider, Mäulen, Reis und Angstmann deutsche Meister in der 4 x 100 Meter-Staffel. Alex Weider, der in demselben Jahr Zweiter über 200 Meter bei den nationalen Titelkämpfen wurde, spielte später in ganz anderer Hinsicht noch eine Rolle in der Frankfurter Leichtathletik. Der Ingenieur konstruierte die erste Laufbahn in der Festhalle. Die Eintracht errang insgesamt 14 deutsche Staffelmeisterschaften im Sprint bei den Männern und vier bei den Frauen. Läufer wie Eldracher, Wischmann, Metzger, Geerling, Metzner, Hornberger, Welscher, Mäulen und Borchmeyer sorgten zwischen den beiden Weltkriegen für eine Kette von Siegen bei nationalen und internationalen Sportfesten sowie bei deutschen Meisterschaften.

**Von links: Welscher, Salz, Metzger, Boer, Leunig, Eldracher, Geerling, Raab**

Eugen Eldracher schrieb ein Stück Leichtathletik-Geschichte, als er nach einer strapaziösen Reise mit der Transsibirischen Eisenbahn durch Rußland bei einem Länderkampf in Japan startete und – nachdem er den bestehenden Weltrekord von 10,4 Sekunden mehrmals eingestellt hatte – in Korea als erster Mensch die 100 Meter in 10,3 Sekunden sprintete. Damit leistete er etwas derart Unglaubliches, daß der Rekord niemals Anerkennung fand.

Eine herausragende Rolle spielte auch Adolf Metzner, der 1931, 1932 und 1934 deutscher Meister über 400 Meter wurde und seine Laufbahn mit dem Gewinn der Europameisterschaft 1934 in Turin krönte. Der spätere Medizin-Professor wurde auch Präsident der Eintracht. Ein Sprinter und Staffelläufer von äußerster Zuverlässigkeit war Gerd Hornberger, den es aus der Pfalz zur Frankfurter Eintracht verschlagen hatte. In den Jahren 1936 und 1938 siegte er bei den Meisterschaften über 100 Meter, 1937 gewann er den 200 Meter-Lauf und wurde mit der 4 x 100 Meter-Staffel in Turin Europameister. Bei den Olympischen Spielen in Berlin 1936 gewann er – ebenfalls mit der 400 Meter-Staffel – die Bronzemedaille.

**Willi Welscher (rechts) im Länderkampf gegen Frankreich 1934**

Die Leichtathletik bei der Eintracht war aber schon zu dieser Zeit keineswegs eine reine Männersache. Das beste Beispiel ist die heute im badischen Lahr lebende 87 Jahre alte Tilly Fleischer, die Speerwurf-Olympiasiegerin von 1936, die liebevoll und mit großem Respekt „Königin Mutter" genannt wird. Die Metzgerstochter aus der Alten Gasse hatte, wenn es zum Training ging, immer einen Kringel Fleischwurst für die Kameradinnen in der Sporttasche. Tilly Fleischer war eine vielseitige Sportlerin. Sie sammelte nicht nur Lorbeeren im Speerwerfen, sondern wurde auch deutsche Meisterin über 4 x 100 Meter und im Handball sowie Stadtmeisterin im Tennis.

**Goldmedaillengewinnerin Tilly Fleischer in Berlin 1936**

Tilly Fleischers Triumphe fielen in eine überaus erfolgreiche Epoche der Adler-Träger. Neben ihr waren bei den Olympischen Spielen 1932 in Los Angeles die Eintrachtler Ernst Geerling, Adolf Metzner und „Schimmel" Willi Welscher mit dabei. Die Überfahrt mit dem Dampfer „Europa", die Zugfahrt von New York nach Los Angeles, das Treffen mit Hollywood-Star Marlene Dietrich, Tilly Fleischers dritter Platz im Speerwerfen und der vierte Rang im Diskuswerfen – das waren Sternstunden in der Karriere der jungen Eintracht-Sportler. Vier Jahre später bei den Olympischen Spielen 1936 in Berlin gelang schließlich Tilly Fleischer der Speerwurf zur Goldmedaille. Hornbergers Staffelbronze und Rang sechs von Doris Eckert über 80 Meter Hürden runden das Erfolgsbild der Eintracht-Olympioniken ab.

Nach dem Kriegsende 1945 standen die Sportler vor fast unüberwindlichen Schwierigkeiten: Zerbombte Anlagen, große Ernährungsprobleme, keine Sportkleidung und keine Verkehrsverbindungen zu den wenigen Trainingsplätzen. „Für vorbeikommende Passanten waren die auf dem Rosegger-Platz Trainierenden arme Irre", erinnert sich Heinz Ulzheimer, der sieben Mal deutscher Meister wurde, bei den Olympischen Spielen 1952 in Helsinki Bronze über 800 Meter und 4 x 400 Meter gewann und 1953 als erster Europäer im alten Madison Square Garden in New York über 1000 Yards eine amerikanische Hallenmeisterschaft errang. Ulzheimer, der später auch einige Jahre Abteilungsleiter der Eintracht-Leichtathleten war, verkörpert den erfolgreichen Neubeginn aus dem Nichts heraus. Seine Frau Margot war unter ihrem Mädchennamen Glöckner 1950 deutsche Meisterin im 100 Meter-

Lauf und 1952 ebenfalls Olympiateilnehmerin.

Die „Durststrecke" der Eintracht-Leichtathleten in den sechziger Jahren wurde durch die Geher unter dem „Trainerpapst" Hans Stahl wettgemacht, dessen Truppe mehr als 40 Einzel- und Mannschaftstitel sammelte. Bernhard Nermerich, Olympiateilnehmer 1968 und heute „freundlichster Taxifahrer Frankfurts", errang den Löwenanteil der Geher-Titel.

**Alexandra Keil bei den Leichtathletikmeisterschaften in Hanau**

Vier Frauen sorgten fortan für Glanzlichter im Eintracht-Trikot auch über den nationalen Rahmen hinaus: Die heutige Frankfurter Sportdezernentin Sylvia Schenk wurde 1972 deutsche Meisterin über 800 Meter und nahm auch an den Olympischen Spielen in München teil, die Mittelstreckenläuferin Birgit Friedmann gewann 15 deutsche Meisterschaften und wurde über 3000 Meter erste Weltmeisterin in der Geschichte der Leichtathletik. Uta Eckhardt holte acht Titel über 800 und 1500 Meter, Gaby Lesch setzte die Tradition mit vier Meisterschaften fort und war mit der Sprinterin Sabine Richter bei den Olympischen Spielen 1988 in Seoul vertreten. In Seoul gewann auch der Eintracht-Läufer Bodo Kuhn die Bronzemedaille mit der 4x400 Meter-Staffel. Vier Jahre zuvor in Los Angeles startete Uwe Schmitt über 400 Meter Hürden bei Olympischen Spielen, und 1996 in Atlanta kamen gleich drei Eintracht-Sportler zu olympischen Ehren: Alica Javad im Hochsprung für die Slowakei, Peter Blank (Speer) und Michael Möllenbeck (Diskus).

**Doris Eckert bei ihrem 80 Meter Hürdenlauf 1936 in Berlin**

Heute lassen die Marathonläuferin Iris Biba und die Werfer Susanne Keil und Holger Klose sowie Peter Blank den Eintracht-Adler auf internationaler Ebene fliegen. Ein Höhenflug durch ein Jahrhundert, der sein Ende längst noch nicht erreicht hat.

# Turnen

## Älter als der Hauptverein

Irgendwie ist das ja kurios. Da feierte eine Abteilung schon 1986 ihr 125jähriges Jubiläum. Und der Hauptverein folgt erst 13 Jahre später mit den Festivitäten zu seinem 100. Geburtstag.

**Die Turner der Eintracht sind älter als der Gesamtverein**

Das können doch nur die Turner sein. Diese Vorreiter allen Sports, die mithalfen, unsere demokratischen Strukturen zu erkämpfen. Das waren Männer wie der als Turnvater bekannte Friedrich Ludwig Jahn in Berlin und August Ravenstein in Frankfurt. Politik und gesellschaftliche Veränderungen spielten da eine große Rolle, aber auch das Stählen von Körper und Geist, der Wille zur Leistung und – im positiven Sinn gesehen – zur Disziplin. Selbstverständlich sind die Turner auch ein echtes Stück Eintracht. Wenn die Verästelungen in der Entwicklung auch kompliziert und heute schwer nachvollziehbar sind.

Fakt ist: 1861 wurde die Frankfurter Turngemeinde gegründet. Und das war der Ursprung der Turnabteilung der Eintracht, die heute 1300 Mitglieder zählt. Darunter sind 450 Kinder und Jugendliche bis 18 Jahre. Etwas im Sportbetrieb nicht alltägliches kommt hinzu: Dreiviertel der Mitglieder sind weiblichen Geschlechts. Gymnastik und Tanz, aber auch Rock and Roll spielen eine bedeutende Rolle. Der Schwerpunkt liegt hier auf dem Breitensport. Aber auch das ist „die" Eintracht!

In den alten Unterlagen wird die große Verschmelzung zur Frankfurter Turn- und Sportgemeinde Eintracht im Jahre 1920 beschrieben. Und dann ist von der „reinlichen Scheidung Turnen und Sport" im Jahre 1927 die Rede. Von der „Turn-Eintracht" und der „Sport-Eintracht" wurde viel berichtet. Und dann vom erneuten, denkwürdigen – von Albert Zellekens initiierten – Zusammenschluß 1968, der Fusion von Turn- und Fechtgemeinde Eintracht mit der Sportgemeinde Eintracht.

Soviel zu den „Formalitäten". Jetzt zur alten und jüngeren Geschichte. Am 22. Januar 1861 wurde die Frankfurter Turngemeinde gegründet. Damit begann auch die Geschichte des Turnens bei der Eintracht. Weitere Stationen waren 1880 das Fünfte Deutsche Turnfest in Frankfurt, 1882 der Erwerb des Grundstücks Oederweg 37 und zwei Jahre später die Einweihung der Turnhalle. Schon ab 1886 war Bernhard Gräser leitender Vorturner. Drei Jahre später wurde er erster hauptamtlicher Turnlehrer. Seit 1890 turnte eine Damenriege in der Vereinsturnhalle. Es folgten beachtliche Siege bei nordamerikanischen Bundesturnfesten durch Heinrich Berger (1905) und Josef Lindner (1909), und 1925 wurde schließlich von Georg Pfeiffer die legendäre Jahn-Riege gegründet.

In dieser turnte auch Ernst Winter, der 1934 Weltmeister am Reck in Budapest wurde. 1936 gewann er bei den Olympischen Spielen in Berlin mit der deutschen Mannschaft die Goldmedialle und errang die Bronzemedaille am Seitpferd. Der großartige Kunstturner ist im Alter von 35 Jahren im Zweiten Weltkrieg 1942 bei Stalingrad gefallen. Ihm zu Ehren wurde die Turnmannschaft, die nach dem Krieg gebildet wurde und in Deutschland zur Spitze zählte, Ernst-Winter-Riege genannt.

1946 gelang es, eine Gemeinschaft aus Frankfurter Turn- und Fechtclub und Turngemeinde Eintracht zu gründen, die sich Turn- und Fechtgemeinde Eintracht von 1861 nannte und in den Jahren von 1951 bis 1959 Ausrichter aller internationalen Kunstturnbegegnungen des Deutschen Turner-Bundes in der Frankfurter Festhalle war. Männer wie Karl Michel (ab 1963 der erste hauptamtliche Vereinsturnlehrer nach dem Krieg), Werner Becker, Hans-Joachim Schiemenz und später Ulf Schweikhardt spielten eine führende Rolle in der deutschen Turnszene. Schweikhardt, 1988 deutscher Meister im Pferdsprung, war auch eine Stütze der Bundesliga-Riege, die 1987 im Finale der besten Mannschaften Platz vier erreichte und bis 1996 erst- oder zweitklassig turnte.

Anneliese Laundl und Edith Gruschwitz wurden 1987 deutsche Meister im Zweier-Prellball. Heute gehören Mitglieder der 1987 gegründeten Rock 'n' Roll-Gruppe mit ihrem Leiter Peter Weigand der höchsten nationalen Klasse an. In der Klasse A tanzen mit Erfolg Birgit Frauenheim mit Andreas Herrmann, Kerstin Resch mit Martin Michaelis und Ellen Starke mit Michael Meller. Auch eine Cheerleader-Gruppe mit dem Namen „Red Eagles" übt seit Beginn der Fußball-Bundesliga-Saison 1998/99 in der Turnabteilung. Mit Hannelore Ruhl steht eine Frau an der Spitze der mitgliederstarken Turnabteilung.

**Von links: Uwe Hornung, Heiko Reinemer, Ulf Schweikhardt**

Mit den Turnern endet dieser Streifzug durch die Amateurabteilungen. Das Engagement vieler Menschen auf der Basis ehrenamtlicher Tätigkeit hat in den vergangenen Jahren großartige Leistungen ermöglicht. Bei Eintracht Frankfurt ist der Slogan des Deutschen Sportbundes „Im Verein ist Sport am schönsten" allzeit lebendig.

# Hockey

## Mit dem Krummstab auf Erfolgstour

Der dritte Sproß der Eintracht-Familie ist die im Jahr 1909 gegründete Hockey-Abteilung. Ihre Anfänge reichen bis zum Jahr 1906, als einige junge Männer unter primitiven Verhältnissen auf der Hundswiese zwischen den zwei legendären Bäumen, die auch als Tor für die Fußballspieler herhalten mußten, mit einem

Die Damen der Eintracht schrieben Hockey-Geschichte. Rechts Tina Burkert (Eintracht) gegen Britta Becker (Rüsselshein

Krummstab die Hockeykugel vor sich hertrieben. Wir wissen heute nicht mehr, aus welchem Material Stock und Ball hergestellt waren. Doch unbestritten ist, daß die Hockeyabteilung, die derzeit genau wie die Leichtathletikabteilung rund 230 Mitglieder zählt, große Erfolge verbuchen kann und im Laufe ihrer Geschichte auch einige Olympioniken hervorbrachte. Auch die Hockeyspieler trugen den Namen der Eintracht schon früh in die Welt hinaus, denn bereits im Jahre 1909 wurde das erste Internationale Spiel beim Racing-Club Paris ausgetragen. Ein Jahr später folgte das Rückspiel in Frankfurt. Knapp drei Jahre nach der Gründung – ein Novum für diese Zeit – trainierten erstmals Damen auf der Hundswiese. Der Grundstein zum Damenhockey in der Abteilung war gelegt. Der Ausbruch des Ersten Weltkrieges bereitete dieser Entwicklung aber ein vorläufiges Ende.

Um das Jahr 1920 wurde dann erstmals auf der Sportanlage an der Roseggerstraße eine Damenmannschaft aufgestellt, die bald zu den Spitzenmannschaften in Deutschland gehörte. 1925 wurde der alte Riederwald-Sportplatz mit einem speziellen Hockeyfeld zur neuen Heimat, fünf Jahre später konnte auch eine Jugendmannschaft gegründet werden. 1938 wurde im damaligen Gau Südwest eine Punktrunde eingeführt. Die Eintracht-Damen, die 1941 den dritten Platz in der Deutschen Meisterschaft belegen konnten und 1942 die Hessenmeisterschaft gewannen, gehörten von der ersten Stunde der obersten deutschen Spielklasse an. Dann erfolgte ein erneuter Rückschlag: Im Zweiten Weltkrieg wurde auch der Hockeyplatz am Riederwald bei einem Fliegerangriff zerstört.

Nach schweren Jahren des Neubeginns fand im Frühjahr 1953 auf dem neuerbauten Sportplatz am Riederwald die Einweihung des Hockeyfeldes statt. Bereits in der Saison 1950/51 konnten die Herren erstmals Hessenmeister werden, und mit der Einführung der Hallenrunde entstand eine völlig neue Spielform. Die Eintracht war bald in der Hallenrunde ebenso erfolgreich wie beim Spiel auf dem Freiluft-Feld.

In den letzten zwei Jahrzehnten erfolgte schließlich der große Aufschwung der Hockey-Abteilung. Die letzten Abteilungsleiter Kurd-Roland Roesler und Dieter Burkert, ehemalige Aktive der Herren- und Seniorenmannschaft, konnten auf Trainer Jürgen Fiedler setzen. Die Damenmannschaft, zweifellos das Aushängeschild der Abteilung, stand in jüngster Zeit sieben Mal im Endspiel um die deutsche Meisterschaft und holte 1991 den Titel im Feld und 1997 in der Halle. 1990 wurde in Amiens in Frankreich der Europapokal der Pokalsieger gewonnen.

Eintracht-Damen schrieben auch Hockeygeschichte in der Nationalmannschaft und errangen Medaillen bei den Olympischen Spielen in Los Angeles und Seoul. Dagmar Bremer trug 124 Mal das Nationaltrikot und war zugleich Spielführerin. Beate Deininger, Claudia Burgard und Birgit Mensch ergänzen die Reihe der Nationalmannschaftsmitglieder. Natella Krasnikowa, die aus der Ukraine zur Eintracht kam, war für ihr Land bei den Olympischen Spielen in Moskau erfolgreich. Stolz der Abteilung ist auch die Jugend, die in verschiedenen Altersklassen in den letzten zwölf Jahren 18 Mal im Endspiel stand und neun deutsche Meisterschaften gewann. 23 Hessenmeisterschaften und 14 Titel auf süddeutscher Ebene sprechen Bände für eine ausgezeichnete Jugendarbeit, die für die Zukunft hoffen läßt.

# Boxen

## Aus der „Eintracht-Schule" bis ins Profi-Lager

**Rechts: Robert Schwab, der langjährige Box-Abteilungsleiter der Eintracht**

Ein greifbares Objekt der erfolgreichen Boxsport-Ära der Frankfurter Eintracht steht heute im „Haus der Geschichte" in Bonn: der alte Boxring, der als der älteste in Deutschland gilt. Er hatte einst im Frankfurter IG-Hochhaus, dem Sitz der US-Militär-Vertretung, seinen Platz. GI-Boxer und Frankfurter Spitzenkönner kämpften in den Nachkriegsjahren in diesem Ring. Als „Gage" gab es einige Tafeln Schokolade und vielleicht auch mal ein Abendessen.

Doch der Reihe nach. Geboxt wird bei der Frankfurter Eintracht seit dem Jahre 1919. Gründervater ist Heinrich Dechent. Eintracht-Kämpfer sorgten in den zwanziger und dreißiger Jahren auf süddeutscher und deutscher Ebene für Furore. Der Begriff der „Eintracht-Schule" wurde geprägt. Und dieser Boom setzte sich auch nach dem Zweiten Weltkrieg fort. Mittelgewichtler Erich Walter, Junior Manfred Schneider im Schwergewicht und Reiner Hartmann (ebenfalls Schwergewicht) erkämpften die deutsche Meisterschaft. Später wurde Reiner Hartmann, sekundiert vom weltbekannten Trainer Angelo Dundee, auch Deutscher Meister bei den Profis. Er ist nicht der einzige Eintrachtler, der eine Profi-Karriere begonnen hat. Als Trainer arbeitete nach dem Krieg Walter Claus viele Jahre sehr erfolgreich.

Richard Louven, Abteilungsleiter der Eintracht-Boxer, organisierte den ersten Freundschaftskampf aller westdeutschen Box-Vereine in der ehemaligen DDR: Eintracht Frankfurt trat gegen BC Karl Marx Stadt an – das war eine nicht alltägliche Sportbegegnung.

Heute bietet die Box-Abteilung Manager-Boxen an und baut eine Jugendabteilung auf, in der auch Mädchen aktiv sind.

# Tennis

## Aktiv und erfolgreich

**Die Eintracht-Tennismannschaft im Jahre 1983. Oben (von links): Hussmüller, Herrmann, Heilig, Bültemeier, Löffler. Unten: Vogt, Kehder, Starke, Grosse-Ruyken**

Das heutige Gelände der Metro am Riederbruch war bis zum Zweiten Weltkrieg die Heimat der im Jahre 1920 gegründeten Tennis-Abteilung der Frankfurter Eintracht. Schon 1921 wurde dort das erste clubinterne Turnier ausgetragen. 1934 gewann die Eintracht die Kreismeisterschaft und 1938 sogar den Meistertitel des Gaues Hessen-Nassau. In den Kriegsjahren 1943/44 wurde die Tennis-Anlage der Eintracht zerstört.

Toni Gentil, der von 1935 bis zu seinem Tod im Jahre 1957 die Entwicklung der Abteilung prägte, setzte sich mit ganzer Kraft für den Neuaufbau der Tennisplätze am Riederwald ein. „Das Gelände bestand aus Schutt, Abfällen und Trümmern und war vom Unkraut überwuchert. Kein Mensch – auch die größten Optimisten nicht – hätten an die Entstehung einer so schönen Platzanlage, wie sie heute unser Sportfeld am Riederwald ziert, geglaubt", heißt es in einer alten Festschrift. Heute sind elf Freiplätze und eine moderne Drei-Platz-Tennishalle Wirkungsstätte der rund 400 Mitglieder der Eintracht-Tennis-Abteilung, die nicht nur die Jugend intensiv förderte, sondern auch deutsche und gar europäische Seniorenmeister präsentieren konnte.

Das neu erstellte Jugendkonzept mit den Bereichen Nachwuchs, Hobbyspieler, Mannschaftsspieler, Talente und Ranglistenspieler brachte rasch Erfolge. 1991 stiegen die Knaben (U 14) in die höchste deutsche Spielklasse auf, 1992 und 1993 spielten die Juniorinnen (U 18) ebenfalls in der höchsten Klasse, der Verbandsliga. Die Damen sind heute in der Gruppenliga vertreten, die Herren in der Verbandsliga, der zweithöchsten hessischen Spielklasse. Sie werden durch internationale Ranglistenspieler unterstützt, wie zum Beispiel durch den Davis-Cup-Spieler aus Venezuela, Jimmy Szymnaski. 1995 feierte die Tennis-Abteilung ihren 75. Geburtstag mit einer großen Jubiläumsveranstaltung auf dem Tennisgelände. Danach erfolgte eine Wachablösung: Nach 27 Jahren erfolgreicher Arbeit übergab Günter Heilig die Leitung der Abteilung an den langjährigen Jugendwart Christof Dungs.

Die Verbesserung der Infrastruktur der Tennisanlage zu einer „multifunktionellen Anlage", der Bau eines Einfamilienhauses für den Platzwart auf dem Tennisgelände, die Errichtung einer Spielerwohnung, die Installation der langersehnten Ballwand und die Renovierung der Umkleidekabinen in der Halle zeugen von der regen Tätigkeit einer funktionierenden Abteilung.

## Handball

### Große Turniere in der Festhalle

Kann sich das heute jemand vorstellen: Die Handballer der Frankfurter Eintracht tragen in der Festhalle vor einer großen Zuschauerkulisse ihre Spiele aus, und Woche für Woche kennt die Begeisterung keine Grenzen? Wohl kaum. Der Ruhm der 1921 gegründeten Handball-Abteilung ist längst verwelkt. Derzeit spielen zwei Männerteams in den Kreisligen B und C, die weibliche A-Jugend tritt in der Kreisklasse an, und die männliche Jugend bildet eine Spielgemeinschaft mit dem TV Bergen. Die Abteilungsführung versucht in einer Zeit, in der das Sportangebot für Jugendliche so groß wie niemals zuvor ist, junge Menschen für das Spiel, das einmal als „kleiner Bruder des Fußballs" bezeichnet wurde, zu begeistern. Aber das ist nicht einfach.

So bleibt nur der Blick zurück zur großen Handball-Epoche des Frankfurter Traditionsvereins. Und da waren es die Frauen, die schon früh die Akzente setzten. 1923 wurden sie beim Deutschen Turnfest in München deutscher Meister. Die Führungsposition in dieser erfolgreichen Mannschaft nahm damals Lullu Brenner ein. Seit Beginn der dreißiger Jahre wurden dann eine deutsche Meisterschaft sowie vier Süddeutsche- und zahlreiche Gaumeisterschaften gewonnen. In dieser Mannschaft spielte auch die Olympiasiegerin im Speerwerfen des Jahres 1936, Tilly Fleischer.

Das Männerteam der Eintracht erlebte vor dem Zweiten Weltkrieg seine Blütezeit. Fast jede Woche fanden in der Festhalle Turniere statt, die auch eine große Zuschauerresonanz fanden. Damals gab es noch keine deutsche Meisterschaft in der Halle, sonst wäre – so beurteilten es zeitgenössische Beobachter – ein Titelgewinn für die Eintracht fällig gewesen.

Nach dem Krieg erlebte die Handball-Abteilung ein auf und ab. „Wir tragen den verpflichtenden Namen Eintracht und führen im Gepäck den Ruhm und die Erfolge unserer Vorfahren", schrieb Manfred Birkholz Ende der fünfziger Jahre und konnte dabei von sportlichen Begegnungen im In- und Ausland berichten.

Die Frauen setzten auch in dieser Zeit zahlreiche Glanzpunkte. 1956 wurde Annemie Kübert in die Weltmeisterschafts-Auswahl berufen und zeigte dabei hervorragende Leistungen.

# Rugby

## Wie das „Ei“ nach Frankfurt kam

Im Spiel gegen den ASV Köln erkämpft sich die Mannschaft der Eintracht einen Einwurf in die Gasse (1966)

Als der Sprinter Friedel Söhngen, zweimaliger deutscher Meister mit der 4 x 100 Meter-Staffel der Eintracht, 1923 von den Kampfspielen aus Göteborg nach Frankfurt zurückkehrte, hatte er interessante Nachrichten für seine Freunde von der Leichtathletik-Abteilung. Sein großer Gegner in Schweden, der australische Sprintermeister Carr, würde im Winter als Ergänzung seines Trainings Rugby spielen. Söhngens Vorschlag, das Spiel mit dem eirunden Ball ebenfalls als winterlichen Ergänzungssport aufzunehmen, wurde von vielen Leichtathleten begeistert aufgenommen. Einige Handballer und Boxer gesellten sich noch hinzu, und schon war der Grundstein für die Gründung der Rugby-Abteilung gelegt. Das intensive und von Zeitgenossen als unbarmherzig bezeichnete Training August Raabs machte es möglich, daß bereits am 19. Oktober des selben Jahres das erste Wettspiel ausgetragen werden konnte.

Schon im zweiten Jahr ihres Bestehens beteiligte sich die erste Mannschaft an den Meisterschaftsspielen und belegte im Mainbezirk den zweiten Platz. In dieser Zeit stand die Eintracht noch im Schatten des SC 1880 Frankfurt. Dort wurde schon viel länger Rugby gespielt. Die Rivalität war aber nicht nur sportlicher Art, wenn der feine Sportclub gegen den vermeintlichen Proletarierverein aus dem Arbeiterviertel Riederwald antrat. Heute lacht man über derartige Vergleiche in der Abteilung, die sich – wohl zu Recht – als die lustigste aller Eintracht-Gruppierungen bezeichnet.

Das 75jährige Abteilungsjubiläum 1998 war Anlaß zu einer Rückschau, und die fiel recht positiv aus: Zweimal wurden die Rugby-Spieler der Eintracht deutscher Vizemeister: 1940 unterlagen die Riederwälder im Endspiel gegen den FV 1897 Linden mit 19:6, und 1965 verlor die Eintracht gegen den TSV Victoria Linden mit 17:12. Achtmal wurde das Rugby-Team der Eintracht Hessenmeister. 1971 war es Mitbegründer der Bundesliga und spielte dort in der Südgruppe viele Jahre im oberen Tabellendrittel mit. Die Eintracht stellte zahlreiche Nationalspieler, Jugend- und Junioren-Nationalspieler sowie Akteure für die hessische und süddeutsche Auswahl.

Nach dem Abstieg aus der Zweiten Bundesliga zu Beginn der neunziger Jahre ist die Eintracht nur noch drittklassig. Anders als beispielsweise in den Rugby-Hochburgen Heidelberg und Hannover fehlt es an Spielern, vor allen Dingen an Nachwuchs. Ein Drittel der Mannschaft besteht derzeit aus Ausländern vor allem aus den im Rugby starken Ländern Frankreich und England, die ein, zwei Jahre zum Arbeiten oder Studieren in Frankfurt sind. Eine kontinuierliche Arbeit läßt sich so schwer gewährleisten.

Das soll sich jedoch ändern. Bereits seit Jahren kommen die meisten Nachwuchsspieler vom Frankfurter Liebig-Gymnasium, wo der Sportlehrer Jaromir Janousek eine erfolgreiche Rugbymannschaft aufgebaut hat, die fast ausschließlich bei der Eintracht spielt und 1996 die deutsche Schulmeisterschaft gewann. Jetzt soll auch bei anderen Schulen für Rugby geworben werden, und Abteilungsleiter Wolfram Kraft plant, eine Frauenmannschaft zu gründen.

# Tischtennis

## Einzigartige Erfolgsserie der Damen

Bei der mit rund 40 Mitgliedern kleinsten Abteilung der Frankfurter Eintracht, Tischtennis, ist es ähnlich wie beim Handball. Ein verbliebenes Häuflein von Idealisten betreibt als eine verschworene Gemeinschaft – wie es Abteilungsleiter Thomas Wasem formuliert – „aus Spaß an der Freude" das Spiel mit dem kleinen Celluloidball. Es gibt noch drei Herrenmannschaften, die in der Bezirksklasse 2, in der Kreisliga und in der Zweiten Kreisliga die Punktrunden bestreiten. Damenteams, Jugendmannschaften: Fehlanzeige. Und was waren das für große Zeiten, die die 1947 gegründete Tischtennis-Abteilung der Eintracht erlebt hat? Zwischen 1948 und 1959 wurden die Eintracht-Damen sieben Mal deutscher Mannschaftsmeister!

Die Tischtennis-Damen waren in den 50er Jahren nicht zu schlagen

Doch wird zunächst der Blick in die Gründerzeit gerichtet, denn auch hier gab der eingangs erwähnte Christian Kiefer sozusagen abteilungsübergreifend den Anstoß. Schon vor dem Zweiten Weltkrieg soll übrigens schon in der Turnhalle der Helmholtzschule von Mitgliedern der Tennisabteilung heftig „gepingpongt" worden sein. Aber erst in den Nachkriegsmonaten sprach Christian Kiefer den späteren langjährigen Abteilungsleiter Heinz Fuß auf der Straße an. Er solle doch mal das Handballtraining an der Roseggerstraße besuchen. Dort würde er bestimmt viele gute alte Freunde wiedertreffen. „Dem war wirklich so", schrieb Heinz Fuß später. „Ich war bald wieder der begeisterte Handballspieler früherer Jahre, der in den Herbstmonaten des Jahres 1945 an alles andere, nur nicht an Tischtennis dachte. Doch dann kam der Zufall zu Hilfe, und das waren unsere Hockeyspieler, die mit uns Handballern zusammen auf dem Roseggerplatz trainierten und im Anschluß an das Training im Sälchen der Gaststätte Hescher verschwanden, um dort die Ping-Pong-Schläger zu schwingen."

So wurde die Tischtennis-Abteilung geboren, die in der Comenius-Schule ihr Zuhause fand, nachdem die bis unters Dach mit Möbeln und anderem Kerschel vollgestopfte Halle von den Sportlern geräumt wurde. Schon bald war die Damenmannschaft in Hessen nicht mehr zu schlagen, der Name „Eintracht Frankfurt" wurde zu einem Begriff im deutschen Tischtennis: Sieger bei den Deutschen Mannschaftsmeisterschaften 1948, 1952, 1953, 1956, 1957, 1958 und 1959 sowie schließlich 1959 der Gewinn des erstmals ausgetragenen DTTB-Pokals. Am 12. Mai 1957 schlug eine große Stunde für die Eintracht-Spielerinnen Hanne Schlaf, Hilde Bussmann, Ellen Hennemann, Marianne Blumenstein, Annemie Mann und Christel Bischof, als der Bundespräsident die Erfolgsserie mit der Verleihung des Silbernen Lorbeerblattes belohnte. Zur großen Stütze der Eintracht wurde Hanne Schlaf, die bereits fünf deutsche Meistertitel gewonnen hatte, als sie von Lübeck an den Main übersiedelte. Fünf weitere kamen im Trikot der Eintracht hinzu, Hanne Schlaf bestritt 93 Länderspiele, war WM- und EM-Teilnehmerin, Rekord-Kapitän des Nationalteams und schließlich von 1961 bis Anfang der achtziger Jahre Damenwartin des Deutschen Tischtennis Bundes (DTTB). Deutsche Einzelmeisterschaften errangen für die Eintracht noch die sechsmalige Nationalspielerin Ilse Donath (1952) und Erna Brell (1957). 1965 konnten die Eintracht-Damen zum letzten Mal bei Deutschen Mannschaftsmeisterschaften unter die besten Vier vordringen.

Die Herren der Eintracht stritten lange Zeit mit dem TTC Mörfelden um die Vorherrschaft in Hessen und belegten 1957 (gegen TTC Mörfelden) sowie 1962 und 1963 (jeweils gegen TUSA 08 Düsseldorf) zweite Plätze im Wettbewerb der Deutschen Mannschaftsmeisterschaft. Von 1967/68 bis 1980/81 gehörten sie der Ersten Bundesliga an und erreichten 1971, 1973 und 1977 dritte Plätze. Rekord-Nationalspieler der Eintracht mit 40 Länderspielen ist Klaus Schmittinger, der seit 20 Jahren als Bundestrainer tätig ist. Zu je drei Länderspieleinsätzen brachten es Albert Schimmel und Günter Köcher. Ein Länderspiel bestritt Wolf Berger, der 1959 mit Hanne Schlaf die deutsche Meisterschaft im gemischten Doppel errang. Zwölfmal in der Nationalmannschaft spielte Heiner Lammers, der auch einige Zeit das Eintracht-Trikot trug, in dem er 1980 das Bundesranglistenturnier gewann und 1981 deutscher Meister im Doppel wurde.

Für ein Novum sorgte die Eintracht in der Ersten Bundesliga: Sie war der erste Verein, der einen Chinesen einsetzte.

## Eishockey

### Das große Werk des Günther Herold

Es gibt ein Bild, das den Frankfurter Dichter Johann Wolfgang von Goethe beim Schlittschuhlaufen auf dem gefrorenen Main zeigt. Eissport war also schon vor langer Zeit eine vergnügliche Beschäftigung der Menschen, längst bevor im Winter 1959/60 die Eissport-Abteilung der Eintracht gegründet wurde. Eishockey wurde in Frankfurt schon vor dem Zweiten Weltkrieg gespielt. Auf dem zugefrorenen Main oder – wenn es die Witterung erlaubte – auf den Tennisplätzen des SC Forsthausstraße oder des SC 1880 auf Natureis.

Dann kam für drei Jahrzehnte die große Zeit der Eintracht, die in Frankfurt einen Eishockey-Boom auslöste. Und unumstößlich verbunden ist diese Ära mit dem Namen Günther Herold, der für „sein" Eishockey alles opferte. Freizeit, Geld und letztlich seine Gesundheit. Sein Traum war erfüllt, als im Dezember 1981 am Ratsweg die neue Eishalle eröffnet wurde und die Eintracht in der Bundesliga meist vor vollem Haus spielte. Doch die Euphorie hielt nur wenige Jahre an. 1989 starb Herold, mittlerweile hauptamtlicher Manager der Eishockey-Eintracht. 1991 sah sich der Gesamtverein nicht mehr in der Lage, sich weiter diese kostenintensive Sportart leisten zu können und strich sie aus seinem Programm. Die „Löwen" traten als reiner Eishockey-Club die Nachfolge an.

Als Ende der fünfziger Jahre der Bau einer Kunsteisbahn im Stadion feste Formen annahm, war in Frankfurt allerdings von Eiskunstlauf viel und von Eishockey wenig die Rede. Mit Marika Kilius und Franz Ningel beheimatete die

**Jörg Hiemer (Eintracht) gegen Torhüter Karl Friesen (Rosenheim)**

Stadt ein Eislauf-Paar von internationalem Rang. Die Entscheidung fiel schließlich für den Standort im Innenraum der Radrennbahn im Waldstadion. Schon ehe der erste Spatenstich vollzogen war, schmiedete ein kleiner Kreis von Freunden des Eishockeyspiels bei der Eintracht Zukunftspläne. Initiatoren waren der damalige Präsident Rudi Gramlich und sein engagierter Mitstreiter Adi Kräuter.

Das erste Spiel der Eintracht fand am 14. Januar 1960 auf dem Kronberger Tennisplatz gegen die dortige Mannschaft unter einem Flutlicht besonderer Art statt. Die Handvoll Zuschauer postierten ihre Autos so, daß mit den Scheinwerfern die von einer nur wenigen Zentimeter hohen Bande begrenzte Eisfläche einigermaßen beleuchtet wurde. Mit kanadischer und amerikanischer Unterstützung vom Rhein-Main-Flughafen gewann die Eintracht dieses denkwürdige Spiel mit 5 : 1. Das „Unternehmen Eishockey" wurde dann zielstrebig weiterverfolgt. Während die Bauarbeiten an der Kunsteisbahn vorangingen, verpflichteten die Eintracht und die Stadion GmbH Gerhard Kießling, der sich als Trainer der DDR-Nationalmannschaft und beim Deutschen Eishockeymeister Preußen Krefeld einen Namen gemacht hatte, als Trainer und Organisator. Am 10. Dezember 1960 wurde die Kunsteisbahn in der Radrennbahn vor 10 000 Zuschauern eingeweiht.

Doch Eishockey bei der Eintracht bedeutete zunächst ein stetes Auf und Ab. Etwa 70 Zuschauer konnten im Stadion meist per Handschlag begrüßt werden – von den 7000 Besuchern, die später in die Eishalle am Ratsweg kamen, wagte kaum einer zu träumen. Höhepunkte waren allein die Derbys gegen den VfL Bad Nauheim, zu denen bis zu 8000 Fans kamen. 1968 gelang erstmals der Aufstieg in die Bundesliga, 1970 folgte nach diesem Höhenflug der Abstieg. Der unverdrossene und von seiner Idee besessene „Mister Eishockey" Günther Herold schaffte es mit großem persönlichen Einsatz, alle Klippen zu überwinden. 15 Monate lang spielte die Eintracht in der Halle in Rödermark,

Heimspiele wurden sogar einige Male an die Gäste „verkauft“, doch nach der Einweihung der Halle am Ratsweg im Dezember 1981 begann die große „Eis-Zeit“ mit vielen Zuschauern, die 1986 mit dem Wiederaufstieg in die Bundesliga gekrönt wurde. In der Elite-Klasse des deutschen Eishockeys spielte die Eintracht eine immer bessere Rolle, doch die finanzielle Belastung war für die Abteilung und den Gesamtverein gewaltig. Am 9. Mai 1989 erlitt Günther Herold, zwei Jahrzehnte Abteilungsleiter und danach Manager, an seinem Arbeitsplatz bei Eintracht Frankfurt eine Herz-Attacke, von der er sich nicht mehr erholte. Sein Lebenswerk konnte nicht weitergeführt werden. Am 18. März 1991 zog sich die Eintracht offiziell vom Eishockey zurück.

Geblieben ist in der Abteilung der Eisstocksport, der mit großem Engagement und Erfolg betrieben wird. 1983 fand in Frankfurt unter Mitwirkung der Eintracht sogar die erste Weltmeisterschaft im Eisstockschießen statt. Die Eintracht schaffte als Hessenmeister der Oberliga 1990 den Aufstieg in die Bundesliga und spielt hier seit Jahren eine führende Rolle. Bei den deutschen Meisterschaften in Mitterteich belegte Werner Mitterer als bisher bestes Ergebnis der Eintracht den dritten Platz.

## Basketball

### Eine selbstbewußte, dynamische Gemeinschaft

Den guten Namen, den die Eintracht schon in den anderen Sparten des Sports gewonnen hat, möchten wir auch auf dem Gebiet des Basketballs erringen helfen. Diese Zeilen sind in der Festschrift zum 60jährigen Jubiläum der Eintracht zu lesen und wurden 1959 geschrieben. Damals bestand die Basketball-Abteilung gerade erst fünf Jahre lang: Ein Team, das sich an der Universität gefunden hatte, zunächst als BC

**Von Moller (Eintracht) setzt sich im DBB-Pokalspiel gegen Alba Berlin durch**

Frankfurt in der Punktrunde spielte und sich dann fast komplett der Eintracht anschloß. Die guten Vorsätze, die in der Festschrift von 1959 formuliert wurden, konnten in die Tat umgesetzt werden. Heute präsentieren sich die Basketballer mit rund 400 Mitgliedern als eine selbstbewußte, dynamische Gemeinschaft, die sportliche Erfolge feiert und eine intensive Jugendarbeit betreibt. Heute spielen sieben weibliche Jugendmannschaften, acht männliche Jugendteams, vier Senioren-Herrenmannschaften, drei Senioren-Damenmannschaften und eine Freizeitgruppe. Besonders die Jugendlichen sorgten immer wieder für Furore in der kurzen Geschichte der Abteilung. Die jüngsten Beispiele: 1992 wurde die weibliche A-Jugend deutscher Meister, 1993 gelang dies der männlichen C-Jugend und 1995 der männlichen B-Jugend.

Als kleiner Zweig eines Großvereins mußten sich auch die Basketballer finanziell immer zur Decke strecken. So räumte beispielsweise die erste Herrenmannschaft 1969 aus finanzieller Not freiwillig ihren Platz in der Bundesliga, erst 1978 gelang der Wiederaufstieg. Von Erfolg gekrönt wurden auch die Bemühungen der Abteilungsleitung bei der Suche nach einem Sponsor. Eine Tochtergesellschaft des Frankfurter Bankhauses Metzler wird eine stattliche Summe beisteuern. Mit der soll schwerpunktmäßig das Herrenteam unterstützt werden, das in der Regionalliga spielt, sich aber den Durchmarsch in die erste Bundesliga als großes Ziel gesetzt hat. Die Damen, 1991/92 noch in der ersten Bundesliga, spielen zur Zeit in der Regionalliga.

## Volleyball

### Pioniere in Hessen

Eintracht Frankfurt war mit der 1962 gegründeten Volleyball-Abteilung einer der ersten Mitgliedsvereine im Hessischen Volleyball-Verband. Bald spielten die Eintrachtler auf Landes- und Bundesebene in den oberen Klassen. Einer der ersten

Lagebesprechung der Volleyballer. Von links: Masauck, Beckmann, Tholey, Schenk, Obmann Remy und Frommel

Abteilungsleiter war Horst Seibert, der von seinem Mitstreiter Lutz Eichler unterstützt wurde. Unter ihrer Führung spielten die Herrenmannschaft und die Damenmannschaft in der Bundesliga.

Mitte der siebziger Jahre trat Horst Seibert zurück, und die Abteilungsleitung wurde von Wolfgang Steinmetz, heute Vorsitzender des Hessischen Volleyball-Verbandes, übernommen. Ihm zur Seite standen unter anderen Lutz Eichler, Volker Thiele, Wolfgang Finke und Rolf Eifler. Ein weiterer Helfer war Michael Gregori, ehemaliger rumänischer Nationalspieler und späterer Bundestrainer der Herren im Deutschen Volleyball-Verband. In dieser Zeit nahm Eintracht Frankfurt sehr erfolgreich mit bis zu 15 Mannschaften (einschließlich der Jugend) an den Punktrunden teil und spielte mit der Herrenmannschaft in der Ersten Bundesliga und mit der Damenmannschaft in der Zweiten Bundesliga sowie mit den zweiten und dritten Mannschaften in den höchsten hessischen Spielklassen.

Mit Beginn der Spielrunde 1991/92 trat Wolfgang Steinmetz als Abteilungsleiter zurück, und Rolf Eifler übernahm dessen Position und Aufgaben. Zur Spielrunde 1997/98 gab Rolf Eifler die Leitung der zur Zeit rund 120 Mitglieder zählenden Abteilung in die Hände von Dieter Behrend. In der Saison 1998/99 startet die Eintracht mit acht Mannschaften. Leider ist die Leistungsstärke erheblich zurückgegangen. Es ist kein Eintracht-Team mehr in den Spielklassen des Deutschen Volleyball-Verbandes und auch nicht in den obersten Klassen des hessischen Volleyball-Verbandes vertreten.

*Walter Mirwald*

# Tabellen, Tore, Torschützenlisten

## Die Eintracht in Zahlen

### Chronik
Einhundert Jahre Eintracht Frankfurt

**1899** Gründung der Stammvereine Frankfurter Fußball-Club Victoria von 1899 (8. 3. 1899) und des Frankfurter Fußball-Club Kickers von 1899. Beide Clubs spielen auf der Hundswiese.

**1900** Gründung des Frankfurter Association Bundes. Die Mitglieder Victoria, Kickers, Germania 94, FSV Frankfurt und Bockenheim (später Rot-Weiß) spielen um die Frankfurter Meisterschaft. Endspiel: Germania 94 gegen Victoria 1:0.

**1901** Der Frankfurter Fußballmeister heißt Victoria.

**1907** Die Victoria erhält eine eigene Anlage an der Eschenheimer Landstraße. Diese Anlage ist die Vorstufe zum späteren Roseggerplatz.

**1908** Der Kickers-Stürmer Fritz Becker steht im Spiel gegen die Schweiz als erster Frankfurter in der Fußballnationalmannschaft. Deutschland unterliegt mit 3:5, von den drei deutschen Toren schießt Becker allein zwei.

**1910** Die Internationale Ausstellung für Sport wird mit einem Spiel Blackburn Rowers gegen FC Chelsea auf dem Platz der Victoria eröffnet.

**1911** Am 13. Mai fusionieren der Fußball-Club Kickers von 1899, der Fußball-Club Victoria von 1899 und der Turnsportverein von 1897 zum Frankfurter Fußball Verein e.V. (F. F.V.). Der neugegründete F. F.V. wird auf Anhieb Nordkreismeister.

**1912** Der Platz an der Roseggerstraße wird in Betrieb genommen. Die Fußballer verteidigen ihren Titel als Nordkreismeister mit Erfolg.

**1913** Die Fußballer werden wieder Nordkreismeister und zweiter der Süddeutschen Meisterschaft.

**1914** Der Erste Weltkrieg bricht aus. Die meisten Sportler werden eingezogen.

**1918** Nach Ende des Krieges treffen sich die Zurückgekehrten und beginnen mit der Neuordnung des Vereins.

**1919** Die Fußballer des F. F.V. werden erneut Nordkreismeister. Die Frankfurter Fußballgesellschaft Union 06 schließt sich der Turngemeinde an.

**1920** Der Frankfurter Fußball Verein, die Frankfurter Turngemeinde von 1861 und der Fußball-Club Union 1906 schließen sich im April unter dem Namen Frankfurter Turn- und Sportgemeinde Eintracht e.V. von 1861 zusammen. Der neue Verein bezieht am 5. 9. einen Platz am Riederwald gegenüber dem Ostpark. Die Fußballmannschaft der Eintracht wird Nordkreismeister.

**1921** Die Eintracht wird erneut Nordkreismeister.

**1924** Die Fußballer erstmals in Abstiegsgefahr, Paul Imke rettet die Mannschaft (im Spiel gegen Helvetia Frankfurt 1:0).

**1925** Das Frankfurter Waldstadion wird eingeweiht.

**1927** Auf Druck des Deutschen Turnverbandes spalten sich die Turner vom Sportverein ab. Es entsteht die Turngemeinde Eintracht Frankfurt von 1861 und die Frankfurter Sportgemeinde Eintracht e.V. (F. F.V.) von 1899

**1928** Paul Osswald wird als Trainer für die Fußballmannschaft verpflichtet. Die Mannschaft erringt die Mainmeisterschaft.

**1929** Die Fußballer bleiben Mainmeister.

**1930** Eintracht Fußballer werden Süddeutscher Meister.

**1932** Durch ein 2:0 im Stuttgarter Endspiel gegen

Bayern München werden die Fußballer der Eintracht Süddeutscher Meister.
Im Endspiel um die Deutsche Meisterschaft unterliegt die Eintracht Bayern München in Nürnberg mit 0:2.

**1934** Fußballweltmeisterschaft in Italien. Deutschland erringt den dritten Platz. Zum Team gehört der Eintrachtler Rudolf Gramlich.

**1938** Südwest-Meister

**1945** Der Eintracht-Platz ist zerstört und dient als Schuttabladeplatz. Der Sportbetrieb findet auf dem Rosegger-Platz statt.
Die Eintracht beteiligt sich an der ersten süddeutschen Meisterschaftsrunde im Fußball mit 16 Vereinen. Daraus entsteht die Süddeutsche Oberliga.

**1946** Die Fußballmannschaft gewinnt den Hessenpokal.

**1948** Das Vertragsspielerstatut im Fußball wird verabschiedet. Die Eintracht richtet eine Vertragsspielerabteilung ein.

**1951** Der neue (heutige) Platz am Riederwald wird eingeweiht.

**1953** Die Eintracht wird Süddeutscher Meister.

**1954** Fußballweltmeisterschaft in der Schweiz. Die Bundesrepublik Deutschland wird Weltmeister. Alfred Pfaff gehört zum Aufgebot.

**1956** Olympische Spiele in Melbourne.
Hermann Höfer vertritt die Eintracht dort bei den Fußballspielern.

**1957** Die Eintracht gewinnt die Deutsche Flutlichtmeisterschaft.

**1959** Die Eintracht wird Deutscher Meister durch einen 5:3 Sieg n.V. gegen Kickers Offenbach. Vorher wurde bereits der Süddeutsche Titel errungen.

**1960** Eintracht Frankfurt erreicht als erste deutsche Mannschaft ein Europapokal-Finale.
Im Endspiel um den Europapokal der Landesmeister unterliegt sie gegen Real Madrid im Glasgower Hampden Park mit 3:7.

**1963** Die Fußball-Bundesliga wird ins Leben gerufen. Die Eintracht ist dabei.

**1964** Die Eintracht erreicht das Pokalfinale und unterliegt 0:2 gegen 1860 München.

**1966** Fußballweltmeisterschaft in England.
Die Bundesrepublik Deutschland wird zweiter.

Von der Eintracht dabei: Friedel Lutz und Jürgen Grabowski

**1967** Die Mannschaft holt den Internationalen Fußball-Cup und den Alpen-Cup.

**1968** Fusion der Turn- und Fechtgemeinde von Eintracht Frankfurt von 1861 e.V. und der Sportgemeinde Eintracht Frankfurt (F.F.V.) von 1899 e.V. zu Eintracht Frankfurt e.V.

**1969** Die Fußball-Amateure werden Hessenmeister.

**1970** Fußballweltmeisterschaft in Mexiko.
Die Bundesrepublik Deutschland erringt den dritten Platz. In der Mannschaft steht Jürgen Grabowski.

**1972** Olympische Spiele in München.
Günther Wienhold, Jürgen Kalb sowie Bernd Nickel spielen in der Olympiamannschaft.
Die Bundesrepublik Deutschland wird Fußballeuropameister. In der Mannschaft steht Jürgen Grabowski.

**1974** Die Eintracht holt sich in Düsseldorf durch ein 3:1 nach Verlängerung über den HSV den DFB-Pokal.
Fußballweltmeisterschaft in München. Die Bundesrepublik Deutschland wird Weltmeister.
In der Mannschaft stehen von der Eintracht Bernd Hölzenbein und Jürgen Grabowski.
Die Fußball-Amateure der Bundesrepublik Deutschland werden Europameister.
Die Eintrachtler Günther Wienhold, Jürgen Kalb, Karlheinz Körbel, Helmut Müller und Wolfgang Kraus gehören zum Aufgebot.

**1975** Die Eintracht gewinnt erneut den DFB-Pokal. 1:0 gegen Duisburg durch ein Tor von Karlheinz Körbel in der 57. Minute.

**1980** Die Eintracht holt den UEFA-Pokal. Endspiele am 7. und am 21. Mai:
Borussia M'gladbach - Eintracht Frankfurt 3:2 und 0:1, das goldene Tor im Waldstadion schoß Fred Schaub.

**1981** Die Eintracht gewinnt in Stuttgart gegen den 1. FC Kaiserslautern mit 3:1 den DFB-Pokal.

**1988** DFB-Pokal Endspiel in Berlin. Die Eintracht gewinnt 1:0 gegen Bochum, der Torschütze heißt Lajos Detari.

**1990** Bundesliga-Torschützenkönig: Anderson (18 Tore)

**1991** Die meisten Bundesligaspiele: Karlheinz Körbel (602).

**1992** Die Eintracht verspielt die Deutsche Meisterschaft am letzten Spieltag bei Hansa Rostock.
**1993** Bundesliga-Torschützenkönig: Yeboah (20 Tore)
**1994** Bundesliga-Torschützenkönig: Yeboah (18 Tore)
**1996** Abstieg in die Zweite Bundesliga.
Nigeria wird mit Jay Jay Okocha Olympiasieger.
Deutschland wird Europameister, im Tor Andreas Köpke.

**1998** Aufstieg in die Erste Bundesliga.
**1999** Der Verein feiert sein hundertjähriges Jubiläum.

## Die Trainer der Eintracht

| Trainer | Dauer | Saison |
|---|---|---|
| Hermann Lindemann | 1945–1946 | 45/46 |
| Emil Melcher | 1946–1947 | 46/47 |
| Willi Tremel | 1947–1948 | 47/48 |
| Bernhard Kellerhof | 1948–1950 | 48/49 |
| | | 49/50 |
| Kurt Windmann | 1950–1956 | 50/51 |
| | | 51/52 |
| | | 52/53 |
| | | 53/54 |
| | | 54/55 |
| | | 55/56 |
| Adolf Patek | 1956–1958 | 56/57 |
| | | 57/58 |
| Paul Osswald | 1958–1963 | 58/59 |
| | | 59/60 |
| | | 60/61 |
| | | 61/62 |
| | | 62/63 |
| Paul Osswald | 1. 7. 1963–17. 4. 1964 | 63/64 |
| Ivica Horvat | 18. 4. 1964–30. 6. 1965 | 63/64 |
| | | 64/65 |
| Elek Schwartz | 1. 7. 1965–30. 6. 1968 | 65/66 |
| | | 67/68 |
| Erich Ribbeck | 1. 7. 1968–30. 6. 1973 | 68/69 |
| | | 72/73 |
| Dietrich Weise | 1. 7. 1973–30. 6. 1976 | 73/74 |
| | | 75/76 |
| Dieter Roos | 1. 7. 1976–8. 11. 1976 | 76/77 |
| Gyula Lorant | 9. 11. 1976–30. 11. 1977 | 76/77 |
| | | 77/78 |
| Dettmar Cramer | 9. 12. 1977–30. 6. 1978 | 77/78 |
| Otto Knefler | 1. 7. 1978–31. 12. 1978 | 78/79 |
| Friedel Rausch | 8. 1. 1979–30. 6. 1980 | 78/79 |
| | | 79/80 |
| Lothar Buchmann | 1. 7. 1980–30. 6. 1982 | 80/81 |
| | | 81/82 |
| Helmut Senekowitsch | 1. 7. 1982–17. 9. 1982 | 82/83 |
| Branko Zebec | 19. 9. 1982–17. 10. 1983 | 82/83 |
| | | 83/84 |
| Dietrich Weise | 30. 10. 1983–3. 12. 1986 | 83/84 |
| | | 86/87 |
| Timo Zahnleiter | 4. 12. 1986–30. 6. 1987 | 86/87 |
| Karlheinz Feldkamp | 1. 7. 1987–14. 9. 1988 | 87/88 |
| | | 88/89 |
| Pal Csernai | 15. 9. 1988–12. 12. 1988 | 88/89 |
| Jörg Berger | 18. 12. 1988–13. 4. 1991 | 88/89 |
| | | 90/91 |
| Dragoslav Stepanovic | 14. 4. 1991–30. 3. 1993 | 90/91 |
| | | 92/93 |
| Horst Heese | 31. 3. 1993–30. 6. 1993 | 92/93 |
| Klaus Toppmöller | 1. 7. 1993–10. 4. 1994 | 93/94 |
| Karl-Heinz Körbel | 11. 4. 1994–30. 6. 1994 | 93/94 |
| Jupp Heynckes | 1. 7. 1994–2. 4. 1995 | 94/95 |
| Karl-Heinz Körbel | 3. 4. 1995–30. 3. 1996 | 95/96 |
| Dragoslav Stepanovic | 1. 4. 1996–7. 12. 1996 | 96/97 |
| Rudi Bommer | 8. 12. 1996–31. 12. 1996 | 96/97 |
| Horst Ehrmantraut | seit 1. 1. 1997 | |

## Die höchsten Siege der Eintracht (1. Bundesliga)

| Spielpaarung | Erg. | Datum | Saison | SpT |
|---|---|---|---|---|
| Eintracht Frankfurt–Rot-Weiß Essen | 9:1 | 6.10.1978 | 74/75 | 7. |
| Eintracht Frankfurt–Werder Bremen | 9:2 | 15.11.1985 | 81/82 | 14. |
| Eintracht Frankfurt–Werder Bremen | 7:0 | 5.4.1968 | 63/64 | 26. |
| Rot-Weiß Essen–Eintracht Frankfurt | 1:8 | 8.5.1981 | 76/77 | 32. |
| Eintracht Frankfurt–Werder Bremen | 7:1 | 17.4.1981 | 76/77 | 30. |
| Eintracht Frankfurt–Tennis Borussia Berlin | 7:1 | 22.8.1980 | 76/77 | 2. |
| Eintracht Frankfurt–Tennis Borussia Berlin | 7:1 | 23.2.1979 | 74/75 | 21. |
| Eintracht Frankfurt–MSV Duisburg | 6:0 | 4.11.1983 | 79/80 | 11. |
| Eintracht Frankfurt–FC Bayern München | 6:0 | 23.11.1979 | 75/76 | 15. |
| Eintracht Frankfurt–VfL Bochum | 6:0 | 9.11.1979 | 75/76 | 13. |
| Eintracht Frankfurt–Rot-Weiß Essen | 6:0 | 31.3.1978 | 73/74 | 28. |
| Eintracht Frankfurt–1. FC Kaiserslautern | 6:0 | 12.9.1969 | 65/66 | 5. |
| Eintracht Frankfurt–SV Waldhof Mannheim | 7:2 | 11.11.1988 | 84/85 | 12. |

## Die höchsten Niederlagen der Eintracht (1. Bundesliga)

| Spielpaarung | Erg. | Datum | Saison | SpT |
|---|---|---|---|---|
| 1. FC Köln – Eintracht Frankfurt | 7:0 | 30.10.1987 | 83/84 | 12. |
| Eintracht Frankfurt–Karlsruher SC | 0:7 | 20.9.1968 | 64/65 | 5. |
| Borussia Dortmund–Eintracht Frankfurt | 6:0 | 24.3.2000 | 95/96 | 24. |
| Borussia Dortmund–Eintracht Frankfurt | 6:0 | 27.11.1992 | 88/89 | 16. |
| Eintracht Frankfurt–Hamburger SV | 0:6 | 14.4.1995 | 90/91 | 25. |
| FC Bayern München–Eintracht Frankfurt | 7:2 | 31.5.1985 | 80/81 | 32. |
| Eintr. Braunschweig–Eintracht Frankfurt | 5:0 | 22.9.1988 | 84/85 | 5. |
| 1. FC Köln–Eintracht Frankfurt | 5:0 | 26.10.1984 | 80/81 | 11. |
| Hamburger SV–Eintracht Frankfurt | 5:0 | 9.3.1984 | 79/80 | 24. |
| Borussia M'gladbach–Eintracht Frankfurt | 5:0 | 5.12.1974 | 70/71 | 17. |
| TSV 1860 München – Eintracht Frankfurt | 5:0 | 3.12.1971 | 67/68 | 16. |

## Die torreichsten Spiele der Eintracht (1. Bundesliga)

| Spielpaarung | Erg. | Datum | Saison | SpT |
|---|---|---|---|---|
| Eintracht Frankfurt – Werder Bremen | 9:2 | 15.11.1985 | 81/82 | 14. |
| Eintracht Frankfurt – Rot-Weiß Essen | 9:1 | 6.10.1978 | 74/75 | 7. |
| Eintracht Frankfurt – VfB Stuttgart | 5:5 | 17.11.1978 | 74/75 | 13. |
| Eintracht Frankfurt – Eintracht Braunschweig | 7:2 | 10.2.1984 | 79/80 | 21. |
| Eintracht Frankfurt – SV Waldhof Mannheim | 7:2 | 11.11.1988 | 84/85 | 12. |
| FC Bayern München – Eintracht Frankfurt | 7:2 | 31.5.1985 | 80/81 | 32. |
| FC Bayern München – Eintracht Frankfurt | 6:3 | 4.6.1976 | 71/72 | 32. |
| Eintracht Frankfurt – FC Schalke 04 | 6:3 | 4.9.1980 | 76/77 | 4. |
| Rot-Weiß Essen – Eintracht Frankfurt | 6:3 | 17.10.1977 | 73/74 | 11. |
| MSV Duisburg – Eintracht Frankfurt | 3:6 | 2.11.1995 | 91/92 | 16. |
| Rot-Weiß Essen – Eintracht Frankfurt | 1:8 | 8.5.1981 | 76/77 | 32. |
| Eintracht Frankfurt – Werder Bremen | 7:1 | 17.4.1981 | 76/77 | 30. |

## Top 10 – Torschützen der Eintracht
1. Bundesliga (1963/64–1995/96)

| Platz | Name | Vorname | Tore |
|---|---|---|---|
| 1. | Hölzenbein | Bernd | 160 |
| 2. | Nickel | Bernd | 141 |
| 3. | Grabowski | Jürgen | 109 |
| 4. | Yeboah | Anthony | 68 |
| 5. | Huberts | Wilhelm | 67 |
| 6. | Wenzel | Rüdiger | 51 |
| 7. | Cha | Bum-Kun | 46 |
| 8. | Solz | Wolfgang | 46 |
| 9. | Körbel | Karl-Heinz | 45 |
| 10. | Bein | Uwe | 38 |

## Top 10 – Torschützen der Eintracht
2. Bundesliga (1996/97–1997/98)

| Platz | Name | Vorname | Tore |
|---|---|---|---|
| 1. | Güntensperger | Urs | 11 |
| 2. | Weber | Ralf | 10 |
| 3. | Sobotzik | Thomas | 10 |
| 4. | Gaudino | Maurizio | 9 |
| 5. | Westerthaler | Christoph | 5 |
| 6. | Schur | Alexander | 5 |
| 7. | Ekström | Johnny | 5 |
| 8. | Epp | Thomas | 4 |
| 9. | Becker | Matthias | 4 |
| 10. | Brinkmann | Ansgar | 3 |

## Top 10 – Torschützen der Eintracht
Oberliga Süd (1945/46–1962/63)

| Platz | Name | Vorname | Tore |
|---|---|---|---|
| 1. | Pfaff | Alfred | 103 |
| 2. | Stein | Erwin | 75 |
| 3. | Kreß | Richard | 68 |
| 4. | Feigenspan | Ekkehard | 52 |
| 5. | Lindner | Dieter | 49 |
| 6. | Weilbächer | Hans | 48 |
| 7. | Schieth | Hubert | 45 |
| 8. | Schämer | Lothar | 43 |
| 9. | Kraus | Willi | 42 |
| 10. | Bäumler | Erich | 41 |

## Top 10 – Die meisten Spiele
2. Bundesliga (1996/97–1997/98)

| Platz | Name | Vorname | Spiele |
|---|---|---|---|
| 1. | Nikolov | Oka | 65 |
| 2. | Bindewald | Uwe | 63 |
| 3. | Schur | Alexander | 51 |
| 4. | Güntensperger | Urs | 44 |
| 5. | Houbtchev | Petar | 44 |
| 6. | Kutschera | Alexander | 34 |
| 7. | Zampach | Thomas | 33 |
| 8. | Gaudino | Maurizio | 32 |
| 9. | Sobotzik | Thomas | 32 |
| 10. | Epp | Thomas | 32 |

## Top 10 – Die meisten Spiele
1. Bundesliga (1963/64–1995/96)

| Platz | Name | Vorname | Spiele |
|---|---|---|---|
| 1. | Körbel | Karl-Heinz | 602 |
| 2. | Grabowski | Jürgen | 441 |
| 3. | Nickel | Bernd | 426 |
| 4. | Hölzenbein | Bernd | 420 |
| 5. | Falkenmeyer | Ralf | 337 |
| 6. | Binz | Manfred | 336 |
| 7. | Neuberger | Willi | 267 |
| 8. | Roth | Dietmar | 237 |
| 9. | Kunter | Dr. Peter | 234 |
| 10. | Trinklein | Gert | 230 |

## Top 10 – Die meisten Länderspiele
Eintrachtler in der DFB-Auswahl

| Platz | Name | Vorname | Spiele |
|---|---|---|---|
| 1. | Grabowski | Jürgen | 44 |
| 2. | Hölzenbein | Bernd | 40 |
| 3. | Köpke | Andreas | 28 |
| 4. | Gramlich | Rudolf | 22 |
| 5. | Berthold | Thomas | 21 |
| 6. | Bein | Uwe | 17 |
| 7. | Binz | Manfred | 14 |
| 8. | Lutz | Friedel | 12 |
| 9. | Möller | Andreas | 12 |
| 10. | Schütz | Franz | 11 |

## Top 10 – Die Spiele mit den meisten Zuschauern

| Platz | Saison | Spieltag | H/A | Ort | Gegner | Ergebnis | Zuschauer |
|---|---|---|---|---|---|---|---|
| 1. | 59/60 | Finale | N | Glasgow | Real Madrid | 3:7 | 127000 |
| 2. | 58/59 | 2 | H | Frankfurt/M. | FK Pirmasens | 3:2 | 81000 |
| 3. | 73/74 | 9 | A | München | Bayern München | 2:2 | 75000 |
| 4. | 58/59 | Finale | N | Berlin | Kickers Offenbach | 5:3 n.V | 75000 |
| 5. | 59/60 | 1. Halbfinale | H | Frankfurt/M. | Glasgow Rangers | 6:1 | 75000 |
| 6. | 60/61 | 3 | A | Hamburg | Hamburger SV | 1:2 | 71000 |
| 7. | 80/81 | Finale | N | Stuttgart | 1. FC Kaiserslautern | 3:1 | 71000 |
| 8. | 61/62 | 30 | H | Frankfurt/M. | 1. FC Nürnberg | 2:1 | 71000 |
| 9. | 77/78 | 11 | A | Stuttgart | VfB Stuttgart | 1:2 | 71000 |
| 10. | 73/74 | 31 | A | Gelsenkirchen | Schalke 04 | 1:3 | 70000 |

## Rekorde Eintracht Frankfurt

| | |
|---|---|
| **Bundesligazugehörigkeit** | seit der Gründung 1963 ununterbrochen bis 1996 (33 Jahre). Nur Hamburg und Köln (35) gehören länger der Bundesliga an. |
| **Bestes Saisonergebnis** | 1991/1992, Platz 3, 50:26 Punkte, 76:41 Tore. Jedoch wurde am letzten Spieltag die Meisterschaft verloren. |
| **Schlechtestes Saisonergebnis** | 1995/1996, Platz 17, 48 Punkte (Dreipunkteregel!), 43:46 Tore, Abstieg in die 2. Bundesliga |
| **Höchste Siege** | 9:1 im Heimspiel gegen Rot-Weiß Essen am 5.10.74 (höchster Heimsieg in der Bundesligahistorie)<br>Beim 8:1 auswärts bei Rot-Weiß Essen (höchster Auswärtssieg in der Bundesligahistorie) |
| **Torreichstes Spiel** | 9:2 im Heimspiel gegen Werder Bremen am 14.11.81 |
| **Höchste Niederlagen** | 0:7 im Heimspiel gegen Karlsruhe am 10.9.64<br>7:0 auswärts gegen den 1. FC Köln am 29.10.83 |
| **Bundesliga-Rekordspieler** | 1. Karl-Heinz „Charly" Körbel (602 Spiele)<br>7. Willi Neuberger (520)<br>20. Jürgen Grabowski (441)<br>26. Bernd Nickel (426)<br>30. Bernd Hölzenbein (420) |
| **Rekord-Torjäger** | 10. Bernd Hölzenbein (160 Tore)<br>13. Bernd Nickel (141)<br>30. Jürgen Grabowski (109)<br>47. Rüdiger Wenzel (91)<br>48. Uwe Bein (91) |
| **Torschützenkönige** | 1990 Jörn Andersen: 18 Tore<br>1993 Anthony Yeboah: 20 (zusammen mit Ulf Kirsten, Bayer Leverkusen)<br>1994 Anthony Yeboah: 18 (zusammen mit Stefan Kuntz, 1. FC Kaiserslautern) |
| **Bester Elfmeterschütze** | Jürgen Grabowski (15 von 23) |
| **Die meisten Spiele als Trainer** | Dietrich Weise |

## Die Spieler der Eintracht seit 1899

| Name | Vorname | Geburtsdatum | Bei der Eintracht | Spiele 1. BL. | Tore 1. BL. |
|---|---|---|---|---|---|
| Abbé | Ernst | 4.6.1948 | 66 – 69 | 13 | 3 |
| Abraham | Helmut | 28.10.1936 | | | |
| Ackermann | Manfred | 3.1.1942 | | | |
| Adamczuk | Dariusz | 1.10.1969 | 92 – 93 | 5 | 0 |
| Adamkiewicz | Edmund | 21.4.1920 | 46 – 47 | | |
| Agu | Donald | 12.12.1975 | ab 98 | | |
| Altehain | | | | | |
| Amstätter | Sascha | 8.11.1977 | seit 97 | | |
| Andersen | Jörn | 3.2.1963 | 88 – 90 u. 91 – 93 | 98 | 33 |
| Andreé | Hans-Joachim | 6.7.1950 | 73 – 75 | 18 | 1 |
| Anicic | Michael | 18.10.1974 | 92 – 96 | 35 | 5 |
| Anthes | Holger | 9.8.1962 | 81 – 82 | 15 | 4 |
| Apfel | | | | | |
| April | Wolfgang | 3.9.1959 | 85 – 86 | 6 | 0 |
| Arheiliger | Emil | | 45 – 46 | | |
| Arndt | Derek | 14.12.1971 | 94 – 95 | 0 | 0 |
| Augustinus | | | | | |
| Aust | Friedhelm | 9.5.1951 | 71 – 72 | 10 | 0 |
| Baas | Heinz | 13.4.1922 | 46 – 49 | | |
| Bachmann | | | | | |
| Backs | | | | | |
| Bakalorz | Dirk | 22.8.1963 | 88 – 90 | 26 | 3 |
| Ballenstedt | | | | | |
| Balzer | | | 46 – 47 | | |
| Balzis | Ralf | 31.7.1965 | 87 – 89 | 35 | 5 |
| Bardorf | Otto | | 47 – 49 | | |
| Baumgärtner | M. | | | | |
| Bäumler | Erich | 6.1.1930 | 54 – 60 | | |
| Bayer | Horst | 5.5.1934 | 54 – 55 | | |
| Bechthold | Adolf | 20.2.1926 | 45 – 60 | | |
| Bechthold | Hans | | | | |
| Bechthold | Horst | | 55 – 57 | | |
| Bechthold | Walter | 25.7.1947 | 65 – 69 | 74 | 33 |
| Becker | Fritz | 13.1.1888 | | | |
| Becker | Karl | | | | |
| Becker | Matthias | 19.4.1974 | 93 – 97 | 37 | 4 |
| Beckmann | Walter | | 45 – 46 | | |
| Behning | | | | | |
| Bein | Uwe | 26.9.1960 | 89 – 94 | 150 | 38 |
| Bellut | Hermann-Dieter | 4.5.1943 | 67 – 70 | 47 | 3 |
| Berger | Ernst | | | | |
| Berger | Heinz | | | | |
| Berk | | | | | |
| Berthold | Thomas | 12.11.1964 | 82 – 87 | 111 | 17 |
| Bertrand | Alfred | | | | |
| Beuchel | Rene | 31.7.1973 | 95 – 97 | 7 | 0 |
| Beuttler | Kurt | 20.2.1940 | | | |
| Beverungen | Klaus | 24.9.1951 | 74 – 77 | 61 | 16 |
| Beyel | | | | | |
| Bianchi | Martin | | 56 – 57 | | |
| Biernat | Jaroslaw | 6.9.1960 | 86 – 89 | 12 | 1 |
| Bihn | Egon | 16.11.1954 | 76 – 78 | 12 | 2 |
| Billeter | | | | | |
| Bindewald | Uwe | 13.8.1968 | ab 88 | 176 | 2 |
| Binz | Manfred | 22.9.1965 | 84 – 96 | 336 | 26 |
| Bißwurm | | | | | |
| Blättel | Michael | 29.9.1960 | 79 – 81 | 13 | 0 |

| | | | | | |
|---|---|---|---|---|---|
| Block | Adolf | | | | |
| Blusch | Peter | 11. 6. 1942 | 64 – 68 | 110 | 5 |
| Böhme | Jörg | 22. 1. 1974 | 95 – 96 | 18 | 1 |
| Böhringer | | | 48 – 49 | | |
| Bölp | | | | | |
| Bolten | | | | | |
| Bommer | Rudi | 19. 8. 1957 | 92 – 97 | 70 | 3 |
| Borchers | Ronald | 10. 8. 1957 | 75 – 84 | 169 | 24 |
| Borkenhagen | Dirk | 16. 1. 1965 | 83 – 84 | 1 | 0 |
| Boßling | | | | | |
| Boy | Hans-Peter | 10. 2. 1964 | 84 – 86 | 17 | 0 |
| Brandt | Paul | | | | |
| Braun | Alois | | | | |
| Braun | M. | | | | |
| Braun | Fritz | 25. 12. 1897 | | | |
| Brinkmann | Ansgar | 5. 7. 1969 | ab 97 | | |
| Bronnert | Siegfried | 6. 9. 1944 | 66 – 68 | 24 | 12 |
| Bühler | Uwe | 3. 2. 1960 | 85 – 86 | 15 | 1 |
| Bürckner | | | | | |
| Bunzentahl | Oliver | 15. 11. 1972 | 95 – 98 | 12 | 0 |
| Burkhardt | K. | | | | |
| Büscher | | | | | |
| Büttner | Peter | | | | |
| Caspary | Alex | 25. 12. 1961 | 85 – 86 | 12 | 0 |
| Cengiz | Hakan | 3. 10. 1977 | 97 – 98 | | |
| Cha | Bum-Kun | 22. 5. 1953 | 79 – 83 | 122 | 46 |
| Chaboud-Mollard | | | | | |
| Charles | | | | | |
| Chen | Yang | 17. 1. 1974 | ab 98 | | |
| Claus | Dr. Friedrich | | | | |
| Conrad | Alexander | 15. 11. 1966 | 84 – 87 u. 89 – 91 | 16 | 0 |
| Csakany | Eugen | 12. 3. 1922 | 45 – 47 | | |
| Da Silva | Alessandro | | | | |
| Da Silva | Antonio | 13. 6. 1978 | ab97 | 0 | 0 |
| Dashi | Adrian | 8. 8. 1975 | 97 – 98 | 0 | 0 |
| Daßbach | Werner | 9. 6. 1924 | 47 – 48 | | |
| Debus | | | | | |
| DeJong | | | | | |
| Detari | Lajos | 24. 4. 1963 | 87 – 88 | 33 | 11 |
| Dickhaut | Mirko | 11. 1. 1971 | 93 – 97 | 89 | 7 |
| Diefenbach | | | | | |
| Diehl | Manfred | | | | |
| Dietrich | Walter | 24.2.1902 | | | |
| Dill | | | | | |
| Dirsch | | | | | |
| Dokter | Werner | 16. 3. 1921 | 52 – 53 | | |
| Doll | Thomas | 9. 4. 1966 | 93 – 96 | 28 | 3 |
| Dornbusch | Friedel | | | | |
| Döpfer | Karl | | | | |
| Dörr | Rainer | 4. 6. 1955 | 76 – 77 | 1 | 0 |
| Dosedzal | Franz | | 48 – 49 | | |
| During | Ludwig | | | | |
| Dworschak | Matthias | 8. 4. 1974 | 94 – 96 | 8 | 1 |
| Dziwoki | Erich | 11. 8. 1925 | 52 – 55 | | |
| Ebeling | Erich | 31. 1. 1922 | 52 – 54 | | |
| Eberlein | | | | | |
| Eckhardt | Michael | | | | |
| Eckstein | Dieter | 12. 3. 1964 | 88 – 91 | 70 | 14 |
| Edinger | | | | | |
| Egly | Friedel | | | | |

| | | | | | |
|---|---|---|---|---|---|
| Ehmer | Karl | 25.11.1906 | 28 – 33 | | |
| Ehrmantraut | Horst | 11.12.1955 | 79 – 80 | 13 | 0 |
| Eigenbrodt | H-Walter | 4.8.1935 | 55 – 64 | 15 | 0 |
| Eisenhofer | Karl | 4.9.1934 | 63 – 64 | 2 | 0 |
| Ekström | Johnny | 5.3.1965 | 95 – 97 | 16 | 2 |
| Elsener | Rudolf | 18.2.1953 | 78 – 79 | 33 | 6 |
| Ender | | | | | |
| Engelhardt | Toni | | | | |
| Epp | Thomas | 7.4.1968 | seit 97 | | |
| Ernst | Thomas | 23.12.1967 | 87 – 94 | 5 | 0 |
| Eufinger | Bernd | 11.10.1961 | 81 – 82 | 1 | 0 |
| Eymold | Günther | 17.4.1959 | 83 – 84 | 2 | 0 |
| Falkenmayer | Ralf | 11.2.1963 | 80 – 87 u. 89 – 93 | 337 | 30 |
| Falow | | | | | |
| Fahrenkamp | | | | | |
| Farnschon | Rudolf | 21.4.1921 | 45 – 48 | | |
| Feghelm | Siegbert | 22.8.1942 | 66 – 72 | 24 | 0 |
| Feick | Ernst | | | | |
| Feigenspan | Ekkehard | 13.5.1935 | 55 – 59 | | |
| Fels | | | | | |
| Feth | Werner | | | | |
| Firnrohr | | | | | |
| Fischer | Hans | 8.2.1914 | 45 – 48 | | |
| Fischer | Walfried | 7.9.1928 | 48 – 50 | | |
| Flick | Thorsten | 22.8.1976 | seit 94 | 11 | 0 |
| Flohr | | | | | |
| Fortura | Sabatin | | | | |
| Franke | | | | | |
| Frese | | | | | |
| Freund | | | | | |
| Friedl | Jürgen | 23.2.1959 | 75 – 79 | 3 | 0 |
| Friedrich | Jürgen | 11.11.1943 | 63 – 68 | 78 | 12 |
| Friz | Holger | 26.4.1965 | 84 – 88 | 42 | 8 |
| Fruck | Norbert | 28.12.1957 | 83 – 86 | 44 | 2 |
| Fuge | | | | | |
| Funk | Klaus | 21.2.1954 | 79 – 81 | 34 | 0 |
| Fürbeth | Gottfried | 17.10.1912 | | | |
| Furtok | Jan | 9.3.1962 | 93 – 95 | 53 | 9 |
| Ganzmann | | | | | |
| Gärtner | Heinrich | 23.9.1916 | 46 – 49 | | |
| Gaudino | Maurizio | 12.12.1966 | 93 - 96 | 43 | 7 |
| Gebhardt | Marco | 7.10.1972 | seit 97 | | |
| Gebhardt | Hermann | 7.7.1901 | | | |
| Geier | Erich | 23.10.1929 | 51 – 54 | | |
| Geiger | Helmut | 22.10.1934 | 54 – 58 | | |
| Gerhardt | Albert | | | | |
| Gerster | Frank | 15.4.1976 | seit 98 | | |
| Gerth | | | | | |
| Giller | Walther | 20.8.1922 | 47 – 51 | | |
| Glöckner | Patrick | 18.11.1976 | 96 – 97, seit 98 | | |
| Gmelin | Wilhelm | | | | |
| Goldberger | | | | | |
| Goldamer | Bruno | 12.11.1904 | | | |
| Gonschorek | Erich | 24.5.1924 | 53 – 54 | | |
| Gorths | | | | | |
| Görtz | Armin | 30.8.1959 | 81 – 83 | 5 | 0 |
| Grabowski | Jürgen | 7.7.1944 | 65 – 80 | 441 | 109 |
| Gramlich | Rudof | 6.6.1908 | | | |
| Grein | Willi | 14.4.1917 | | | |
| Greiner | Karl-Heinz | 26.1.1929 | 53 – 54 | | |

| | | | | | |
|---|---|---|---|---|---|
| Grigutsch | Franz | | 45 – 46 | | |
| Grosch | | | | | |
| Groß | August | | | | |
| Groß | Friedrich | | | | |
| Gruber | Rigobert | 14. 5. 1961 | 79 – 81 | 21 | 1 |
| Gründel | Heinz | 13. 2. 1957 | 88 – 92 | 91 | 9 |
| Grünerwald | Michael | | | | |
| Guht | Michael | 16. 6. 1973 | 96 – 97 | | |
| Gulich | Helmut | 16. 1. 1961 | 82 – 83 | 15 | 0 |
| Gundelach | Hans-Jürgen | 29. 11. 1963 | 84 – 89 | 87 | 0 |
| Güntensperger | Urs | 24. 11. 1967 | 96 – 98 | | |
| Häfner | | | | | |
| Hagner | Matthias | 15. 8. 1974 | 93 – 96 | 31 | 10 |
| Hahn | Erich | 27. 5. 1937 | 62 – 63 | | |
| Halves | | | | | |
| Hammer | Herbert | | 45 – 46 | | |
| Hanek | Janos | 29. 5. 1937 | 57 – 58 | | |
| Haub | Ralf | 26. 7. 1964 | 87 – 88 | 5 | 0 |
| Hausmann | | | | | |
| Heese | Horst | 31. 12. 1943 | 69 – 73 | 108 | 27 |
| Heidenreich | Maximilian | 9. 5. 1967 | 88 – 89 | 13 | 0 |
| Heider | Otto | 22. 5. 1920 | | | |
| Heil | Ludwig | | | | |
| Heilig | Werner | 20. 10. 1921 | 45 – 57 | | |
| Heinemann | R. | | | | |
| Heitkamp | Dirk | 14. 2. 1963 | 87 – 89 | 17 | 0 |
| Heitkamp | Werner | 3. 8. 1930 | 55 – 56 | | |
| Helfenbein | Franz | | | | |
| Helfert | | | | | |
| Hellbach | | | | | |
| Hemmerich | Anton | | | | |
| Hemmerich | Stefan | | | | |
| Henig | Helmut | 12. 8. 1921 | 45 – 59 | | |
| Henkel | Karl | | 45 – 46 | | |
| Hennig | Carsten | 6. 11. 1978 | 96 – 97 | | |
| Herber | | | | | |
| Herberger | Johannes | | | | |
| Herbert | Willi | 10. 6. 1938 | 60 – 65 | 7 | 0 |
| Herder | | | | | |
| Herrmann | Dr. Paul | | | | |
| Hesse | Hermann | 26. 4. 1930 | 51 – 58 | | |
| Heyl | Georg | | | | |
| Hobday | Peter | 9. 4. 1961 | 88 – 90 | 17 | 1 |
| Höfer | Herrmann | 19. 7. 1934 | 53 – 66 | 68 | 2 |
| Hofmeister | Josef | 8. 5. 1946 | 72 – 73 | 10 | 1 |
| Höhl | | | | | |
| Hohmann | Philipp | | | | |
| Hölzenbein | Bernd | 9. 3. 1946 | 67 – 81 | 420 | 160 |
| Hommrich | Klaus | 17. 10. 1950 | 69 – 70 | 8 | 0 |
| Hönnscheidt | Norbert | 3. 11. 1960 | 80 – 81 | 5 | 0 |
| Horber | K. | | | | |
| Horn | Alfred | 7. 9. 1936 | 63 – 64 | 20 | 3 |
| Horvat | Ivica | 16. 7. 1926 | 57 – 59 | | |
| Houbtchev | Petar | 26. 2. 1964 | seit 96 | | |
| Huberts | Wilhelm | 22. 1. 1938 | 63 – 70 | 213 | 67 |
| Hütter | Ernst | | | | |
| Imke | Paul | 8.3.1892 | | | |
| Jäckel | | | | | |
| Jakob | Ernst | | 45 – 46 | | |
| Jakobi | Willi | | 55 – 56 | | |

| | | | | | |
|---|---|---|---|---|---|
| Janes | Paul | 11.3.1912 | 45 – 46 | | |
| Jänisch | Joachim | 1.5.1929 | 51 – 53 | | |
| Janßen | Olaf | 8.10.1966 | seit 96 | 7 | 1 |
| Jessl | Reinhold | 2.1.1962 | 86 – 87 | 4 | 1 |
| Jockel | Fritz | | | | |
| Jockel | Karl | | | | |
| Judisch | H. | | | | |
| Jüffner | | | | | |
| Jüriens | Joachim | 8.8.1958 | 80 – 84 | 30 | 0 |
| Jusufi | Fahrudin | 8.12.1939 | 66 – 70 | 111 | 2 |
| Kaczor | Josef | 23.3.1953 | 82 – 83 | 15 | 1 |
| Kahlhofen | Mike | 1.10.1963 | 82 – 83 | 2 | 0 |
| Kaiser | | | | | |
| Kalb | Jürgen | 20.5.1948 | 68 – 75 | 185 | 26 |
| Kallab | | | | | |
| Kampschmieder | | | | | |
| Karger | Harald | 14.10.1956 | 79 – 83 | 28 | 9 |
| Karoly | | | | | |
| Kaster | Heinz | 23.2.1929 | 49 – 54 | | |
| Kaufmann | August | | 46 – 47 | | |
| Kaufmann | Oskar | | | | |
| Kaufmann | R. | | | | |
| Kaymak | Burhanettin | 25.8.1973 | seit 97 | 2 | 0 |
| Keifler | Günter | 30.9.1948 | 67 – 71 | 16 | 1 |
| Keller | | | | | |
| Kellerhoff | Bernhard | 21.3.1900 | | | |
| Kesper | Herbert | 8.8.1919 | 49 – 53 | | |
| Kientz | Jochen | 17.9.1972 | 92 – 93 | 1 | 0 |
| Kirchheim | Karl-Heinz | 14.1.1925 | 51 – 53 | | |
| Kirchheim | Manfred | | 47 – 48 | | |
| Kirchhof | Hans-Günther | 9.9.1936 | 59 – 60 | | |
| Kissinger | H. | | | | |
| Kitzmann | Dieter | 11.7.1964 | 85 – 88 | 28 | 3 |
| Klaar | | | | | |
| Klaiber | Ludwig | | | | |
| Klebe | | | | | |
| Klein | Michael | 22.2.1965 | 89 – 93 | 49 | 0 |
| Klemm | E. | | | | |
| Klepper | Thomas | 7.4.1965 | 87 – 90 | 52 | 2 |
| Kliemann | Uwe | 30.6.1949 | 72 – 74 | 68 | 8 |
| Kloss | Thomas | 26.3.1965 | 83 – 84 | 2 | 0 |
| Klüber | | | | | |
| Knapp | | | | | |
| Knaus | | | | | |
| Knörzer | | | | | |
| Koch | Jean | | | | |
| Koch | K. | | | | |
| Köhler | Andre | 28.2.1965 | 91 – 92 | 4 | 0 |
| Köhler | Karl | | | | |
| Koitka | Hans-Josef | 12.2.1952 | 75 – 79 | 91 | 0 |
| Kolb | Dieter | 6.11.1919 | 45 – 51 | | |
| Köllisch | | | | | |
| Komljenovic | Slobodan | 2.1.1971 | 92 – 97 | 107 | 4 |
| Konca | Ender | 22.10.1947 | 71 – 73 | 36 | 7 |
| König | Albert | | | | |
| König | Michael | 8.3.1974 | 95 – 97 | 0 | 0 |
| Konrad | Albert | | | | |
| Köpke | Andreas | 12.3.1962 | 94 – 96 | 66 | 0 |
| Körbel | Karl-Heinz | 1.12.1954 | 72 – 91 | 602 | 45 |
| Köster | F. | | | | |

| | | | | | |
|---|---|---|---|---|---|
| Kostner | Michael | 7.2.1969 | 87 – 89 | 14 | 0 |
| Kraaz | Armin | 3.2.1965 | 83 – 88 | 123 | 3 |
| Krafczyk | Dieter | 23.9.1941 | 66 – 67 | 4 | 1 |
| Kraft | Dieter | 3.3.1940 | 60 – 63 | | |
| Kraft | | | | | |
| Krämer | Harald | 13.2.1964 | 83 – 87 | 61 | 15 |
| Krämer | | | | | |
| Kraus | Alfred | 16.1.1924 | 45 – 52 | | |
| Kraus | Helmut | 16.11.1938 | 63 – 69 | 65 | 7 |
| Kraus | Willi | 3.12.1926 | 46 – 51 | | |
| Kraus | Wolfgang | 20.8.1953 | 71 – 79 u. 86 – 87 | 189 | 30 |
| Krauth | Raimund | 27.12.1952 | 72 – 74 | 23 | 1 |
| Kresovic | Slobodan | 27.3.1976 | | | |
| Kreß | Richard | 6.3.1925 | 53 – 64 | 17 | 2 |
| Kreuz | Ernst | 29.9.1940 | 60 – 62 | | |
| Kreuz | | | | | |
| Krobbach | Peter | 15.1.1954 | 75 – 78 | 26 | 0 |
| Krömmelbein | Kurt | 21.7.1922 | 49 – 55 | | |
| Kron | Joseph | | | | |
| Kroth | Thomas | 26.8.1959 | 82 – 85 | 74 | 13 |
| Krüger | Ernst | | | | |
| Kruse | Axel | 28.9.1967 | 90 – 93 | 54 | 14 |
| Kübert (Sen.) | Fritz | 16.2.1906 | | | |
| Kübert | Fritz | 8.12.1939 | 64 – 65 | 1 | 0 |
| Kudraß | Ernst | 17.9.1924 | 48 – 57 | | |
| Künast | Michael | 14.2.1961 | 79 – 83 | 22 | 8 |
| Kunter | Dr. Peter | 28.4.1941 | 65 – 76 | 234 | 0 |
| Künz | Ernst | | | | |
| Kutschera | Alexander | 21.3.1968 | seit 97 | | |
| Lampe | A. | | | | |
| Lampert | | | | | |
| Landerer | Ludwig | 31.5.1937 | 63 – 66 | 22 | 0 |
| Lange | Heinz | 11.1.1929 | 54 – 55 | | |
| Lange | Wolfgang | 15.12.1925 | | | |
| Lanz | Karl | | | | |
| Larem | | | | | |
| Lasser | Thomas | 25.10.1969 | 88 – 92 | 44 | 1 |
| Lauf | Thomas | | | | |
| Lechner | Georg | 18.8.1941 | 64 – 66 | 45 | 16 |
| Legat | Torsten | 7.11.1968 | 94 – 95 | 22 | 2 |
| Lehmann | Otto | | | | |
| Leis | Bernhard | 8.9.1906 | | | |
| Leissing | K. | | | | |
| Lemke | | | | | |
| Lemm | Paul | 9.3.1921 | 49 – 50 | | |
| Letsche | | | | | |
| Leunig | August | 4.4.1889 | | | |
| Levy | Renato | 29.9.1977 | seit 97 | 0 | 0 |
| Lidin | | | | | |
| Liesem | Hans | 8.11.1923 | 45 – 48 | | |
| Lindemann | Hans | 4.9.1947 | 69 – 71 | 13 | 0 |
| Lindemann | Hermann | 29.10.1910 | 45 – 46 | | |
| Lindner | Dieter | 11.6.1939 | 56 – 71 | 189 | 5 |
| Lindner | Karlheinz | | | | |
| Lindner | Wilhelm | 27.6.1910 | | | |
| Linken | Fritz | 20.12.1913 | 47 – 49 | | |
| Löble | | | | | |
| Loos | | | | | |
| Lorant | Werner | 21.11.1948 | 78 – 83 | 134 | 21 |
| Lorenz | Alexander | 31.12.1978 | 97 – 98 | | |

| | | | | | |
|---|---|---|---|---|---|
| Lorenz | Bernd | 24.12.1947 | 74 – 76 | 30 | 13 |
| Lörinc | Tibor | 30.8.1938 | 57 – 58 | | |
| Lottermann | Stefan | 5.3.1959 | 79 – 83 | 97 | 14 |
| Lotz | Oskar | 23.4.1940 | 65 – 69 | 97 | 19 |
| Löw | Joachim | 3.2.1960 | 81 – 82 | 24 | 5 |
| Loy | Egon | 14.5.1931 | 54 – 67 | 69 | 0 |
| Lutz | Friedel | 21.1.1939 | 57 – 66 u. 67 – 73 | 200 | 4 |
| Mantel | Hugo | 14.5.1907 | | | |
| Martin | | | | | |
| Martini | Edi | 2.1.1975 | 97 – 98 | 1 | 0 |
| Mattern | Bodo | 3.2.1958 | 83 – 85 | 12 | 1 |
| Mattes | Manfred | 26.1.1947 | | | |
| Maurischat | Fritz | | | | |
| Mayer | | | | | |
| Mechling | Walter | 2.7.1908 | | | |
| Mehic | Sead | 8.4.1975 | seit 97 | | |
| Meier | Erich | 30.3.1935 | 56 – 62 | | |
| Meister | | | | | |
| Menze | Steffen | 28.1.1968 | 96 – 97 | | |
| Menzerath | Hans | | | | |
| Mihajlovic | Radmilo | 19.11.1964 | 93 – 94 | 10 | 0 |
| Mitchell | David | 13.6.1962 | 85 – 87 | 35 | 5 |
| Möbs | August | 8.8.1908 | | | |
| Mohr | Jürgen | 18.8.1958 | 83 – 85 | 41 | 5 |
| Mohrmann | Fritz | | 45 – 46 | | |
| Mölders | H. | | | | |
| Möller | Andreas | 2.9.1967 | 85 – 88 u. 90 – 92 | 104 | 33 |
| Möller | Frank | 11.7.1967 | 91 – 94 | 16 | 0 |
| Monz | Karl | 26.2.1913 | | | |
| Moog | Alfons | 14.2.1915 | | | |
| Mornar | Ivica | 12.1.1974 | 95 – 96 | 19 | 2 |
| Mortensen | | | | | |
| Motsch | Rudolf | 5.2.1920 | 46 – 47 | | |
| Mrowka | | | | | |
| Müller | Emil | | | | |
| Müller | Helmut | 12.4.1953 | 73 – 80 | 139 | 3 |
| Müller | James | | | | |
| Müller | Karl | | | | |
| Müller | Uwe | 16.10.1963 | 82 – 88 | 131 | 18 |
| Münn | Volker | 10.1.1960 | 86 – 88 | 29 | 0 |
| Muth | Georg | 30.10.1921 | 46 – 48 | | |
| Mutzel | Michael | 27.9.1979 | seit 98 | | |
| Nachtweih | Norbert | 4.6.1957 | 77 – 82 u. 91 – 92 | 123 | 26 |
| Nauheimer | Werner | | 48 – 49 | | |
| Nees | Heinz | 12.1.1919 | 48 – 50 | | |
| Neff | Hans | | 48 – 49 | | |
| Neppach | | | | | |
| Neuberger | Willi | 15.4.1946 | 74 – 83 | 267 | 18 |
| Neumann | Ernst | | 48 – 49 | | |
| Neureuther | Ferdinand | | | | |
| Nickel | Bernd | 15.3.1949 | 67 – 83 | 426 | 141 |
| Nikolov | Oka | 15.5.1974 | seit 95 | 4 | 0 |
| Nwosu | Henry | 14.2.1980 | seit 98 | | |
| Obajdin | Josef | 7.11.1970 | 94 – 95 | 3 | 0 |
| Obersberger | | | | | |
| Okocha | Augustine | 14.8.1973 | 92 – 96 | 90 | 18 |
| Opper | | | | | |
| Österling | | | | | |
| Otto | Norbert | 19.4.1957 | 81 – 82 | 3 | 0 |
| Otto | | | | | |

| | | | | | |
|---|---|---|---|---|---|
| Pahl | Jürgen | 17.3.1956 | 78 – 87 | 152 | 0 |
| Papies | Jürgen | 22.4.1944 | 70 – 71 | 25 | 3 |
| Parits | Thomas | 7.10.1946 | 71 – 74 | 74 | 18 |
| Paßlack | Stefan | 24.8.1970 | 94 – 95 | 0 | 0 |
| Peinze | | | | | |
| Pejovic | Zvedojan | 28.10.1966 | 96 – 97 | | |
| Penksa | Marek | 4.8.1973 | 92 – 95 | 23 | 0 |
| Petry | Zsolt | 23.9.1966 | seit 98 | | |
| Peukert | Christian | 21.2.1960 | 79 – 80 | 1 | 1 |
| Pezzey | Bruno | 3.2.1955 | 78 – 83 | 141 | 27 |
| Pfaff | Alfred | 16.7.1926 | 49 – 61 | | |
| Pfeiffer | Willy | 25.3.1895 | | | |
| Pfister | | | | | |
| Pflughoefft | | | | | |
| Pickel | Michel | 1.8.1889 | | | |
| Pisont | Istvan | 16.5.1970 | ab 98 | | |
| Pistauer | Björn | 15.1.1968 | 88 – 89 | 2 | 0 |
| Pohl | | | | | |
| Pohlenk | Albert | | | | |
| | | | | | |
| Pospich | | | | | |
| Pries | Friedrich | | 47 – 49 | | |
| Racky | Heiko | 1.10.1946 | 67 – 69 | 16 | 1 |
| Radey | | | | | |
| Rahn | Uwe | 21.5.1962 | 92 – 93 | 12 | 3 |
| Raps | Ralf | 10.10.1960 | 81 – 82 | 1 | 0 |
| Rauffmann | Rainer | 26.2.1967 | 95 – 96 | 26 | 4 |
| Reichel | Peter | 30.11.1951 | 70 – 79 | 225 | 9 |
| Reichert | Friedel | 10.2.1926 | 47 – 49 | | |
| Reik | Albert | | | | |
| Reis | Thomas | 4.10.1973 | 92 – 95 | 16 | 2 |
| Remlein | Alfons | 11.9.1925 | 53 – 56 | | |
| Resch | Albert | | | | |
| Reubold | Thomas | 13.9.1966 | 85 – 86 | 2 | 0 |
| Reuschling | | | | | |
| Reußwig | K. | | | | |
| Reuter | Timo | 17.7.1973 | 96 – 97 | 1 | 0 |
| Richardt | | | | | |
| Richter | Otto | | | | |
| Ricker | Hans | 29.6.1921 | 45 – 47 | | |
| Riedel | | | 48 – 49 | | |
| Riegel | Ingo | | | | |
| Riese | W. | | | | |
| Rieth | Dennis | 10.9.1964 | 83 – 84 | 3 | 0 |
| Riggenbach | | | | | |
| Rischlein | | | | | |
| Rockmann | H. | | | | |
| Rohrbach | Thomas | 4.4.1949 | 70 – 75 | 134 | 16 |
| Röll | Karl | 16.7.1916 | 45 – 46 | | |
| Rompel | Dietmar | 3.2.1962 | 88 – 89 | 3 | 0 |
| Rose | | | | | |
| Rosen | Alexander | 10.4.1979 | seit 98 | | |
| Roskony | Gottfried | | | | |
| Rossi | Marko | 9.9.1964 | 96 – 97 | | |
| Roth | Dietmar | 16.9.1963 | 87 – 96 | 237 | 5 |
| Roth | Karl | 7.3.1908 | 46 – 47 | | |
| Rothenberger | | | | | |
| Rothuber | Alexander | 13.4.1931 | 51 – 57 | | |
| Rudolf | Manfred | | | | |
| Sackmann | | | | | |

| | | | | | |
|---|---|---|---|---|---|
| Sand | Franz | | | | |
| Sarocca | Josef | 12. 8. 1960 | 85 – 87 | 33 | 4 |
| Savelsberg | | | | | |
| Sawieh | Jonathan | 24. 9. 1975 | 97 – 98 | | |
| Sbordone | Domenico | 3. 9. 1969 | 95 – 96 | 7 | 0 |
| Schädler | Erwin | 8. 4. 1917 | 45 – 50 | | |
| Schaffner | | | | | |
| Schaller | Fritz | 18.1.1902 | | | |
| Schallmayer | Jakob | | 48 – 49 | | |
| Schämer | Lothar | 28. 4. 1940 | 60 – 73 | 216 | 24 |
| Schaub | Fred | 28. 8. 1960 | 78 – 81 | 21 | 3 |
| Schenk | | | | | |
| Scheiterle | | | | | |
| Schieth | Hubert | 26. 1. 1927 | 49 – 53 | | |
| Schildt | Gerhardt | | 49 – 50 | | |
| Schlindwein | Dieter | 7. 2. 1961 | 87 – 89 | 32 | 1 |
| Schlüter | R. | | | | |
| Schmidt | Adam | 6. 11. 1914 | 45 – 49 | | |
| Schmidt | Adolf | 16. 12. 1919 | 45 – 48 | | |
| Schminke | Wolfram | 8. 12. 1921 | | | |
| Schmitt | | | | | |
| Schmitt | Edgar | 29. 4. 1963 | 91 – 93 | 30 | 10 |
| Schmitt | Ludwig | 28. 10. 1910 | | | |
| Schmitt | Roland | | 50 – 51 | | |
| Schmitt | Sven | 27. 12. 1976 | seit 89 | | |
| Schneider | Bernd | 17. 11. 1973 | ab 98 | | |
| Schneider | Emil | | | | |
| Schneider | Georg | | | | |
| Schneider | Karl | | | | |
| Schneider | Uwe | 28. 8. 1971 | ab 98 | | |
| Schnitzler | Horst | | 48 – 49 | | |
| Schnug | Hans | | | | |
| Schreiber | Horst | | 48 – 50 | | |
| Schreiner | | | | | |
| Schreml | Uwe | 7. 2. 1960 | 82 – 84 | 46 | 2 |
| Schüler | | | | | |
| Schulz | Frank | 18. 2. 1961 | 87 – 89 | 50 | 10 |
| Schulze | W. | | | | |
| Schumacher | Fred | 3. 11. 1915 | | | |
| Schupp | Markus | 7. 1. 1966 | 95 – 96 | 30 | 4 |
| Schur | Alexander | 23. 7. 1971 | seit 95 | | |
| Schürmann | Manolo | | | | |
| Schütz | Franz | 6. 12. 1900 | | | |
| Schwab | Rudolf | 25. 4. 1909 | | | |
| Schwan | Egon | 4. 10. 1930 | 52 – 53 | | |
| Schwarze | Max | | | | |
| Schymik | Eberhard | 8. 7. 1934 | 55 – 63 | | |
| Seemann | Hans | | 56 – 57 | | |
| Seibel | | | | | |
| Seubert | W.C. | | | | |
| Siebel | | | | | |
| Sievers | Ralf | 30. 10. 1961 | 82 – 91 | 205 | 9 |
| Sikorski | | | | | |
| Simons | Gerd | 20. 10. 1951 | 75 – 77 | 7 | 0 |
| Sippel | Lothar | 9. 5. 1965 | 89 – 92 | 69 | 18 |
| Skala | Lothar | 2. 5. 1952 | 77 – 79 | 10 | 0 |
| Skeib | | | | | |
| Smolarek | Wlodzimierz | 16. 7. 1957 | 86 – 88 | 63 | 13 |
| Sobanski | Franz | | | | |
| Sobotzik | Thomas | 16. 10. 1974 | 90 – 96 u. seit 97 | 2 | 0 |

| | | | | | |
|---|---|---|---|---|---|
| Solf | | | | | |
| Solz | Wolfgang | 12. 2. 1940 | 59 – 68 | 113 | 46 |
| Sonek | | | | | |
| Sorger | Severin | 7. 4. 1931 | 59 – 60 | | |
| Stahl | Klaus-Peter | 28. 5. 1946 | 71 – 72 | 4 | 0 |
| Stamm | Heinrich | 30. 12. 1908 | | | |
| Steiger | | | | | |
| Stein | Erwin | 10. 6. 1935 | 59 – 66 | 41 | 14 |
| Stein | Ullrich | 23. 10. 1954 | 87 – 94 | 224 | 0 |
| Stein | | | 50 – 51 | | |
| Stemmle | | | | | |
| Stepanovic | Dragoslav | 30. 8. 1948 | 76 – 78 | 49 | 3 |
| Stephan | F. | | | | |
| Stinka | Dieter | 10. 8. 1937 | 58 – 66 | 43 | 4 |
| Stojak | Damir | 22. 5. 1975 | seit 98 | | |
| Stradt | Winfried | 25. 9. 1956 | 74 – 77 | 7 | 0 |
| Stroh | | | | | |
| Stubb | Hans | 8. 10. 1906 | | | |
| Stübler | | | | | |
| Studer | Stefan | 30. 1. 1964 | 88 – 93 | 128 | 9 |
| Stumpf | | | | | |
| Svennson | Jan | 24. 4. 1956 | 83 – 86 | 96 | 16 |
| Szabo | Peter | | | | |
| Sziedat | Michael | 22. 8. 1952 | 80 – 84 | 99 | 4 |
| Sztani | Istvan | 19. 3. 1937 | 58 – 68 | 21 | 3 |
| Tempel | Otto | 29. 6. 1929 | 51 – 52 | | |
| Theiss | Klaus | 9. 7. 1963 | 85 – 87 | 42 | 9 |
| Thelin | E. | | | | |
| Thoemes | | | | | |
| Tiefel | Wilhelm | 14. 7. 1911 | | | |
| Tillkowski | Hans | 12. 7. 1935 | 67 – 69 | 40 | 0 |
| Tobollik | Cezary | 22. 10. 1961 | 83 – 85 | 42 | 12 |
| Trapp | Erich | | 45 – 46 | | |
| Trapp | Wolfgang | 1. 8. 1957 | 77 – 82 | 50 | 0 |
| Trieb | Martin | 23. 9. 1961 | 82 – 86 | 90 | 5 |
| Trimhold | Holger | 4. 2. 1941 | 63 – 66 | 71 | 15 |
| Trinklein | Gert | 18. 6. 1949 | 68 – 78 | 230 | 10 |
| Trolliet | Carl | | | | |
| Trumpler | Theodor | 7. 4. 1907 | | | |
| Trumpp | Emil | 1. 4. 1907 | | | |
| Trumpp | Willy | 28. 7. 1904 | 22 – 31 | | |
| Turek | Toni | 18. 1. 1919 | 46 – 47 | | |
| Turowski | Janusz | 7. 2. 1961 | 86 – 91 | 105 | 28 |
| Tutschek | Hans-Georg | 18. 9. 1941 | 64 – 65 | 7 | 3 |
| Ungewitter | Dieter | 3. 1. 1951 | 71 – 72 | 7 | 0 |
| van t'Oever | | | | | |
| Vesper | | | | | |
| Vogel | Wilfried | 21. 2. 1922 | 49 – 51 | | |
| Vogel | | | | | |
| Voigt | | | | | |
| Wachsmann | Albrecht | 28. 6. 1944 | 69 – 70 | 3 | 0 |
| Wacker | Hans-Dieter | 28. 12. 1958 | 78 – 79 | 1 | 0 |
| Wagner | David | 19. 10. 1971 | 90 – 91 | 1 | 0 |
| Wagner | Gerhard | 25. 8. 1944 | 69 – 70 | 5 | 0 |
| Wagner | Walter | 26. 7. 1949 | 70 – 71 | 11 | 0 |
| Walsch | | | | | |
| Weber | Joachim | 3. 7. 1951 | 70 – 71 | 3 | 0 |
| Weber | Ralf | 31. 5. 1969 | seit 89 | 144 | 13 |
| Weber | Richard | 27. 6. 1938 | 62 – 66 | 29 | 0 |
| Weber | | | | | |

| | | | | | |
|---|---|---|---|---|---|
| Wegmann | | | | | |
| Wehner | Hermann-Josef | 6.9.1932 | 56 – 57 | | |
| Weidle | Roland | 1.1.1949 | 71 – 78 | 198 | 17 |
| Weigand | Josef | | | | |
| Weigert | Uwe | 9.6.1958 | 78 – 79 | 1 | 0 |
| Weilbächer | Hans | 32.10.1933 | 53/63 | | |
| Weilbächer | Josef | 29.12.1944 | 63 – 65 | 4 | 0 |
| Weisz | Fritz | | | | |
| Wenzel | Rüdiger | 3.6.1953 | 75 – 79 | 130 | 51 |
| Westerthaler | Christoph | 11.1.1965 | ab 97 | | |
| Whittle | | | | | |
| Wiegand | Heinrich | | | | |
| Wieland | Franz | 16.3.1925 | 50 – 51 | | |
| Wienhold | Günther | 21.1.1948 | 72 – 77 | 69 | 0 |
| Wiese | | | | | |
| Winkler | | | | | |
| Wirsching | Albert | 1.9.1920 | 45 – 48 | | |
| Wirth | Karl-Heinz | 20.1.1944 | 65 – 73 | 138 | 0 |
| Wirth | Manfred | 5.8.1947 | 70 – 71 | 9 | 0 |
| Wloka | Hans | 8.3.1925 | 47 – 57 | | |
| Wohnhaut | Willi | | 50 – 51 | | |
| Wolf | Dirk | 4.8.1972 | 91 – 94 u. 97 – 98 | 34 | 0 |
| Wunderlich | Arthur | | 50 – 51 | | |
| Würzburger | Frank | 3.12.1968 | 86 – 87 | 1 | 0 |
| Yeboah | Anthony | 6.6.1966 | 90 – 95 | 123 | 68 |
| Zahn | | | | | |
| Zampach | Thomas | 27.12.1969 | seit 97 | | |
| Zänger | Fritz | 4.9.1920 | 50 – 51 | | |
| Zchadadse | Kachaber | 7.9.1968 | 92 – 96 | 64 | 1 |
| Zech | | | | | |
| Zelic | Nedijeljko | 4.7.1971 | 95 – 96 | 17 | 1 |
| Zick | Claus-Peter | 12.9.1958 | 79 – 81 | 2 | 0 |
| Zimmermann | Franz | 12.11.1908 | 55 – 56 | | |
| Zindel | | | | | |
| Zipp | Walter | 8.11.1909 | | | |
| Zölls | | | | | |
| Zscherlich | Wolfgang | 2.12.1938 | | | |

## Abbildungsnachweis

OB Roth 8; Dr. h.c. Braun 9; Harder 10, 11, 12/13, 15; Trumpp 16/17; Dr. Hermann 18 o./u., 19 o.; Archiv Eintracht Frankfurt 19 u.r.; Mehrens 20 o.; Archiv FNP 20 u.; Dr. Hermann 21 o./u.; Sportmuseum 22 o./u.; Mehrens 23 o./u.; Harder 24 o.l.; Fischmann 24 u.l.; Mehrens 24 o.r.; Czech 24 u.r.; 25; Harder 26 o.l., r., u.l.; Mehrens 27 o.r./u.l.; Harder 28 o.r.; Schneider l.; Harder 29, 30; Schneider 31; Harder 32, 33; Dr. Hermann 34, 35, 36, 37; Willy Trumpp 38, 39 o.; Dr. Hermann 39 u., 40, 41; Harder 42, 44, 45; Dr. Hermann 46; Mehrens 47; Harder 48; Schneider 49; Harder 50 o.m.; Schneider o.r.; Mehrens u.l.; Harder 51, 52, 53, 54/55, 56, 57 u.l.; Mehrens o.r.; Harder 58, 59, 60, 61, 62, 63, 64, 65, 66, 67, 68, 69, 70, 71, 73 u.l.; Dr. Hermann 73 o.r.; Harder 74; Siemans AG 75 l.; J.S.K. 75 o.r.; Harder 75 l., 76, 77, 78/79; 80-148; Harder 149 o.r.; Schneider 149 u.; Harder 151; 152, Schneider 153 o.l.; Harder 153 o.r./u.m.; Sportmuseum 154/155, 156, 158, 159, 160, 161 u.l.; Harder 161 o.r., 162; Günther 165 o.l.; Archiv F.N.P. 164 u.l.; Kerner 166; Mehrens 169, Harder 170; Mehrens 171; Archiv F.N.P. 173, Dr. Hermann 174; Mehrens 175; Sportmuseum 176; Dr. Hermann 177 u.l.; Knoeckel 177 o.r.; Harder 178; Mehrens 181 o.r.; Harder 181 u.r.